U0918145

财经易文
www.ewinbook.com

巅峰绩效

解开束缚员工的枷锁，激发与整合
员工的士气，推动组织迈向绩效巅峰

[美] 乔·卡岑巴赫（Jon R. Katzenbach）著
苑书义　陈基建　王志刚　何西军　译

Peak Performance

中国财政经济出版社

图书在版编目（CIP）数据

巅峰绩效/（美）乔·卡岑巴赫著；苑书义，陈基建，王志刚，何西军译．

—北京：中国财政经济出版社，2006.1

书名原文：Peak Performance

ISBN 7－5005－8773－2

Ⅰ．巅…　Ⅱ．①卡…　②苑…　Ⅲ．企业管理　Ⅳ．F272.92

中国版本图书馆 CIP 数据核字（2005）第 134317 号

著作权合同登记号：图字 01－2003－7397 号

Jon R. Katzenbach

Peak Performance

ISBN 0－87584－936－9

中国财政经济出版社 出版

URL：http://www.cfeph.cn

E-mail：webmaster@ewinbook.com

社址：北京海淀区阜成路甲 28 号　邮政编码：100036

发行电话：010－88191017

北京中租胶印厂印刷　各地新华书店经销

787×1092 毫米　16 开　17.25 印张　290 千字

2006 年 1 月第 1 版　2006 年 1 月北京第 1 次印刷

定价：39.80 元

ISBN 7－5005－8773－2 / F·7629

（图书出现印装问题，本社负责调换）

献给我的父母，雷蒙德·罗威尔和毕斯科夫·卡岑巴赫，是他们赋予了我对真挚情感的景仰之心。

作者简介

乔·卡岑巴赫

卡岑巴赫公司（Katzenbach Partners LLC，http：//www. katzenbach. com/）的创始人兼高级合伙人，曾长期担任麦肯锡咨询公司的高级合伙人，近50年里一直致力于协助公司从员工绩效方面获得超常的商业成就。卡岑巴赫公司位于纽约，擅长于领导力、团队、员工业绩等方面的管理咨询。其重要著作还包括《团队工作》(*The Work of Teams*)、《顶尖团队》(*Teams at the Top*)、《进行真正变革的领导者》(*Real Change Leaders*)以及最佳畅销书《团队的智慧》(*The Wisdom of Teams*)等。

目　　录

第一部分
保持关键性的平衡

第二部分 探索五条平衡的路径

第三部分
应用所学的理论

附　　录

中文版译者序

关爱公司员工　构建和谐企业

“现代企业最宝贵的资源是什么?”——“是员工!”“是人才!”不论是从企业管理理论中的人力资源管理和人力资本角度出发，还是从中外企业的管理实践和市场业绩来看，我们都可以得出上述一致性答案。因此，基本上我们可以这样认为:“关爱公司员工，构建和谐企业”是个永恒的主题。而本书——《巅峰绩效》[①]——就为我们如何获得企业的辉煌成就，从“以人为本”的角度，提供了切实可行的路径选择，也提供了真正值得所有企业家深入思考和谨慎实践的重大现实问题的答案——“既然我们都是在关爱员工，都是在以人为本，都是在为了企业的生存发展而奋斗，然而面对通往企业的巅峰业绩之路，我们究竟该怎样走?”

《巅峰绩效》一书对从全球各行各业之中精心挑选出来的25家企业进行了深入的调查和研究，阐述了这些顶尖企业如何运用并在最大程度上发挥员工的精神动力，从而创造出全球瞩目的市场成就。通过本书中这些详尽的案例研究成果，我们可以认识到，不论这些企业的业务重心、市场地位、领导哲学之间存在着多么大的差异，它们各自都一贯地采用下述五条路径中的一条或多条来培养和维持员工出众的业绩水平，从而创造了企业的巅峰业绩，获得了辉煌的成就:

1. **任务、价值观与自豪感路径**：它的特点是企业拥有崇高的目标、久远的历史、以价值观为导向的领导活动以及丰富的团队机会，书中以美国海军、3M公司为代表。

---

① *Peak Performance——Aligning the Hearts & Minds of Your Employees*, Harvard Business Press。中文书名为《巅峰绩效——整合员工的身心和士气》，哈佛商学院出版社，2000年。

2. **过程与度量路径**：其特点是明确的度量方法和重心确定的业务流程，并且这些度量方法和业务流程既能够反映员工的观点，又能够体现经营的侧重点，书中以雅芳、希尔斯宠物营养公司为代表。

3. **企业家精神路径**：该路径要求高风险、高回报的机遇广泛存在、员工获得“所有权”的可能性较为显著以及管理层“无为”的管理理念，书中以 BMC 公司和汉鼎（Hambrecht & Quist）公司为代表。

4. **个人成就路径**：该路径要有个人成长和发展所需的广泛机遇和动力，书中以美国家得宝（Home Depot）、麦肯锡咨询公司为代表。

5. **认可与赞赏路径**：该路径高度重视对个人和团队所取得的成就进行非货币性的赞誉和回报，书中以肯德基（KFC）和美国西南航空公司为代表。

不论通过哪条既定的路径取得成功，在企业整体业绩与员工个人价值的自我实现之间取得某种平衡，都是管理活动精要之所在。本书将告诉各级经理们如何以这五种模式为框架进行下述决策：

1. 在什么地方以及如何制造情感力量。
2. 使用什么理论使这种力量在公司业绩的提高方面发挥作用。
3. 如何将所需的纪律和规则融汇成组织文化，从而在惊人的程度上保持员工的动力和责任心。

《巅峰绩效》一书饱含着有助于各级领导者创造成功之路的真知灼见。它阐述了如何在一线员工乃至各级管理层之中，完全释放个人以及集体的潜力的实践方法和应用模式。它为那些希望基于员工而取得优于管理层或顾客的期望、超出竞争对手模仿能力的业绩的各行各业领导者，提供了精辟和详尽的实务指南和最优路径（五种路径及其优化组合）。另外值得一提的是，它将员工的概念予以创新和拓展，例如对美国海军陆战队（U. S. Marine Corps.）的调研和分析等；比较而言，这就使我们进一步可以认为：一是“员工”内涵的深入认识，即在政府工作就是国家雇员（公务员），在国有企业工作就是企业雇员（职工），在一般意义上的公司工作就是公司员工等；二是“员工”范围的重新认知，即各级管理层也是员工，上至总经理下至基层的雇员其实都是企业的“员工”。

在当今全球经济的市场浪潮中，不论是对于国家还是对于企业来说，全球化的竞争态势和竞争压力都处于不断加剧的进程之中。而全球化竞争的根本和关键可以说是在于人才的竞争，在于人才机制的竞争，在于人才业绩的竞争。因此，我们确实需要树立“以人为本、关爱员工”的理念和机制，充分调动各级员工工作的主动性、积极性和创造性，最大限度地发挥每位员工的聪明才智。只有这样，我们才有可能在市场上建立起企业生存和发展的根基，才有可能创造出更辉煌的巅峰业绩。因此，我们可以认识到“人是企业生存发展的决定因素”。当我们在认真阅读《巅峰绩效》一书之后，对此可能就拥有了更深入的理解和认知。

对于中国的企业来说，《巅峰绩效》一书无疑也同样具有重大的理论和现实意义。“以人为本、关爱员工”的企业文化，不仅仅是要认真去解决员工最关心、最实际、最现实的问题，也确实是构建“和谐企业”以及“和谐社会”的核心理念，同时这也是解决企业改革中各种复杂问题的根本路径。“关爱公司员工、构建和谐企业”始终是体现“科学发展观”之企业价值观的重点所在，也是企业改革的主题和关键所在。

希望在中国的企业之中能够创造出“巅峰绩效”的企业越来越多，希望中国的企业能够作为中华民族产业在全球经济发展进程中发挥出越来越重大的积极作用，希望中国的企业能够为促进社会和谐做出越来越重要的贡献。

也希望《巅峰绩效》一书能够为中国企业经营理念、经营方式和经营机制的转变、以及为中国企业在全球市场上创造出巅峰业绩，起到一定的借鉴和激励作用！

苑书义　陈基建　王志刚　何西军
2005 年 11 月

致　　谢

一本书的写作过程本身就是一个故事，尤其对于一本需要开展大量基础研究工作的书来说，更是这样。为数众多的人员，通过数不胜数的方法为本书贡献了力量。本书的调研工作历时3年，在此期间得到了主办方、参与企业、调研人员和编辑的大力支持。任何将其一一列出的尝试都会得到一份冗长的名单。我担心这样的单子既不能尽善尽美，又会误导读者。相反，我决定从五类有功之士当中找出几位特别关键的人物加以强调。

两个非同寻常的组织发起了本书的研究工作。它们是麦肯锡咨询公司（McKinsey & Company）和美国咨商公司（The Conference Board）。我感谢它们各自的领导者顾磊杰先生（Rajat Gupta）和理查德·E·卡万纳先生（Richard E. Cavanagh）给予我的恩惠。他们耐心地对这个冗长的项目进行了支持。没有他们的帮助，我根本不可能达到案例分析所需的深度。没有他们的支持，我不仅难于接触那二十几个被本书列为样本的高业绩的企业，而且根本无法完成伴随每个案例的那些费时费力的访问、界定重点团体、调查等工作。

昆廷·霍普（Quentin Hope）先生组织领导了本书的调研工作。他是我的同事及多年的老朋友。他的学识、洞察力和智慧鲜有人及，而且他对细节的关注、为人的正直以及对工作的一丝不苟也同样毫不逊色。与他并肩工作是件乐事：他不仅舍得花力气把事情办好，而且总能提出发人深省的问题推动工作的进展。三年之中，他拥有引导一支“走马灯式团队”的特权（或说是任务）。最初的团队包括麦肯锡公司的艾尔恒斯先生（Hemant Elhence）和麦克佛森女士（Anne McPherson）以及The Conference Board的沃尔特女士（Gina Walter）。后续的团队包括麦肯锡公司的普罗科特先生（Robert Proctor）、米里亚姆女士（Miriam Herman）、凯力先生（Steven Kelley）、福斯特先生（Catherine Forster），波葛奥斯先生（Rod Bourgeois），森达玛利亚先生（Jason Santamaria）。当然，仅仅提一下森达玛利亚先生的名字是远远不够的。他的海军背景是我们理解海军陆战队的关键。我需要特别感谢翠希·特福蒂勒（Tracy Tefertiller），她出色地整合了多个团队并且是所有同事当中口齿最伶俐的发言人。各团队成员自始至终得到了南希（Nancy Taubenslag）、吉妮（Gene Zelazny）、保罗（Paul Hasse）等专业人士的大力协助。与此同时，还要特别感谢我的左膀右臂德比（Debbie Shortnacy）。她从丽莎·帝诺（Lisa Tignor）那里拿过接力棒，按时、准确地完成了冗杂的填表、跟进工作，准备了大量的介绍信和手稿，完成了许多临时的任务。

几位我的合伙人，不论是过去的还是现在的，均特别值得一提。他们备受我的早期初稿的折磨，对不断改进的假设给予了各自的评论，并且介绍我去访问了高绩效的企业。我现在的合伙人和同事，马克·费根（Marc Feigen）、尼可·葛纳（Niko Canner）以及阿兰·库勒（Alan Culler）不仅是为我进行了宝贵的宣传，而且鼓励我占用本可以用来应对我们的创业挑战的时间。麦肯锡德州分部给予了我特别的帮助。分部领导者约翰·布克奥特（John Bookout）坚持不懈地为研究工作提供才华横溢的工作人员。布鲁斯·罗宾逊（Bruce Roberson）、沃伦·崔克兰德（Warren Strickland）、杰夫·豪恩（Jeff Hawn）也非常能干，他们不仅抓住了访问令人神往的公司的机会，而且还针对我的结论发表了各自的观点，提供了建设性的意见。最后还要特别感谢拉里·卡那雷克（Larry Kanarek）。他作为麦肯锡组织部门的领导者，发起并且资助了大部分的初始研究工作。

编辑人员构成了单独一类值得感谢的人员。其中包括哈佛商学院出版社（the Harvard Business School Press）、沙嘉林文学社（Sagalyn Literary Agency），还有我的妻子琳达（显然她是所有人中最有耐心、奉献最多的人）。马乔里·威廉姆斯（Marjorie Williams）给予了我两次采访机会并且还把我引见给尼古拉·沙宾（Nicola Sabin）。因此需要对他表示特别的感谢。尼克（Nikki）的确是个讨人喜欢的人，他精明、睿智，而且易于相处。雷夫·沙嘉林（Rafe Sagalyn）扮演了非常重要的角色，他将自己的能力发挥得淋漓尽致，从而避免了相关团队做出不理智的结论。

最后应该感谢的应当是所有参与调研的企业，尤其是那些在这些企业里工作的员工。他们使得我们能够采用超越常规的条条框框去发掘其惊人之处。显然，很多公司和个人在本书中早已拥有一席之地，但是有几个人的工作是非常引人注目的。首先应该提到的是美国海军陆战队的贺克姆准将（Keith Holcomb）和李上校（Robert E. Lee），还有美国西南航空公司的丽塔·贝磊（Rita Bailey）。他们不仅替我把握了各自机构的本质，而且还大胆尝试在上述两个组织的领导者之间设立了联合讨论会。这一举措的难度可想而知，而它也恰恰鲜明地体现了我们所做的一切工作的基本前提："一定要真正关心、在乎"每一位员工。

另外，还有几个人对本书大有裨益。提姆·鲁佛（Tim Lupfer）和穆雷（Murray）教授为我们介绍了海军的真谛；科林·巴瑞特（Colleen Barrett）引领我们进入了美国西南航空的家园；布莱德（Brad Bryan）清楚地保留了我们对万豪集团所做研究的记忆，使我能够重启它神秘的大门；还有史迪夫·麦萨那（Steve Messana），他甘冒风险与我们在家得宝公司同甘共苦。特别感谢 BMC 公司的马克斯·沃森（Max Watson）和德州仪器公司（Texas Instruments）的雷·葛姆波特（Ray Gumpert），他们为我们提供了实验性的案例。另外，还有 KFC 公司的大卫·诺瓦克（David Novak）、3M 公司的约翰·缪勒（John Mueller）、派罗特系统公司（Perot Systems）的吉尔·玛姆（Gil Marmol）、First USA 公司的丹·霸（Dan Barr）、希尔斯宠物营养公司（Hill's Pet Nutrition）的卡罗林·安那德（Carolyn Annand）和乔·道格拉斯（Joe Douglas）。他们每个人都是繁忙的决策者，但他们发现了我们研究的价值，并且花时间为我们解决问题提供了至关重要的捷径和角度。名单越拉越长，我谨在此向同样应该得到感谢但却被我无意间不合理地忽略的人士表示歉意。

本书的出版经历了富有挑战性，却又荆棘遍布的旅程。请允许我向所有有功之人士表示诚挚的谢意。

前　言

我们都经历过情绪高昂的时刻——完完全全地被“激发”（“fired up”）起来：身体就像被注入了肾上腺素一样，迸发出前所未有的力量，使我们完成了手头的工作。当然，有的时候，情感对工作也会有负面影响。我们可能因为恐惧而在任务面前缩手缩脚；也可能由于困惑而分散了在关键问题上的注意力。不论所起的作用是积极的、还是消极的，毋庸质疑，情感对我们的业绩表现有着巨大的影响。

情感的迸发当然不限于个人，团队之中也可能激荡着某种情感。诸如万豪国际集团（Marriott International）、美国家得宝（The Home Depot）、惠普（Hewlett-Packard）、美国西南航空公司（Southwest Airlines）以及美国海军陆战队（U. S. Marine Corps.）等一些知名机构——能够独一无二并且自始至终地激发员工的积极情感，同时引导员工用额外激发出的力量创造比竞争对手更高的绩效水平。我早就对这些组织调动运用情感力量的方法产生了浓厚的兴趣。由于在这方面我从未得到过直观的解答，于是我开始着手研究并最终写成了此书。

本书的主题——被激发起来的、创造更出色的（巅峰）绩效的劳动力——可以这样加以定义：不论大小的任何一组员工，他们的责任感使之在某方面为其雇主创造或提供具有可观的比较优势的产品或服务。我们所讲的巅峰绩效（Peak Performance）是指优于普通标准、优于人们所期望、优于竞争对手、优于其他地方的同类生产力团队所创造的绩效水平。此类高绩效水平的团队往往身处组织一线：他们或者与顾客进行重要的沟通，或者直接影响组织所提供的产品或服务。

将其劳动力满足上述定义的公司列一份清单，并非难事。很多这样的公司都是久负盛名的（通常也会被仔细研究过）。它们是人们渴望的工作地，同时它们的员工政策/计划（Employee Programs）也广为人知。然而，将上述公司分门别类多少会让人觉得有些混淆视听，因为没有任何两家公司使用同样的方法使得关键部门的劳动力创造出了更高水平的业绩。而这正是我们在本书后续所开展的调查研究工作的根本原因。

研究工作

我们本以为更加深入地探索几个知名的案例就能够找出一个从未被人发现的模型，该模型能够帮助任何一家企业在其员工中营造更加高涨的情感力量并将该力量转化成更高的公司业绩。我们还进一步以为要找寻的答案会相当简单明了——也许不过是再次强调几条良好人事管理（Good People Management）的基本原则并且说明更好地应用这些原则的方法罢了。凭借这些假设，我们开发了一套以深入探询各组织中三类不同级别的人员（高层决策者、中层管理者、一线员工）的认识和观点为基础的案例研究方法。最终，我们的研究方法被证明是成功的，虽然我们的假定却不尽然。

我们的所作所为

我们对情绪高涨、业绩突出的劳动力所下的定义使我们不得不深入地接触每个企业的不同层次的人员。不用说打造一个这样的劳动力是极其困难的，就连界定、接触、评价此类公司也都是一种挑战。我们先列出了一份原始的企业清单。这些企业的业绩和声誉体现着它们在各自行业之中的领导地位，同时它们深信自己的比较优势源自员工劳动力的巅峰绩效。我们在清单中将那些不仅在自己的领导力愿景（Leadership Vision）和战略陈述（Strategy Statement）中提出并赞成这种观点，而且在使自己与竞争对手区别开来的员工部门投入大量财力、精力的公司挑选出来。开始的时候，我们对“普通为人关注的案例”的现有信息进行了探索，即那些由于拥有出众的人事体制而为人熟知并广泛研究的公司（例如，惠普、万豪、美国西南航空、丰田、3M、美国家得宝公司，等等）。

通过进一步的较为深入地探索，我们找到了一些重要的线索，那些能够反映这些知名公司对员工进行激励的方法。但是，这样仍然不能解释各个案例所体现的成功之道之间为什么会相去千里。当然我们也曾尝试着跳出常规思路的模式，而去调查那些鲜为媒体报道或研究的公司。在这一方面，我们调研和分析了几个知名度相对较小的公司案例，其中既包括其他行业的私人企业（例如，科技、客户服务、金融及工业等），也包括公共机构。基于这种考虑，我们倾向于“跟着感觉走”，在同行、客户及其他有识之士所推荐的案例情形之中进行展开研究。虽然我们最终定稿的案例既不全面和广泛，也不能代表和说明一切，但是我们相信它们是真实、可信的。我们的案例涵盖了近30家企业。其中大多数企业的过人之处（或者表现在财务上，或者表现在市场份额上），在过去的几年之中已经得到了充分的验证。企业中的领导者深信是生产力创造了这些惊人的业绩，我们的案例分析也合理地对此进行了有效的验证。

在每一个案例中，我们严格按照所定义的高绩效标准来选择公司和相关的员工队伍。我们也使用同样的标准来评价我们对案例的研究结果。在有些场合，我们对整个企业进行研究；在其他的场合，我们关注企业中员工绩效最突出的那一部分。不过，在所有的案例中，我们都对一线员工展开了调研并且获得了相应的信息。同时，我们也调查和研究了中级和高级管理人员。我们将关注的焦点始终放在员工劳动力的绩效，而不是公司整体业绩方面。

将员工分三个层次对组织进行调查和研究，使我们更有把握去比较和分析问题的可能原因。高层管理人员所看重的决定劳动力绩效的关键因素，并不总是与中层管理人员的看法相一致。通常，从一线员工那里直接获得的信息，是最能说明问题的。我们所做的访问囊括了组织三个层次之中的大量人员，因此，可以说我们对于每一个案例都进行了清晰和细致的研究。

遗憾的是我们不是总能将生产力绩效方面的数据与企业整体业绩区分开来，尤其当被挑选出研究的那部分员工是企业的核心团队的时候，更是如此。因此，我们将精力和关注集中于员工的巅峰绩效直接决定组织成功的那些企业。我们对20家条件允许的公司进行了深入地研究。同时，我们还挑选了几家已被别人充分研究的公司，以便进行合理地比较。对每一个案例的研究都需要进行长达几天的深入访问、调查以及同焦点小组的讨论。数百人参与了这些访问、调查和讨论工作，并且在必要和可能的情况下，调查数据都得到了进一步的分析和验证。因此可以说，本书中的结论和观点，更多的是来自于我们感性的观察、访问和讨论活动，而非任何理性的数据分析。附录中的表 A－1 列出了所有相关的公司以及其劳动力的特点。

虽然对于我们来说，每一个案例都是一个内容丰富的学习机会，但是令人惋惜的是无法将所有案例的全部内容都安排在本书之中。为了更好地激发读者的兴趣，我们尽量挑选那些最具代表性、最能反映不同的成功途径的案例。因此，部分优秀的例子没有能够在本书中得以体现。

本书的内容

本书选取了大量获得了显著的更高水平的员工劳动力绩效的组织机构，并对其成功的过程进行了探索和比较。在这里，劳动力（Workforce）指组织基层的所有员工，他们或者制造产品、或者提供服务、或者为顾客创造价值。它并不包括各级管理人员和提供间接支持的人员，这些人构成了组织的其余部分。

本书所涉及的企业之间的差异性，远远大于相似性。实际上，我们的研究工作就是要在条件迥异的情形之中，找到激励员工/劳动力的因素。不论公司的业务重点、市场地位、领导哲学等方面的差异究竟有多大，我们还是找到了其中明显存在的五类模型，或者说是五类平衡的路径。本书调研和探讨了每一条路径，界定并明确了它们各自的特点；同时还为那些希望显著改善员工劳动力绩效的领导者们，提供了全新的见解和知识架构。

第一部分

保持关键性的平衡

企业的业绩要求

- 股东收益
- 市场份额
- 顾客满意程度
- 产出及提高
- 核心能力的培养

员工的自我实现需要

- 生计来源
- 方向,结构和控制
- 身份,目标和自我价值
- 个人财产和社会影响
- 机遇

规范化的行为

规范化的行为

图表 1－1　平衡企业的业绩和员工的自我实现两方面的因素

使一线员工富有责任感的关键在于保持企业业绩和员工自我实现之间的平衡。这一点也许不足为奇。虽然你可以通过胁迫、威吓以及“一些传统的成果管理法”来推动业绩，但是你别指望员工能有积极的责任心，能够发挥额外的力量，除非员工们真正认为他们在工作中的“付出与回报”是平衡的。

我们研究过的、表现出众的企业，在员工的自我实现这个问题方面，绝不仅仅是在动动嘴皮子上的功夫。他们会有意识地重视这一点，并且采取规范化的措施来确保关键部门的员工能够感受到管理层对此的重视。

那些成功保持其关键部门员工（通常指一线员工）责任感的企业所采用的路径各不相同。不过，这些路径之间还是有一些重要的共同之处：它们都强烈地认可每位员工的个人价值，它们都努力地兼顾员工的自我实现和企业的业绩两方面的要求，他们所做的选择都清楚明确，并且都拥有能够培养规范化行为的措施（图表1－1）。然而，在这些泛泛抽象出的共性的背后，可以进行的具体选择是多种多样的。

第 1 章

责任感的力量

在我第一次与美国家得宝公司（The Home Depot）人力资源部的高级副总裁史蒂夫·梅扎纳（Steve Messana）会谈的时候，他用下面的一段话语描绘了一线员工责任感所发挥的力量的实质：

> 我们鼓励所有员工拿出自己的办法来吸引顾客的注意力。大家可以放手去做，而不必考虑上级的批准。诚然，在此过程中，我们会碰到了一些根本想不到的令人生厌的馊点子，但这也是我们愿意付出的代价。如此一来，我们就充分地调动了员工个人的主动性，从而使得这里变得与众不同。

美国家得宝公司在过去的十多年里一直是北美地区最大的家居产品零售商。在公司增长、股东收益和企业员工责任感（Emotional Commitment）等方面，它的表现一直胜过了其竞争对手。与公司的战略和经营理念相比，公司良好业绩主要源自企业员工所拥有的非凡的责任心。说实话，不论与哪一位员工交谈，你都能够感受到他（她）为企业及其成功贡献自己的力量的强烈诉求。

“不过是一位母亲”

黛比·博珂（Deb Burke）是美国家得宝公司位于乔治亚州亚特兰大市郊伍德斯托克（Woodstock）的店铺中的一位职员。黛比四年前以

“高峰期钟点工（Peak Timer）”的身份加入了美国家得宝公司。一般来说，高峰期钟点工约占公司员工总数的四分之一。他们的工作班次通常按照实际情况随机确定，工作时间一般要比全职员工短。与大部分美国家得宝公司的员工不同的是，黛比没有任何相关的产品或者销售方面的经验；而且由于其丈夫经营的生意非常红火，她也并不指望在公司打工挣钱贴补家用。她只是想在外面找份有意思的工作。公司雇用她也是因为她有着积极的态度、充沛的活力以及对别人——不论是对潜在客户或者同事——的自然的亲和力。

黛比被分配到建筑材料部门工作，分管该部门的店铺经理助理克里斯·菲茨杰拉德（Chris Fitzgerald）把她安排在木制品部。木制品部的顾客都是老练的建筑商人和木匠。这些人都是说一不二的健壮男子，他们自以为什么都知道。开始的时候，黛比由于必须与这些顾客在大量技术性产品上打交道而感到忐忑不安——这些产品的名称大概只有专业木工才能弄清楚。第一天工作结束后，克里斯把她叫到一边对她说：“瞧，你什么也不懂。这一点既是缺点，也是你工作的有利之处。你可以马上开始从头学起。相信我，用不了多久，在木制品方面你会比其他任何人都懂得更多。”然后他带她浏览了公司厚厚的产品目录手册，告诉她在哪里以及如何找出问题的答案。

接下来的几个星期，黛比步履艰难。她竭尽全力为顾客寻找解决问题的办法，而这群顾客却总是拿她开涮，不断地戏弄她。在顾客不时的强烈质问下，黛比的最后一招就是对他们说：“你瞧，我已经尽力而为了。该死的，我不过是位母亲!”这样做常常能起到不可思议的效果。首先，由于大多数顾客自己也有母亲，他们的态度会立刻发生巨大的变化。他们会转而努力地去帮助她而不是去惹恼她。其次，顾客会突然之间对她所犯的错误和查找产品花费的时间变得耐心得多。再次，顾客知道大多数母亲并不熟悉木材原料，但是她们对一些常识却了如指掌。而且最重要的是，黛比认为，至少顾客能够像信任自己的母亲那样信任她。面对眼前这位诚实可靠的母亲，尤其是当她的确在竭尽全力地完成一项艰巨的工作时，不论是谁都不能不信赖她。

当三年后黛比离开木制品部的时候（她被提升为另一个部门的经理），她和克里斯都认为在繁杂的木制建材领域，她的确比其他任何人——不论是顾客还是经理——都懂得更多。在长时间承受着巨大而无情的压力的情况下，她依靠自己的艰苦努力取得了如此的成绩。值得一提的是，黛比并不需要钱。那么，究竟是什么促使她如此辛勤地工作，学习这么多的知识并坚持这么长时间的呢？究竟是什么使她成为责任感如此强烈的一位员工的呢？

激励黛比的因素显然也同样激励着美国家得宝公司的绝大多数职员。首先，他们把使一位沮丧无助的顾客变成开心起来的过程所带来的满足感视为一种享受。如同某个员工所说的：“他们脸上的表情会让你久久难忘！”当被问及他们如何证明自己公司的员工表现更出众的时候，家得宝公司的职员通常回答：“看看顾客离开这里时的脸色吧——你看到的笑脸要比深锁的眉头多得多。”其次，公司激昂的工作环境调动着员工们努力工作的热情。在这里，没有人知道下一个挑战会在什么时候，由于谁，因为何事而发生。员工喜欢这种环境所提供的获取个人成就、实现个人成长的机会。在繁忙的时候，家得宝公司的卖场看起来更像是一个熙攘的闹市，而不是一家五金零售商店。对于要实现自我的个人而言，这里永远都不缺少挑战。再次，家得宝公司的同事们都诚实可靠并且亲如一家，彼此相互尊敬、相互支持。最后，他们都热爱自己的工作——亲手解决那些既需要了解复杂的产品知识又必需游刃有余地处理与顾客的关系的问题。因此，大多数职员都起早贪黑地为公司工作。黛比的一个同事说，她宁可周六在店里工作而不是在家做家务。这里真的是一个充满乐趣的地方——以至于黛比常常忘了领取她的周薪支票。直到她丈夫用嘲弄的口气说：“你这周为我们挣到钱了吗？难道你还在为乐趣而工作吗？”她才会想起领取报酬的事。

家得宝公司在家居产品零售方面可能独具特色，但是就依靠一线员工的责任感这一点而言，它并非独一无二。例如，肯德基公司的业绩曲线要比家得宝公司曲折得多。当哈兰德·山德士上校（Colonel Harland Sanders）及其夫人于 1952 年创立肯德基公司的时候，他们提出了一个简单的理念：提供一份绝大多数人都能够负担得起的家庭正餐。这一理念很快就得到了成千上万的特许权经营者（Franchisees）的认同，他们个人对上校的热爱直到今天仍然久久不熄。但是，大公司的一系列收购行为中断了公司早期的成长和业绩表现。它们摒弃了上校以人为本的观念，取而代之的是成果管理（Consequence Management）这种主要根据财务表现论功行赏的、生硬的管理风格。结果，特许权经营者和餐厅的一线经理习惯了按部就班的工作方式，失去了原有的信念，这使得公司的增长和股票业绩在20世纪80年代后期遭到重挫。不过，近来公司通过将过去的以人为本的理念与现在的成果管理原则的企业文化相融合，从根本上重新树立了上校的形象，重振了公司业绩表现。这种新与旧的有力结合大大地鼓舞了公司员工和特许权经营者的士气。

肯德基公司的情感力量

一艘位于俄亥俄河上、名为路易斯维尔之星（Star of Louisville）的游船是我首次正面接触那群代表着山德士上校的传统、有着火热工作热情的肯德基员工的地方。虽然这艘船的吨位很大，白色的船身也很显眼，但是由于其停泊在错综复杂、彼此相连的高速公路及上下船用的斜坡之下（这些斜坡分布在肯塔基州路易斯维尔正在开发的沿河区），我们颇费了一番周折才找到它。因此，我们在轮船正要起航的时候才登上船。那是一个美丽的夜晚，我们与一队素不相识的举办婚宴的人马一起，将俄亥俄河两岸的美景尽收眼底。公司整晚的活动进程不时地穿插着员工的口号、嘲讽的嘘声、对自己人开的玩笑和大量的喧哗嬉闹。晚些时候，一名负责运营的地区经理和一名公司营销副总裁在听众善意的大声嘲弄中作了简短的讲话。航行结束时，每个人都兴致盎然，兴奋愉快，同时也对自己的成就有了明确的认识。然而，这次航行决不仅仅是一次普普通通的销售庆功会。确切地说，它是一次盛大的做秀活动，欢呼、游行等各项内容无所不有。而且，这只是肯德基公司按月举行的很多类似活动中典型的一个而已。

如何解释肯德基员工的这种情感力量呢？毫无疑问，答案绝不仅仅是对那位身着白色套装和蔼的南部绅士的怀念这么简单；也不能只是用上校颁布的几条简简单单的原则和规定来解释——这些原则和规定至今仍然代表着肯德基的价值观。不过，肯德基近来明显复苏。在1994年之前的五年，肯德基的销售额毫无建树，但是自那以后，在竞争对手持续衰退的情况下，肯德基却取得了单店销售额同比增长7%～9%的业绩。这种复苏的关键因素在于其大张旗鼓地重塑自身根本的管理理念，即新任CEO大卫·诺瓦克（David Novak）所说的“餐厅运营文化”。

这种文化注重类似“上校的十二条”（上校提出的关于餐厅服务的十二条规则）这样的一些关键措施。公司的领导者一心营造一种强势的企业文化，它蕴含着对员工的认可、对成就的庆贺、一线领导力的发挥和企业内部半严肃化的竞争。企业完整的流程和度量制度也构成了成功的坚实基础。这些制度不但是上校十二条的有益补充，而且还确保了股东收益和公司的市场业绩。正如公司首席运营官查克·罗力（Chuck Rawley）所说的：“我们做的是人员方面的生意——说实话，我们什么东西都能卖——只不过我们恰巧碰上卖鸡肉套餐罢了。我们工作的全部就是‘调动’公司的四万名员工和特许权经营店中的其他 6 万名人员的全部活力。”

毫无疑问，肯德基采取的管理方法与家得宝公司是截然不同的。而且，与家得宝公司一样，肯德基的方法也不是放之四海而皆准的真理。在激发员工的责任感方面，任何公司都有多种选择。

界定业绩出众的员工

业绩出众的员工是指任何一支这样的员工队伍：他们具备的责任感使他们能够制造或提供能够长期为其雇主带来具有竞争优势的产品或者服务。这个定义包含着以下几条内涵，同时我们也借此选取了本书所要研究的组织：

- 业绩总是超过其领导者和顾客预期水平的员工比例高于业内通常水平（例如大于员工总数的三分之一）。
- 员工的平均表现优于竞争对手——典型的实现路径是一套有内聚力的管理体系、计划和鼓舞/激励机制。
- 员工中普遍表现出对实现更高的标准和目标的责任感，而且这种责任感还创造出理性的体系和计划所无法解释的增效现象（倍数效应）。
- 整个或者关键部门（最为典型的是一线员工）的员工队伍的整体表现构成了公司的核心竞争力。外人很难效仿这种整体表现。

显而易见的是，虽然从头脑里把握和运用上述标准无甚难处，但是用数量或统计上可行的方法应用它们却是难上加难。因此，我们要分为三步来判定一个企业是否拥有一支发挥巅峰绩效的员工队伍。首先，我们要审查企业长期以来的业绩，因为如果没有取得优异的业绩，就很难达到我们所制定的员工标准。附录中的表 A－3 总结了我们所挑选的样本企业的业绩记录。其次，我们要与每一个企业的决策者和经理们进行深入会谈，弄清楚他们是否认为员工是企业业绩的关键所在及其原因。第三步是尽量多地收集定量和定性的证据来进一步论证管理层所做的上述论断，也就是说，我们搜寻各种可以获得的生产率、质量、营业额和顾客服务水平等方面的指标信息。附录的表 A－3 总结了这些评定的最终结果。通常，我们不能将部分员工的业绩从整个企业的总体业绩中分割出来进行考察。虽然如此，我们的调研队伍还是深入地对企业进行了详细调查，直到调研结果能够长期符合我们所制定的绩优员工的标准才中止。在本书所描述的各个案例当中，我们的调研队伍和被研究的企业的各级领导都深信：企业业绩的数量结果直接源自员工的出众表现，而这种优秀业绩表现的基础是企业关键部门的员工之中的员工个人责任感。

我们所考察的员工的巅峰绩效指的是员工队伍中每一个人的个人业绩，而不是他们工作所采用的步骤和方法。这样的绩效涵盖了所有个人和整体的业绩，而远不只是“几个出色男女”的努力所能实现的。进一步来说，这些员工最引人注目的特点是他们对于在工作中做出成绩这一点所表现出的无比的、热情充沛的精力和责任感——这些都是不能量化的。然而，公司长期的竞争优势源自一线员工所付出的额外努力，这一点却是毋庸置疑的。

前述标准所列举的特点保持起来非常困难，但是它们给企业带来的长期回报确是非同凡响的。从抽象的角度看，员工业绩表现出众的企业有着很多的共同之处。不过，与其他企业也拥有的共性相比，一家公司独特的业绩重点和决策方式能更好地解释企业业绩与众不同的原因。换句话说，通过分析各企业的长处以及它们利用这些长处的方法，我们发现培养和保持员工的出众业绩的“正确”道路不是唯一的，许多方法都是可行的。

我们的标准既适用于全体员工，也适用于员工的关键部分。例如，对于美国西南航空公司（Southwest Airlines）和家得宝公司来说，这些标准适用于他们的全体员工。而对于汉鼎投资公司（Hambrecht&Quist），这些准则主要适用于投资和分销方面的专业人员。BMC软件公司则把它们运用到了公司的客户销售代表和“产品作者”（软件设计者）身上。但是，在每一个案例中，这些关键员工团体的整体业绩都在很大程度上左右着企业在竞争中能否获得成功。

我们的发现

毋庸置疑，单独拿出任何一个机构来考察，它们都有着各自不同的一套独特的管理方法、机制和工具——其中有些是绝无仅有的，而有些则被普遍使用。然而，最引人注目的共同之处在于各公司在管理哲学上的信念和各级领导者所共同采用的实践方法，即：

- 他们都非常信任自己的员工——而且认为员工的战略价值和创造业绩的潜力可以决定企业的相对成败。这种信念主要运用在一线员工而不是那些管理人员的身上。
- 他们从理性和感性两个方面来调动员工的积极性。拥有如此之高素质员工的企业毫无例外地都超越了只在物质上刺激员工的阶段，而是进一步调动和利用员工的情感。事实上，员工所发挥的情感力量是本书所研究的有着出众表现的员工最为显著的特点。这种情感力量在整个企业内部有着广泛的感染力并且对企业的整体业绩有着倍数效用（Multiplier Effect）。
- 他们将企业的业绩与员工的自我实现（Worker Fulfillment）置于同等重要的位置上，并且非常重视在长期中保持两者的动态平衡。他们在不同的场合坚决执行各种兼顾员工成就与企业业绩两方面要求的规范化行为。而且，领导者在二者之间所保持的平衡是一种双赢组合——而不是一种“零和博弈（Zero-sum Game）”，即必须以牺牲其中一种利益为代价来换取另一种利益。

然而，在我们研究的案例中，除了这三个基本的共同点之外，被研究的企业还有效地运用了很多不同的管理方法、机制、活动和工具。无独有偶，几个整体模式或者说路径不断地在我们的案例中出现，尽管有些公司同时采用一条以上的路径。每一条路径的特点都是能够为企业长期带来高水平的员工活力，而这些活力都是通过有意识地保持企业业绩和员工的自我实现之间的动态平衡而获得的。

至关重要的员工表现

不幸的是，只有极少数的公司真正下工夫培养员工的责任感。很多公司认为这样的努力是不值得的。在它们看来，中庸的员工表现是企业所能指望的最高水平。但是，对于那些认识到让员工实现自我的潜在价值，从而充分调动他们实现优秀绩效的责任感的企业来说，尽管通常不知道如何利用这种方法，它们当中的大多数却在随意地加以使用。对于它们而言，成果管理也许是他们唯一懂得的管理方法。

成功地让员工发挥巅峰绩效的前提在于企业能够在高层次上驾驭员工的自我实现和企业业绩之间的平衡关系。我们可以把企业在这方面所使用的各种手段紧密地联系在一起，形成一套相辅相成的方法。这套方法既能激发人的力量、又能引导这些力量。

显然，我们有充足的理由相信最高管理层必须在培养员工的责任感方面扮演自己的角色。第一，一套有内聚力的、相辅相成的方法是不可或缺的，而这种内聚力的形成需要决策者通过其领导活动进行整合（例如，领导者进行各种决策和行动，强调员工为企业业绩所做的贡献）。第二，缺少了决策者的参与和领导，大部分情感力量的资源都不能得到有效地利用。第三，只有决策者的领导活动才能在权衡企业的业绩和员工的自我实现的过程中进行必要的取舍。

在发现在培养员工创造巅峰绩效这个问题方面没有长盛不衰的单一模式的时候，我们不禁想知道问题的解决是否总是因地制宜的和相机而动的。令人高兴地是，我们发现总共有五种模式可以加以利用。通过着重利用其中最适合企业的业务类型、市场地位、企业文化和领导力类型的一两种模式，一家企业可以在其最高管理层如何分配企业的整体资源和企业预计能够得到什么样的绩效两个方面得到巨大的改善。不过，令人沮丧的是，无论选择哪种路径模式，除非投入大量时间和精力，否则一家员工业绩表现平平的公司就不可能让员工实现更高更好的业绩水平。

无法回避的挑战

诸如西南航空公司和家得宝公司这样的企业，所采用的激励员工的方法可谓花样百出、层出不穷。例如，在具有高度启迪意义的著作——《西南航空不拘常规的商业及个人成功秘诀》中，作者凯文和杰琪·弗莱宝（Kevin & Jackie Freiberg）就什么使得西南航空公司这架激励员工的机器工作得如此出色这个问题，总结了一份看似无穷无尽的清单。书中罗列了十三种核心价值观，十一种哲学态度和十种“行为价值”。大多数章节还都有一个名为“总结成功”的摘要，这些摘要加在一起构成了企业成功所需的成百上千个重要事项。相应地，美国海军陆战队也将其调动士兵责任心的规则编写成简明的小册子，公布于众，并以此为傲。不过，即便是在这种缩略的形式下，海军所罗列的项目之多也足以让人咋舌。

对于公众而言，这样的行动列表是一种有益的提醒，有助于大家找出通往绩效之巅峰的必经之路。不幸的是，我们不能指望仅仅利用那些列表，这在很大程度上是由于我们彼此的起点并不相同。没有谁会像西南航空公司那样，为了生存而不得不与铁面无私的管理机构以及那些生死相搏的竞争对手进行斗争。我们也无法像肯德基那样，通过重新树立上校的传统来激励员工，培养他们的责任感。而且，显然我们更不能像海军陆战队那样，在战争的阴影中把士兵的身心和力量凝聚在一起。对大多数机构（无论是军队还是企业）而言，试图仿效西南航空公司的数百条行动举措，或者试图利用海军陆战队多年积淀而得的传统和勇气的做法都是荒谬可笑的。相反，文化背景和业务基点千差万别的各个机构必须在各种成功经验中找出最适合自己和最值得学习的理念和做法。

人事管理原则的短处

由于缺少把握重点的洞察力，大多数公司只能退而求其次，在那些广为接受并且更加抽象的良好人事管理原则（Principles of Good People Management）上做文章。称职的经理们都坚信公平地对待每位员工，为他们提供工作的动力和个人成长的机会，认可他们的成绩并用提升的方法进行奖励；称职的领导者还努力招募最优秀的人才，并且运用成果管理（Consequence Management）和个人责任制（Individual Accountability）等教条对他们进行管理。这些原则无可厚非，但是它们很少能把真正业绩表现出众的员工从普通平常的员工中区别开来。我们并不是要贬低这些原则的有效性，它们的确是决定员工的业绩出众表现的基础。但是，调动和激励员工创造巅峰绩效的情商（Quotient）无一例外地都超越了这些大众化的原则，转而进一步激发和培养员工的责任感。要确保员工具有这种责任感，企业就必须有意识、有目的地关注员工的自我实现问题。

此外，由于良好人事管理原则得到了人们广泛地应用，成功地运用它改善员工业绩的案例也是比比皆是，因此，这方面值得一试的做法几乎是无穷无尽的。试图同等重要地看待良好人事管理原则的各个方面的做法，不可避免地会导致企业的管理体系严重超载。那么，像西南航空、肯德基和家得宝这样的公司为什么能够强调和重视那么多的因素、行为和机制呢？所有这些手段又是如何共同发挥作用使得企业在人事问题上决胜千里的呢？答案在于公司运用这些手段的时间结构。

这些公司的侧重点是随着时间的推移而改变的。它们在公司发展的特定时期将其主要的侧重点放在与当时情况相适应的几个关键因素方面。例如在西南航空，公司的传统现在更多地被用作员工动力的重要源泉，而在公司刚刚起步，生存压倒一切的时候，却根本不存在这个问题。公司侧重点的改变有时以单一路径为基础，有时还需要利用第二条辅助性的路径。另外，某些辅助性的管理活动是与公司正式培养的主要管理方法一起发展起来的，二者结合在一起，共同发挥作用。

在本书中能够学到什么

本书关注的是如何激励员工创造业绩以及达到这个目标的各种成功路径。书中描述了领导者如何利用各种路径把注意力集中在员工的自我实现这个问题上，并且以此调动员工的情感，维持员工的出众业绩表现。与直接激励员工实现苛刻的财务目标相比，这是一种截然不同的做法。大多数公司从事的都是前一方面的工作，其中包括设立明确的目标，制定明确的考核方法并且让员工个人对绩效负责（成果管理模式）。有逻辑、理性的激励活动当然是好事，但是这无助于调动员工的责任心。我们不妨问一问那些观看了纽约扬基队（New York Yankees）1998 年度季后赛的人的感受，在这个赛季，扬基队取得了世界级的胜利，创造了单独一只大联盟球队在一年中获胜场数最多的记录（获胜 125 场）。

由于能够让许多员工的业绩远远超出领导者的预期、个人的责任范围、企业的财务绩效目标和短期市场目标，因此激励员工追求卓越业绩能够让企业所参加的“市场比赛”更加精彩。本书讲述的就是如何让员工完全释放自我、发挥员工的集体潜力——既包括广大的一线员工又包括中层人员——从而取得并保持更高水平的绩效的方法。这里所谓的更高水平指的是超出员工自身的想像，超出管理层和顾客的预期，而且超过竞争对手实际所能达到的水平。

毋庸置疑，释放员工的全部潜力还是行之不易的，很少有企业能够一贯地在这个方面取得成绩。传统意义上的管理活动只有实现宏伟的财务绩效这一个目标，本书对那些在管理上远远超出这个目标的企业所采用的管理方法进行探索，力图找出这些企业如何通过让员工实现自我，培养他们的情商，使得他们的业绩表现大大超出传统范畴的水平。

我们所研究过的每一个典范企业都通过一套综合的管理方法或者路径获得了员工的巅峰业绩。这些方法能够广泛地激发员工的情感力量，并且能够规范地利用这些力量来获取出众的业绩表现。这种同时在企业业绩和员工自我实现两个方面发挥作用的机制是员工情感力量的源泉和整合这些力量的路径的坚实基础。

五种有效路径

根据我们的深入研究，所有员工业绩表现出众的情形都可以通过五种路径来解释。我们把这些路径称作“平衡路径”，并借此反映在保持员工/企业业绩与员工的自我实现之间的动态平衡的重要性（也就是说，通过在企业所选取的平衡路径上实现出众的业绩，企业和员工都能受益）。这里所说的平衡是指企业在两个方面同时提高，而不是以牺牲其中一种为代价而改善另外一种。

每种路径都构成了一种与众不同的、激励员工创造更高绩效的方法。当然，这些路径彼此之间也有重复和相似之处，但是它们各自的侧重点和价值主张是完全不同的：

1. 任务、价值观和自豪感
2. 流程和度量
3. 企业家精神
4. 个人成就
5. 认可和赞赏

这些平衡路径的名称已经体现了每条路径的侧重点。这些路径并不在我们最初的假设之内，我们也没有刻意选择案例来突出某种路径。而且，案例中的那些公司也没有有意识地创造或者选择某条路径。这些路径的出现是那些勤勉的领导者追求企业业绩与员工自我实现之间的业绩平衡的结果。我们只是在剖析各个案例，在探求究竟是什么在激励企业员工的时候，总结和发现了这些路径而已。随着研究的深入，我们发现，在激发员工情感力量的源泉及如何引导这种力量，实现巅峰业绩方面，有五种模式反复出现。因此，我们就把这五种模式，或者说“平衡路径”，作为本书的核心理念，或者说是总体纲要。

业绩表现出众的员工和表现一般的员工之间最显而易见的区别在于

员工们所表现出来的活力和责任感的水平。即使是非专业人士在经过工作大厅时也能感受到这种差别。在业绩表现良好的企业中，员工步伐更加迅速，互动交流更加热情活跃，聆听更加专注，作出反映也更加迅捷有力——每个人都明显是在享受着自己的工作。他们不在乎工作时间的长短，大多数人都在起早贪黑地工作。即便是在下班以后，他们脑子里也常会思考提高工作效率的方法。不仅如此，这种源自责任感的表现会时时刻刻、日复一日地在公司的各个部门出现。有些人认为这样很有趣，有些人认为这样具有挑战性并且很是激动人心，而在局外人看来，这样的做法会让人觉得精疲力竭。

员工的这些动力从何而来呢？显然，动力最终来自员工自身。它们在员工的情感受到刺激的时候爆发出来。当然，坦率地说，少数人能够自我激发出这种力量，但是对于大多数员工来讲，他们需要某种有规律，或者反复出现的外部刺激才能发挥情感力量。这种刺激可以来自一位领导者，他应该能够跳出自我的局限，善于利用除了个人魅力和个人影响之外的一些手段；市场的动态特性也能催生出情感力量，其中的因素包括企业的增长、顾客和竞争者的行为影响等；非凡的成就、英雄人物或者前辈所创造的历史和传统也能起到同样的作用。不论是何种因素催生出的力量，领导体系都必须长期坚持有秩序地加以利用。

并非每一个有意追求员工的巅峰绩效的企业都能信手拈来自己所需的激励员工发挥额外动力的各种动力源泉。然而，要想获得成功，一家企业就需要长期利用一种以上的力量源泉。第二部分中的案例说明了利用一种以上的力量源泉，并且连贯系统地让这些源泉在员工心目中发挥作用的重要性。

不幸的是，员工的额外力量的一度高涨可能会像倾盆大雨导致河流泛滥那样，造成企业内部的混乱。除非恰当地利用和引导这种力量，否则它会颠覆整个组织的意图和目标，给企业带来极大的危害。因此，想要通过调动员工的额外力量来维持员工的出众业绩表现的企业不能在选择整合这种力量的方法这个问题上抱有听之任之的态度。这里的整合指的是员工个人做出的各种决定和行动，它们能够让员工互相促进，提高企业业绩。同样，上述企业也不能指望利用诸如授权、共享价值观和个人自由之类的陈词滥调来确保企业目标的实现，与此相反，我们所研究的企业都非常规范地维护着各自整合员工情感力量的渠道，而这些渠道的基础是能够兼顾企业业绩和员工的自我实现两个方面的灵活广泛的管理机制。

我们可以把这些管理机制分别归纳成几类整合方法，而且，这样做也是势在必行的。换句话说，一家明智的企业每次只会选择几种方法，并且希望在这些方法上做出成绩。这种集中使用少数几种措施的做法是员工创造巅峰绩效的必由之路。不同的企业应该强调不同的整合渠道，它们有时还会随着时间的推移而调整其强调的重点。不幸的是，当今很多企业试图同等重要地运用过多的整合方法，这往往是徒劳的。一个组织要真正地在某些整合方法上做出成绩，就必须拥有一套非比寻常的纪律，它既能在企业中得到执行，又能得到员工的拥护。这些整合方法还必须能够维系企业业绩和员工的自我实现之间的动态平衡。

诚然，调动和培养员工的情感能够激励他们实现更高的业绩。而且，很多因素都能激发员工的情感（并不是所有因素都是积极的）。我们的研究表明以下三类基本问题能够为读者提供更加丰富的学习机会：

1. 能够培养员工的责任心、让他们有出众业绩表现的五种管理模式或者说平衡路径是什么？它们之间有哪些共同点、区别何在？在何种情况下某一种路径比其他几种的更加有效？

2. 为什么 20 多家有着巅峰业绩的公司在精挑细选和认真研究之后，各自选择了不同的平衡路径？它们又是如何创造和引导员工的情感力量的呢？

3. 一家公司如何利用自己的管理原则来决定采取哪种正确的平衡路径？利用哪些力量源泉，采用哪些方法、机制和工具来引导员工的情感力量，从而获取更高水平的业绩？

最重要的是，我们希望那些认识到富有责任感的员工能够发挥巨大潜力的读者们能够像我们一样，深深地坚信有目的地选择和遵循一两条平衡路径的重要性。

构筑一种平衡的模式

本书的主要目的在于帮助领导者塑造各自的平衡路径。在我们所研究的每一个企业之中，我们都发现了几个关键性的力量源泉和整合方法，它们有助于在企业中建立一种平衡而有特色的管理模式，这种模式有时还融合了两种平衡路径。尽管这些公司都在一定程度上重视上述各种措施，但是，各家公司还是将精力集中在有限的几种关键性的措施上面。

如前所述，更让人惊讶的是，我们发现这五种路径（或者说是力量源泉和整合方法的组合）能够合理地解释我们所研究的全部案例。规范而与众不同地使用几个关键性的整合方法和利用多种独特的力量源泉，是这些独特模式的特征。无论采取何种路径，拥有创造巅峰绩效的员工的公司都有一个共同点：它们能够长期保持员工的自我实现和公司业绩之间的动态平衡。

第2章

平衡路径导论

奥林匹克运动会吸引着世界各地人们的目光，世界各国的运动员都渴望在这个独一无二的体育盛会上一展身手。竞赛的项目从身体素质的竞争到专业技巧的较量一应俱全。就拿花样滑冰选手来说，有些运动员参加的是或长或短的固定动作的比赛，而有的人则愿意在双人花样滑冰这种需要高度专业技巧的艺术形式中与他人展开竞争；田径选手所参加的项目更是五花八门：从跳远到五项全能，乃至十项全能，各种项目应有尽有。

然而，任何运动员都不奢望能够在不同类别的多个项目上都力拔头筹。我们在撑杆跳比赛中找不到拳击运动员，举重比赛中找不到短跑选手，高台跳水中也找不到体操运动员。种子选手总是审慎地挑选自己的竞赛项目。他们选择参加的项目必须与自己与生俱来的身体素质、个人态度和精神状态，以及所接受的训练相吻合才行。

此外，根据竞赛项目的不同，他们需要采取的夺魁路径也有所区别。有希望赢得奖牌的选手需要长期按照既符合个人兴趣，又适合其身体和精神状况的训练计划进行艰苦的训练。当然，所有的项目都对选手的身体适应性、精神上的注意力和情感状况提出了一些基本要求，但是，一名天赋极佳的运动员只有按照根据其参赛项目度身订做的训练计划积极地进行训练，才有可能获得奥林匹克运动会的奖牌。虽然每个运动员都有自己的训练方法，但是胜出者所采用的往往是一种甚至几种公认的行之有效的模式。

创造一支业绩表现出众的员工队伍也是一样。诚然，一家公司所选择的路径必须与其业绩重点、市场环境、员工自我实现的需要，以及与其企业文化和价值观中那些根深蒂固的要素相适应。在我们进行过深入研究的公司之中，有一些把精力全部放在一条路径之上，而更多的则是将两种路径有机地结合在一起。这种结合能够赋予他们更好的平衡能力和更大的灵活性来应对变革。同时，这些企业全都善于使用各自选择的路径。

平衡路径的概念

获取企业的业绩和员工的自我实现之间的平衡是五条路径的关键之所在。尽管各个公司为了确保这种平衡而使用的管理手段和方法各不相同，但是这些做法都能为企业培养一支富有责任心的员工队伍。团队中的每一名员工都能坚持不断地创造优于竞争对手的绩效（例如为顾客和投资者所创造的价值）。而且不止一种管理模式能够发挥这样的作用，这一点并不令人吃惊。我们把这五种管理模式称作“平衡路径”，就是为了强调保持员工的自我实现和企业的业绩要求之间的平衡的重要性。

尽管企业业绩（例如股东收益和顾客价值）的概念已经深入人心，我们还是要对员工的自我实现需要这个概念做进一步的说明。它源自亚伯拉罕·马斯洛（Abraham Maslaw）提出的人类需求层次理论。该理论认为，人类的需要从最基本的生存需要逐步提高到归属感需要（Belonging）和自尊（Self-esteem）需要（见表 2－1）。由于员工所处的部门，特别是他们在组织中的地位各不相同，各种基本的自我实现需要的相对重要性也有所不同。例如，对一份工作以及组织结构和内部控制合理性的需要，对于身处组织低层或者刚刚加入组织的员工来说较为重要。而对于高层次的员工而言，获得个人发展和机遇的需要则更加强烈。虽然每家公司都有自己的管理方法，但是员工业绩表现出众的每一家企业所使用的基本管理手段都是一致的。

表 2-1　一般意义上的自我实现需要

基本生存需要（一份工作）	结构和控制	身份和目标	归属感	机遇
为了收入而工作 在稳定的环境中工作 对自己的工作拥有安全感	掌握自己的命运 了解组织对于自己的要求 明白事情发生的原因 知道什么会变，什么不会变 觉得有能力达到组织对自己的要求 控制与自己紧密相连的工作环境 得到公平奖励（酬劳或其他）	从一群人才中脱颖而出 看到工作中的价值 为自己的技术和能力而感到骄傲 为别人做好事 受到其他人的尊敬 获得公正的认可	成为受人尊敬的团体中的一员 感觉到有些与众不同 有主人翁的感觉 享受同事之间的友情 感到自己适合本职工作 信任一起工作的同事	个人的学习和发展 接受挑战 尝试一些新鲜事物 看得到个人的进步 知道有机会就在眼前 拥有积极的自我形象

注：阴影部分表示的是业绩表现出众的员工的典型需要。

最重要的是，每家这样的公司都有一套简单明了的员工价值观念，它使得员工所期盼的“付出与所得”变得清楚明确。虽然每家公司的价值观念各不相同，但是采用同一路径的公司的价值观念却是相似的。它远远超出了物质奖励的范畴，并且有时还根据员工所处的部门不同而有所变化。在每一个成功的案例中，员工个人都十分清楚组织期望他们实现的绩效和组织给予他们的回报，他们认为这种交换是值得的。这种价值观念的运用为员工带来了实现自我的感觉，从而显著地提高了他们所创造的业绩。员工在心目中对这种价值观念的信任程度是他们长期保持责任感的关键所在。

然而，除了保持公司业绩和员工的自我实现之间的平衡这一坚定的信念之外，我们所研究的各家公司所选择的平衡路径之间有着巨大的差异。每条路径都能为高层管理者提供一整套重点突出、综合完整的价值观和行为体系，它能够激发关键部门的员工的责任感——当然，条件是组织的各级领导者都相信这种责任感是组织竞争优势的核心要素。平衡路径这一概念有助于最高领导者斟酌各种备选的管理方案。通过运用某种平衡路径的概念，经理人员就能够找出企业应当在哪些方面集中自己的精力，从而使得企业在员工的心目中变得与众不同。同时，管理者也能够利用这种概念，整合员工的身心，营造一支能够长期创造巅峰绩效的员工团队。

第 1 章中已经做了必要的说明，五种路径的概念并不是我们开始就有的想法。最初，我们力图找出一种共同思路，它要么能够为我们带来一套放之四海而皆准的管理模式；要么能够帮助我们总结一组最优的管理行为，让我们能够根据情况灵活使用。尽管我们原本可以总结出这么一种包罗万象的管理模式，但是我们觉得它过于抽象，而对于把握和应对组织之间的关键差异其实没有什么参考价值。

平衡路径概念的局限性

平衡路径的概念虽然有用，但它在实际应用中仍有着其明显的局限性。我们在前面提到过，许多员工业绩表现出众的公司都同时采用一种以上的路径，其中一种路径应该发挥主导作用，在任何既定的问题上都能够集中员工的注意力；而少数企业还能熟练地掌握第二条种路径——以此作为其主导路径的有益补充。举个极端的例子，美国西南航空公司把企业生存作为根本，而目前，它还熟练地运用着其他三条平衡路径（即任务、价值观和自豪感路径，个人成就路径，以及认可和赞赏路径）。虽然如此，严格并规范地运用一条路径也能树立员工的责任感，令他们创造巅峰绩效。我们会在本书的第二部分通过 BMC 软件公司、汉鼎投资公司，以及美国海军陆战队的案例来加以说明。

尽管五种路径各有特色，但是它们既不相互独立，也不能包罗万象。五种路径这一概念虽是一个有效的框架，但它并不完美。由于各种基本路径之间存在着不可避免的重复和交叉，整个概念体系中就难免会有模棱两可之处。此外，运用同一路径的公司会或多或少地从不同的方面激发员工的情感力量，采用不同的方法来整合这种力量，从而取得员工的自我实现和和企业业绩之间的动态平衡。

每一种路径都在考验着企业的长期平衡能力。它们都要求各级领导者清楚把握企业的重心并为之付诸全部的努力，否则，企业就不可能获得或者保持企业业绩与员工自我实现之间的关键性平衡。一旦这种平衡被打破，后果会变得非常不可预测。那些在选择的路径上迷失了方向的公司往往无法重回旧路。保持员工的责任感的关键因素并不是你选择了哪条路径，而是在于不惜代价地保持企业业绩和员工自我实现之间的平衡。表2－2为我们提供了各种路径的综合概要。它从四个方面对各条平衡路径进行了比较：每种路径的适用条件、可能的力量源泉、常用的整合方法，以及著名的案例。

本章的内容是概述了五种平衡路径的特点。本书的第二部分会利用更加详尽的案例来进一步讲述这五条路径。下面，我们从四个方面逐一介绍各条路径：（1）指引高层领导者激发和引导员工的情感力量的基本信念和员工价值观念；（2）各种路径的区别与特点；（3）一个说明性的示例；（4）可能会出现的不平衡情形。

任务、价值观和自豪感路径

任何一家业已创立的公司都会拥有某种“远景和价值观”。它们经常会被张贴在墙上，被印在卡片上或印在精美的员工手册当中被分发给所有员工。决策者们这样做多少有些狐假虎威的意思，因为多数这类表述或申明并没有广泛的群众基础。别的暂且不说，一线员工都是不折不扣的现实主义者：要想蒙蔽市场状况，用花言巧语欺骗他们是极为困难的。尽管如此，还是有诸多公司的领导者乐于精心地为公司规划这些与市场情况毫不相干的远景目标。毫无疑问，他们根本培养不出一只创造巅峰绩效的员工队伍。

对于善于运用任务、价值观和自豪感（MVP）这一路径的企业而言，情形就完全不同了。企业的远大目标、所取得的伟大功绩和声誉让员工们引以为傲。与自己息息相关的工作组/部门所取得的成绩，自己为这些小组/部门所做出的特殊贡献等，也都让员工感到自豪。公司的历史和传统通常是员工自豪感和情感力量的有力源泉；任务、价值观和自豪感路径总是能够为团队创造大量的机会，并且还能让员工在组织内部广泛地扮演领导角色，就连一线员工也不例外。所有这一切皆源自企业高层领导者的领导哲学或者说是基本信念。

表2－2　五种路径综述

平衡的路径	适用条件	最有可能的力量源泉	最常用的整合方法	著名的案例
任务、价值观和自豪感	• 员工引以为傲的悠久历史 • 员工心目中的高尚目标 • 利益驱动的领导活动 • 团队机遇充分	• 充满魅力的领导者 • 引人注目的传统 • 看似无法实现的梦想	• 拓展更加宽广的眼界 • 清楚地表述什么最为重要 • 进行有目的的选择 • 向员工展示其真正的价值	• 美国海军陆战队 • 万豪国际 • 3M 公司
流程和度量	• 高度重视行为的一致性 • 衡量业务重点的明确方法 • 成熟的市场环境 • 优先进行连续的改善 • 易于获取并且可靠的数据库	• 挑剔苛刻的客户群 • 动态的市场环境	• 确保业绩透明 • 广泛地分配领导活动 • 完善加强工作本身	• 雅芳制造 • 西尔斯宠物营养公司 • 约翰逊集团
企业家精神	• 大量高风险、高回报的机遇 • 员工有变成“主人”的显著可能 • 增长迅速的动态市场环境 • 高度看重个人的主动性和个人承担风险 • 无为而治的领导哲学	• 充满魅力的领导者 • 看似无法实现的梦想 • 动态的市场环境	• 广泛地创造机会 • 广泛地分配领导活动 • 进行有目的的选择 • 进行有意义的认可和奖励	• 汉鼎投资公司 • BMC 软件公司 • 威乐滑雪辅导学校
个人成就	• 雄心勃勃的个人是员工队伍的主流 • 个人的进步和成就是企业业绩当中最为重要的因素 • 赢利的可能性非常可观却没有明显的个人风险 • 员工市场竞争激烈，员工流动性大	• 动态的市场环境 • 挑剔苛刻的客户群	• 清楚地表述什么最为重要 • 确保业绩透明 • 进行有目的的选择 • 广泛地创造机会	• 家得宝公司 • 麦肯锡公司 • 美国第一银行（First USA）
认可和赞赏	• 员工的“平均”业绩至关重要 • 工作本身并不刺激 • 物质奖励受到限制 • 员工市场竞争激烈 • 备用员工多数没有专业技能	• 充满魅力的领导者 • 动态的市场环境 • 引人注目的传统	• 向员工展示其真正的价值 • 激发集体力量 • 进行有意义的认可和奖励	• 肯德基 • 万豪国际 • 西南航空公司

领导哲学

下述员工的价值观是任务、价值观和自豪感路径所体现的最主要的领导哲学的基础：

> **企业的立场、各工作小组所能取得的成就，以及员工集体或个人能为企业作出怎样的贡献都是员工真正感到自豪的关键之所在。组织内外对员工的认可能够不断增强他们的这种自豪感。**

采用任务、价值观和自豪感路径的公司领导者有时具有梦想家的特质，在某种意义上他们的确是这样。他们能够超越短期利润和经济收益的局限，为企业设立一种崇高的目标。当然，作为商人，他们承认股东的利益是必须得到保证的。但是在他们看来，对股东负责这一点几乎就是一件吃力不讨好的苦差事，因为它没有能够激励或鼓舞自己和员工的价值。从领导哲学角度来说，此类企业的领导者希望创造真正能够“取悦消费者”的产品和服务，并且同时能够让所有员工都为其工作成果和方法而深深地感到自豪。对于这样的领导者来说，创造一种传统远比创造财富更为重要。这样说来，其他公司的“实用主义”决策者有时在背后把他们称为梦想家就不足为奇了。

公司上下都对公司的价值观有着深入的了解，无法接受这些价值观的人只能选择离开。在外人看来，这些价值观无异于每个人都耳熟能详的陈词滥调。然而，对于公司内部的人来说，这些价值观决定着各个层次的组织行为，因而有着极其深远的意义。公司的领导者把这些核心的价值观念看作不可亵渎的指导原则，它们决定着产品的质量、对待顾客的方式，以及员工们所拥护的行为。价值观不是口头上所说的漂亮话，它们确是体现规范化行为的强制性指导原则。

区别与特点

在高层领导者的正规言论中我们找不出任务、价值观和自豪感路径的与众不同之处。相反，它蕴藏在公司不断取得的各种成就之中，这些成就构成了一线员工引以自豪的深厚传统。长期在市场中有所表现的传统能够调动和激励组织上下不计其数的员工的情感，组织当前取得的成就也就具有了一脉相承的作用。集体成就在员工中广泛创造的自豪感还能创造和维持一种员工乐于共事其中的工作环境。于是，组织中就拥有了大量的团队机遇和真正的团队业绩。

不过，这样的传统需要经年累月才能构筑而成，就算是组织担负着把宇航员送上月球这一激动人心的国家使命，也是一样（这是美国宇航局 NASA 当年接受的挑战）。在员工的心目中，历史俨然已经演化成了一种“高尚的目标”，这个目标既反映传统又与之保持一致。实际上，各级领导者十分重视利用这种传统来强化公司的基本价值观。这样，领导活动就得到了广泛地分配和有价值地推行。

任务、价值观和自豪感路径的另一个独特之处在于员工的心态。员工往往对自己的作为自视甚高而轻视了竞争对手为追赶他们而付出的努力。尽管这样有时会导致员工无视事实，但更多时候它却能创造一种积极进取的态度，从而即便在最枯燥乏味的任务中，员工也愿意努力付出，同时员工还普遍抱有无私的心态。它使员工的个人利益服从企业利益，同时员工也愿意长期支持同事的工作。诚然，在真正的任务、价值观和自豪感环境下，个人利益并未完全消除，但是与绝大多数其他情况相比，其影响要小得多。这恰恰与采用个人成就和企业家精神路径时的情况完全相反。

典型案例

1997年7月4日，造访火星的“探险者号”（Pathfinder）和“旅行者号”（Sojourner）航天飞行器所发回的电视图像让数百万人欢呼雀跃。对于很多人来说，这勾起了他们对当年尼尔·阿姆斯特朗（Neil Armstrong）首次登月情景的回忆——不过这一次没有任何生命危险。然而，一名观察家却严肃地写到：“这是人类首次在火星上驾驶汽车！”

在“旅行者号”借助空气动力实验室（Jet Propulsion Laboratory）提供的技术圆满完成了火星之旅之后，许多人在广为散播的影像（电视和杂志）中见证或是体验了被《时代周刊》（*Times*）聪明地命名为“空气动力实验室现象”的各种类型的活动。许多人都会想起总工程师罗伯特·曼宁（Robert Manning）带领空气动力实验室这只高效军团出现在各种欢庆、集会场合时的情形。这些活动非常热闹，就像某所高中的学生为庆祝自己的球队赢得了州际篮球联赛的冠军而举办的庆祝舞会一样。它让我们对这些活生生的、富有责任感而又业绩出众的员工有了感性的认识。

很明显，不论财力是否雄厚，业绩表现一般的普通员工不可能研制、发射或者驾驭遨游于太空之中的远程控制设备。探路者/旅行者号的行动从一开始就堪称非凡之举，尤其是当该项目遭遇到大幅预算缩减和资金紧张的情况之后，更是如此。例如，探险者的前身“发现者”（Probers）（维京1号和2号）拥有30亿美元的资金用以完成两次发射、实现两条轨道以及两次登陆，而探险者这次的发射和登陆所花费的资金还不到这个数目的1/10。这样一来，我们就不难发现是该项任务的崇高性和实现该任务所能带来的深深的自豪感在不断激励着在太空中心工作的那些“非凡而又普通的伙计们”；我们也不难发现这个举世瞩目的事件与宇航局早期的载人登月计划一样，充分调动着工作人员的每一份力量。这样的事件虽然罕见，但它却能在大量人员参与的活动中创造富有感染力的员工活力、工作重点和工作的协调性。

因此，一群在各自的岗位上创造巅峰绩效的员工让这两个项目都获益匪浅。虽说是老生常谈，但我们还是认为员工在这么长的时间里创造如此出众的业绩恐怕不是简单地运用良好的人事管理措施就能够实现的。说实话，宇航局的领导者并不担心其员工队伍能否取得优异的业绩，这只不过是我们的推测而已。相反，宇航局的工作团队把精力全部集中在完成非凡的太空探索活动上，即让一架科研设备登陆火星并操作它进行探索。除了明确而非凡的使命、根深蒂固的质量和团队协作观念，以及完成任务所带来的自豪感，这里的员工并不需要什么特别的激励活动。单凭该计划大胆的最初设想就足以让我们感到吃惊了，更不用说空气动力实验室所取得的超常成就了。

以上这个对火星探测活动的扼要总结抓住了问题的实质：为什么一个引人注目的任务、价值观和自豪感路径能够激励员工创造巅峰业绩。我们将在第四章更为详尽地列举两个例子来说明该路径如何在更为普通的条件下激励员工创造巅峰绩效。

任务、价值观和自豪感之中的不平衡

在任务、价值观和自豪感路径方面步入歧途是那些被昔日的成就蒙蔽了双眼，从而逐渐丧失了自己的竞争优势的企业中普遍存在的一个问题。许多家喻户晓的组织，包括肯德基公司和美国海军陆战队都曾堕入这一陷阱。在肯德基公司，由于上校所坚持的重视顾客服务的信条不复存在，使得公司在交货方面出现了偏差，从而导致了顾客和特许权经营者的流失。昔日成就带来的强烈的自豪感掩盖了公司在客户服务水平方面的下滑。更不幸的是，新任领导者在重振公司市场地位方面所做的努力在很大程度上是以数字为基准的（采用流程和度量路径），这使得公司进一步偏离了任务、价值观和自豪感路径。当大卫·诺瓦克（David Novak）上任时，公司原有的任务、价值观和自豪感路径已经消失得无影无踪，而特许权经营者和餐厅总经理的责任感也在迅速降低。诺瓦克花费了三年的时间来矫正公司前进的方向，将公司所采用的两种路径有效整合在一起，并以此确保了公司内部的关键性平衡。

在越南战争期间及结束之后，美国海军陆战队也遭遇了类似的命运。大量新兵被强征入伍，造成了不相信陆战队精神的官兵数目急剧增多，前线战士的责任感急剧下滑。20世纪80年代，阿尔弗雷德·格雷（Alfred Gray）出人意料地被任命为陆战队的司令官的确是该组织的一件幸事。他重拾勇士精神的传统，并且掉转组织的方向，用陆战队独有的方式实现了组织业绩和个人自我实现之间的平衡。

盲目自大，因而不能有意识地将组织的传统发扬光大，或者过度自信，使得员工忽视市场的巨大变化，是偏离任务、价值观和自豪感路径的主要原因。对于前者，与公司传统没有直接联系的继任者将这些传统遗失殆尽；而对于后者，员工们忽视了在公司核心观念的基础上不断调整个人行为的需要，他们自以为无需做出任何变化。

流程和度量路径

与任务、价值观和自豪感路径相对应的是流程和度量路径

（P&M）。这种路径也同样有效。从表面上看，它与人所共知，并且被多数管理良好的公司所使用的成果管理模式非常相似，只不过后者很少激发一线员工的责任感和情感力量。我们承认成果管理模式的有效性。它以个人责任制这种可靠的原则为基础，利用一套定义明确的措施将企业总体目标转化成各个层次的个人目标。在成果管理模式下，每个人都知道在工作中哪些指标最为重要，以及这些指标是如何联系在一起，从而为股东和顾客创造价值的。另外，定义明确的管理流程还能够确保每个人的一举一动都创造出最高的工作效率，以及确保产品/服务有序地从供应商向顾客流动。遵守企业制订的流程准则，并且在各自的考核指标上成绩优异的员工能够自动地得以提升。而那些违背准则，并达不到考核要求的员工则会被企业重新安置。介于两者之间的人则要（需要）调整自己，以适应组织的要求，否则终有一天会被组织抛弃。这是一种让人时刻保持高度警惕的高标准、高效率工作环境。员工们也许并不是很喜欢，但是至少他们知道该如何去做。

然而，这些与流程和度量路径并不雷同。后者能够培养出一支情绪高昂、业绩拔尖的员工队伍。在此路径上，企业同样拥有一套明确定义的业绩衡量措施，这些措施能够将组织目标转换成员工能够欣然接受的个人目标。这些个人目标强调的是特定的工作成果而不是工作行为本身，后者与工作成果没有必然的联系。明确定义的工作流程为各级员工如何付出努力提供了指导，但是这些工作流程在保证公司业绩有效性的同时，还能够满足员工自我实现的需要。此外，员工本人在选择和制定与自己相关的流程和度量路径的过程中无一例外地发挥着关键作用。这样的流程步骤既确保了员工服从与合作，又能让他们发挥主动性与创新性。很多公司的墙上都挂满了体现企业成就的图表和报告，这些图表和报告反映的是对员工个人和企业整体都有意义的指标。体现着员工个人贡献的企业成就能够高度调动员工的活力。员工所受的奖惩与本人的业绩直接相关，同时，他们也愿意努力提高个人最优的工作水平。尽管该路径通常适用于制造业，但它的用武之地并不局限于此。例如，万豪和肯德基都不隶属于制造行业，而它们却都是熟练掌握和运用着流程和度量路径，并且是在其关键部门的员工中培养高度的责任感方面的典范。

领导哲学

下述的员工价值观是流程和度量路径所体现的最优领导哲学的基础：

> **一贯达到并超过其业绩标准，并且坚决拥护工作流程的关键要求的员工会得到同事的认可和尊重，同时还能够得到管理层公开地认可和奖励。**

遵循平衡的流程和度量路径的组织领导者的信仰远在普通的成果管理模式之上。然而，从理论上讲，他们依然信奉“密切关注少量数字指标”的准则。他们花大力气确保公司的整体目标既能得以衡量，又能转化为组织各级员工遵照执行的种种关键指标。他们要求员工对各自的指标任务负责，而且他们制定的这些指标任务都能够带来竞争对手所无法实现的顾客价值和股东价值。最重要的是，他们所强调的这些指标对于那些必须实现它们的员工来说，是合理和必要的。员工们懂得这些关键的度量指标的目的何在。

完成目标就能够获得有意义的奖励，这些奖励通常不能用金钱来衡量。领导者们认为对员工成绩的奖励必须以实事求是的评估结果、各方面领导的评判和顾客认可的质量为基础。因此，即使指标不断水涨船高，达到和超越这些指标仍然能够对员工起到激励和鼓舞的作用。员工们通常把指标视为引导他们充分发挥自我潜力的挑战。当他们看到企业的生产率上升、利润增加、质量上升，以及员工职业技能提升的时候，受到的激励更大，愿意付出的也会更多。

凭借流程和度量路径来满足员工的自我实现需要和取得企业绩效的领导者，十分注意不让偶然未能达标的员工产生恐惧心理。他们大力确保员工们在注定达不到目标的情况下仍然有勇气尝试实现这些苛刻的目标，但是这样做的前提是员工付出了真正的努力，而且企业业绩的提高能够长期在市场上站住脚。最重要的是，员工们都相信他们所为之奋斗的流程和度量方面的“强制目标”不仅是公平而且是必要的，而且还有助于他们在个人认为有意义的方面充分地展现自我。

区别与特点

成果管理模式很少能够真正激发员工队伍的情感力量。事实上，这种管理模式的大多数支持者并不担心一线员工能否发挥个人责任感这个问题。流程和度量路径的侧重点和所追求的平衡都与之不同，更为重要的是，在这条路径上，领导者十分注重调动员工的积极情绪，以及他们对管理指令的理性服从。通过流程和度量路径鼓舞员工来提升业绩的公司并不单纯地追求财务指标，或执行可量化的管理措施。与其他大多数以数据表现为本的公司完全相反，它们追求的是员工的自我实现程度和顾客对企业反应的同时提高。此外，那些越来越富有挑战性的目标和度量标准的实现（尤其是那些财务目标以外的部分），还能引发员工之间的良性竞争，使其付出额外努力。就算是在对于普通员工，也是一样。

流程和度量路径适合于那些庞大而成熟的企业。它们十分注重在其产品或服务的设计、生产和销售等方面行为的一致性。企业早已拥有，或者能够很快地制定出明确衡量业绩重点的种种措施。针对公司面临的复杂运营环境中的各方面要求，公司还有能力制定出一体化的应对措施。企业在市场中的表现也趋于成熟，并且拥有确定的、众所周知的竞争对手。

或许与一般的自上而下的成果管理模式相比，流程和度量路径的最关键的不同之处就在于其“由下至上”的计划和运营方式。公司根据各类标准，对各种数据进行度量，并且公布于众。这些被度量的指标要么是员工自行确定的，要么员工在其制定过程中也拥有很大的发言权。位于印第安纳州里奇蒙德市（Richmond）的一家隶属于西尔斯宠物营养公司的制造厂就是一个很好的例子。它是公司配方宠物食品（Prescription Pet Foods）的主要制造商之一，其产品主要通过兽医和兽医院出售；不论是在业内还是公司内部，这家工厂的产品质量和生产率都遥遥领先。

典型案例

虽然名不见经传，西尔斯宠物营养公司对里奇蒙德市的加工厂进行运营管理的方法，是运用流程和度量路径获得长期成功的一个很好的例子。首先，公司秉承一切公开的管理理念，每个员工都可以了解与其职位相关的各项信息。掌管里奇蒙德工厂的乔·道格拉斯每年都会召开一次全厂职工大会，花上一天的时间让大家了解公司的竞争环境。

步入这家工厂，你会发现每面墙上都张贴着大量的运营信息和活动声明：

- 各生产线每周的包装效率、要达到的目标和指标的变化趋势
- 控制各台挤压机的工作湿度和密度的流程控制表
- 培训日程表
- 多期“商业奇才”研讨会的签到单
- “步调协调会”的会议通知，其中包括包装、计量（Batching）和加工等部门
- 加入包装部门的“步调协调会”的邀请函
- 工厂本季度的盈亏综述（包含原因）被放大成海报，并且张贴在主过道上

乍看起来，这些张贴在墙上的图表显得有点凌乱和多余。然而，当我们走遍整个工厂，并且向不同的员工打听这方面情况的时候，有三件事情让我们大为吃惊。首先，每个员工都明白这些不同的图表所代表的意义，以及这些图表上面的数字和曲线与他们的本职工作之间的关系。其次，每个员工都在信息的发布与利用上有着重要的发言权。最后，每当完成当天或一周的目标的时候，每个人都喜形于色。公司的这种流程和度量路径让我们感到它通过自下而上的方式投入的精力和在员工中取得的影响，与自上而下的方式同样有效。因此，员工对各种公布的信息很感兴趣；他们情绪上受到鼓舞，敢于面对挑战，去创造佳绩——就像

十来岁的孩子玩自己喜爱的电子游戏时会不断追求更高分数一样。

流程和度量路径之中的不平衡

过于强调财务指标和短期绩效的公司，经常会出现偏离流程和度量路径的情况。事实上，大多数公司在这条路径上马失前蹄都是情有可原的。在经营财务简报中过分强调季度收益的增长以及人均费用的降低，使得公司很难在其他的方面运用成果管理的各项准则。而且，不幸的是，一线员工也很难实现上述指标。

每年都会有很多公司犯这样的错误。例如，苹果公司为了弥补产品在市场上缺乏独特性，采取了备受世人关注的精简化的管理模式；还有那些被鼓动者视为缩减成本和运用财技的良好机会的大型并购活动，都为我们提供了教训。此外，这样的度量方法都忽视了大型员工团体的相对重要性。因此，公司迟早会为员工的不满和关键领域中过高的人员流失率而付出巨大代价。

一般情况下，过分追求短期财务指标，或者企业业绩的指标系统与员工的自我实现需要的指标系统之间出现矛盾，是流程和度量路径出现不平衡的原因所在。少数情况下，企业过度轻视短期财务目标，并且认为业绩的短期下挫对于公司的长远规划无甚影响也会造成流程和度量路径中的不平衡。这样的企业也很少能够在长期取得成功。单凭流程和度量路径难以保持企业业绩和员工自我实现之间的关键性平衡，这也是在我们研究的流程和度量路径方面的案例中大多数公司之所以努力将其与另一种路径搭配使用的原因之一。

企业家精神路径

“我们公司需要更多的企业家”——所有的 CEO 在其公司员工缺乏个人主动性、风险精神，以及产品更新换代受阻的时候，都会这样大喊大叫。当然，问题的关键在于真正的企业家不会在大型公司中滞留很长的时间。虽然如此，很多大公司坚持认为某种集体的企业家精神能够对其员工起到真正的激励作用。事实也的确如此。

然而，在一家业已成型的公司中推行企业家精神（ES）路径会面临巨大的挑战。首先，员工必须在创造某些拥有独特价值的东西的过程中捕捉到获得高额个人收入的机会。该路径的特点是高风险与高回报并存，而且无论企业变成怎样，员工都有机会在很大程度上分享企业的所有权。不断成长的动态市场环境、个人获得高收入的可能性，以及独特的“创造些自己的东西”的机会，是能够激励遵循企业家精神路径的人的典型因素。只要其创造的绩效与企业的大方向相一致，他们在工作的方式方法上就拥有极大的自主性。

不幸的是，这一路径在新创立的公司中比在已经成型的公司中易行得多。为数不多的采用企业家精神路径的成型公司无一例外地都是在公司创建之初偶然走上了这条道路，并且在其规模扩大和组织机构复杂化的过程中想方设法地保留了该路径的一些重要传统。这样的例子包括：BMC 软件公司、汉鼎投资公司（Hambrecht&Quist）、西南航空公司和家得宝公司。所有这些公司都是在其发展的早期就建立起了企业家精神路径。而且，大多数以企业家精神路径起家的知名企业在发展壮大之后就不再仅仅依赖这一种模式。因此，公司创建之初的情形，更能体现该路径的基本领导哲学及其与众不同的特点。

领导哲学

企业家精神路径的最高领导哲学基于如下的员工价值观：

员工得到的回报与其创造的价值和承担的风险成正比；在金额和获取公司股权比例等方面，这种回报没有上限。

企业家是令人叹服的多面手：他们有对市场的先知先觉，甘冒风险，攫取机会，还能构建必要的组织机构。去真正了解一名企业家就不免要为其惊人的意志、勇无止境的乐观主义精神、果敢的决断能力和无往不利的运气而惊叹不已。懦夫和胆小鬼是不可能成为企业家的。

尽管一家公司不可能有意识地培养出真正的企业家，但它却可以创造出孕育着企业家精神的环境来调动员工的积极性。这种环境所代表的领导哲学的根本首先是要有强烈的信念，让有天赋的人开动脑筋自己去应对市场的挑战。公司可以将他们是如何应对挑战，或者各种挑战为公司提出了怎样的要求等问题放在一边，集中精力调动员工个人的主动性、创造性和市场反应能力——同时还要保证员工的绩效与企业的目标相一致。其次，员工对自己所创造的价值有部分的所有权，这种机会在公司中必须确实存在。这些听起来简单，却能给予那些凭借自己的才干取得成功的人更强的信心。在面对股东提出的公司季度收益要求的时候，很少有公司领导者能够将这一管理理念坚持到底。

区别与特点

在适合运用企业家精神路径的环境中存在着大量的高风险、高回报的机遇。毫无疑问，企业家精神的管理模式能够在高增长的环境中得到发扬光大。这种环境充斥着市场的波动和不确定性，它让公司员工既感到兴奋，又多少有些焦虑。各层次的员工都在某种程度上寻求成为股东的机会，这样既可获得收入，又可以取得企业发展所带来的利益。此类企业高度重视员工个人的主动性、找出新思路的能力，以及甘于承担风险尝试新思路的态度。

在运用企业家精神路径的企业里，时间无疑是稀有商品。竞争对手及其提供的产品都在市场内激增；一种新产品晚推出几周就可能招致灭顶之灾。由于企业常在资金上捉襟见肘，所以必须在资金用尽前取得应有的绩效。员工们都迫不及待地希望自己的想法得到认可并得以执行，如果他们认为在别的公司自己的想法可以更加迅速地得到执行，那他们就会跳槽。在这样的情况下，连贯性的战略通常并不存在，而且人们通常也认为没有这个必要。西南航空公司的首席执行官公开地对“战略规划”这一提法表示不屑一顾。他认为西南航空公司的做法恰恰与之相反，是依靠实时化的思维模式、一线员工的主动性和敏捷应对市场的能力才使得公司在行业中的诸多方面崭露头角的。

典型案例

BMC 软件公司创立于 1979 年，是一家独一无二的公司，它是由斯科特·布雷特（Scott Boulett）、约翰·莫尔斯（John Moores）和丹·克罗尔（Dan Cloer）（他们三人姓氏的首字母组成了公司的名称）三人联手组建的。公司在销售业绩和股东回报等方面增长极为迅速，员工平均的市价总值（Market Capitalization per Employee）可以与微软这样的公司相匹敌。BMC 软件公司最初开发出用途广、深受人们喜爱的软件产品，能够帮助顾客令 IBM 公司的数据库产品和电脑主机表现更佳。这种强有力的价值观念将目标客户锁定在相对狭小的范围之中（无需太多的技术支持），使得 BMC 软件公司能够凭借电话销售的模式完成公司的业绩目标。它还使得公司能够将员工个人的动机和特定的产品绩效紧密地联系在一起，不论是销售代表还是软件设计师都是一样。

如此一来，BMC 软件公司就创造了一种简约的企业家模式，这种模式既不需要树立公司的整体目标和任务来向员工强调工作的重心，也不需要富有魅力的领导者来鼓舞人心。该模式还对员工进行了明确的划分，并且将公司的激励行为主要集中在两个关键集体当中：产品作者（或者说是软件设计师），以及有经验的电话销售专业人员。在任意一个年度当中，这两个集体当中的拔尖人物能够，并且也的确比公司的首席运营官赚得还多。

公司这些部门员工的表现显然非常出色。说实话，BMC 软件公司是整个软件行业中最高生产力记录的保持者之一。我们将在第五章里详细描述这些成果，以及构成 BMC 软件公司所采用的企业家精神路径的力量源泉和整合措施。

企业家精神路径之中的不平衡

公司执行企业家精神路径通常出现的问题是：在起步阶段能够自然而然地运用这条路径，但是随着企业的发展，这条路径往往被过多的流程规定和官僚的控制措施所扼杀。大公司难以提供真正的企业家环境所体现的高风险、高回报且能让员工“创造自己的东西”的机会。很多大公司口头上鼓吹企业家精神，但在实际运用中却是干打雷不下雨。

如前所述，很多公司初期能够为员工提供大量的企业家式的机会，直到公司的规模和等级将它们取而代之。IBM，微软甚至是惠普都是这种模式的代表。亚马逊（Amazon. com）、美国在线（America Online）和星巴克（Starbucks）如果不加速拆分的话，也会面临相同的命运。西南航空公司是一个最好的例子，它以企业家精神路径起步，但很快就发展、掌握了这条路径，并转而使用其他路径来维持员工的责任感。如今，西南航空公司是为数不多的整合并出色地运用三种路径的公司之一（任务、价值和自豪感路径，个人成就路径，以及认可与赞赏路径）——但是企业家精神路径却已不在其列。

少数企业在组织规模和等级变得重要之后，仍然利用企业家精神路径保持了关键部门的员工的责任感。但是，大多数公司觉得企业家精神路径最适用于公司发展的初期。因此，这条路径常与其他作用更加持久的路径一并使用。

个人成就的路径

受雇于采用个人成就（IA）路径的公司所雇用的员工个人，有大量的机会来超越和提高自己。员工的个人成长是其自我实现过程中的重要环节，它与员工因业绩而获得的认可和奖励同样重要。大量唾手可得的个人进步和取得个人成就的机会，不断激励着采用这条路径的公司中的员工。企业主要侧重于衡量和奖励个人业绩，并确保绩优者有充分的进步空间或增强工作能力的机会。

个人成就路径和上述的企业家精神路径有很多相似之处。但是，二者之间也有很多本质的不同：员工承担的风险大为降低，可获得的收入以及公司的所有权更为有限，公司也更加强调取得个人成就和个人发展的机会。不过，个人成就路径通过让员工为其个人发展负责和为企业成功作出自己的贡献的形式，创造了另一类主人翁精神。它与企业家在自己的名字被印在门上，有能力把握自己的个人命运，而且个人身价备受考验的时候，所得到的经济上的所有权是截然不同的。例如，在采用个人成就路径的情况下，除了一些相对较高的组织等级之外，带有风险的员工收入的比例不太可能超过30%。

采取个人成就路径的公司员工多半都是主动离职，公司很少因为业绩原因而解雇员工。例如，在家得宝公司这家出色地运用个人成就路径的公司当中只有三条“死罪”：吸毒、虐待他人和欺诈。只要一名员工没有违犯这三条罪责，公司就会迁就他，并帮助他更好地工作。就算是麦肯锡这样运用个人成就路径的著名企业，也没有人认为为其工作要面临巨大的风险。公司为员工安排的任何任务的背后都蕴涵着多层次的其他机会。虽然如此，家得宝公司和麦肯锡公司还是给予那些坚持到底的员工相对诱人的金钱奖励——但是这远不足以让他们迅速致富。

领导哲学

个人成就路径的最高领导哲学以下面的员工价值观念为基础：

> **员工受到的认可与奖励与其个人成就成正比。根据其贡献的大小，组织会给予他们优厚的报酬和职位晋升的机会，并且他们的同事都是该领域内的天才。**

采用个人成就路径的公司领导者认为，企业成功的关键在于吸引最优秀的人才——“世界级的天才”——来担任公司的各个要职，然后激励他们在各自职位上充分发挥自我价值。这种领导哲学的一个重要的相关因素就是给予这些天才足够的自由和“发挥空间”，通过他们的自我成长、自身的主动性和创造性来让他们用自己的想法来完成工作。根据员工各自的成就和潜质，越出色的人得到的提升也就越快。公司还同时鼓励他们充分利用现有的工作环境，不要一味等待工作岗位的变化。员工有可观的发言权来决定自己的工作内容和工作条件。

此外，采用个人成就路径的公司领导者觉得自己有责任给予其员工每一个机会来表现和发展自我。他们花费大量的时间帮助员工在最大程度上拓展自己的能力。员工的个人角色被定义得十分宽广，而且公司尽可能赋予员工其角色所要求的知识和技能，并借此来推动他们进步。在员工身上进行的这些投资通常从专业领域延伸到了个人领域。因此，当你看到采用个人成就路径的组织花大力气帮助员工处理家庭危机的时候，千万不要感到吃惊。

区别与特点

个人成就路径的与众不同之处源自人们与生俱来的想要表现自己，

掌握自己的命运，与其他出色的个人共事，以及实现个人进步等方面的需求。采用个人成就路径的时候，企业对这些人的基本需求的重视要比诸如成为集体中的一员，或者分享集体成就之类的其他需求大得多。该路径为个人的发展和进步提供了大量机会。例如，一名员工有机会扮演很多不同的工作角色，学习不同的技能，尝试很多方面的工作，并且能够明显地对客户和企业施加自己的影响。因此，此类企业的员工队伍中一定少不了雄心勃勃的人们。

遵循个人成就路径的员工个人通常很有才华，而且也往往供不应求。此外，评判后备人才库的标准可以包括很多方面，而不必把学历和考试分数看得高于一切。西南航空公司和家得宝公司都有成千上万的人来应聘，而这两家企业对应聘人员的态度、个性、职业道德和其他非学历方面的特性等问题的重视程度要远远超过他们的文凭。不论这些企业如何定义自己的后备人才库，他们总是毫不犹豫地从中招募最优秀的人员。

为何并非每个发挥巅峰绩效的员工都希望遵循个人成就路径呢？简言之，这条路径要求员工付出刻苦的劳动，并且投入难以计量的时间。员工个人业绩下滑会显得很扎眼（如果还不至于为此感到痛苦的话），个人的焦虑程度也会随之提高，同事们给拖后腿的人施加的压力也会非常强烈。尽管采用个人成就路径时，员工能够获得的经济收入十分诱人，但是企业家精神路径所带来的员工收入还会更高，员工获得企业所有权的机会也会更大。公司希望每个员工都能理解企业采用的此种领导方式的意图和目标，尽管大多数员工将这些视为指导方针，而非对个人的约束和限制。

个人成就路径在工作中为个人提供了广泛的“发挥空间”，员工可以在个人对结果负责的前提下“为所欲为”。领导活动也不再是一种正规的职责，各级员工不论其职务头衔如何，都希望发挥各自的领导能力。所有员工都非常清楚企业的整体任务和价值观，同时也懂得这些任务和价值观对个人工作有何种影响。事实证明：个人发展与个人取得的成就是决定那些采用个人成就路径的企业长期取得业绩的关键因素。

典型案例

家得宝公司因其员工拥有“迷恋顾客”的特点而为之自豪。因此，如果员工声称会尽一切办法来取悦顾客，也没有什么让人稀奇的。在这方面，各级员工总是花样百出。当我们参观亚特兰大附近的一家家得宝公司的分店时，店铺经理吉姆·瓦戈和他的员工正在辛勤工作，并不断创造出新办法来吸引和留住顾客。例如，建材部的经理助理克里斯·菲茨杰拉德对其“炸火鸡”的主意情有独钟。这里的“炸火鸡”就是实实在在油炸一只火鸡。把一只完整的火鸡（当然是去毛洗净的）浸泡在尺寸合适、装满油的炸锅里，将其炸成香浓多汁的完美成品。他解释说：“这样做的原因是将火鸡的表面完全覆盖起来，不会有水分跑掉。”这样烹调出的火鸡不仅美味无比（克里斯的说法），其散发出的诱人香味还能够长久不衰。克里斯计划在下个周末顾客蜂拥而至的时候，在公司停车场的中央架起他的油炸锅。这样，诱人的香气就会飘散到附近竞争对手的停车场当中，将那些犹疑不决的顾客吸引到家得宝公司来。克里斯知道，自己所需的炸锅就躺在公司的货架上，现在要解决的问题是火鸡。虽然如此，在克里斯看来，这是他的点子，也是他的机会，同时更是他为公司做出的一份自己的贡献——这让他倍感兴奋。

个人成就路径之中的不平衡

公司执行个人成就路径通常出现的问题是：过于重视，或者过于轻视为公司员工提供的报酬和晋升机会，而这正是这条路径的基础。而且，由于各自所处的行业不同，公司的性质不同，公司对员工进行细分的方法各不相同，各公司的报酬水平和升职的“快车道”也千差万别，所以在上述问题上犯错误也就司空见惯了。当员工过于看重报酬和职位的时候，贪婪和权力欲就会抑制员工实现个人成就，削减个人成长的动力。很多投资银行，以及微软之类的增长迅猛的公司都遇到了这个问题。

与之相反，当报酬和升职机会严重受限的时候，企业就必须寻找一些辅助方法来满足员工的自我实现需要。例如，美国国务院和联邦调查局（FBI）这类不能支付高额报酬的政府机构就必须凭借其使命和在社会中扮演的角色来充分调动员工的自豪感。美国航天局（NASA）就是个很好的例子。它将个人成就路径与任务、价值观和自豪感路径结合在一起使用，借此弥补其财力上的不足。

个人成就路径中不平衡的出现往往都是由于过度强调个人报酬，以及有才能的员工与自己本应与之合作、相互支持的业绩出色的同事之间展开的不健康竞争所造成的。因此，通常在与其他辅助性路径结合使用的时候，它才能发挥最好作用。

认可与赞赏路径

之所以将认可与赞赏（R&C）路径放在最后进行描述出于两个原因：首先，尽管企业通常都在认可和赞赏方面有所涉足，但是只有少数公司在执行这条路径时能够达到足够的深度；其次，R&C 路径必须与其他路径混合使用才能发挥最佳效果。在我们的研究过程之中，曾一度更多地将其视为支持其他路径的渠道或者机制，而不是一条具有凝聚力的路径。然而，在弄清楚了出色地利用该路径所需的注意力、纪律和思想之后，我们认为它值得被单独列为一种路径。

采用认可与赞赏路径的公司经常运用有意义且为人瞩目的方法，来认可员工的个人成绩。他们还定期对员工个人或集体的成就进行庆祝和奖励。这些认可与赞赏活动是公司管理流程（Management Process）和非正式的组织结构（Informal Construct）的组成部分。此外，相对于公司给予员工的报酬，非货币性的认可与赞赏活动所发挥的作用更为重要。企业所创造的整体工作环境是友好、积极并且有趣的，这一切都是为获取员工的巅峰业绩而服务。魅力十足的领导者经常发挥着员工的关键力量源泉的作用。但是，如前所述，在我们研究的案例之中，认可与赞赏路径通常都与其他一种或两种路径混合使用，而从来不被作为首要路径加以运用。

认可与赞赏路径的核心在于组织最高领导者所推崇的独特的领导哲学。没有它，各种放松与娱乐活动就会成为牵扯公司精力的负担，从而失去其目的性和有效性。这些活动必须长时间不折不扣地贯彻执行，而不能怎么省事就怎么干。庆祝活动必须成为管理流程中不可或缺的一部分，不能成为少数人依靠忽发奇想而搞出的随意闹剧。当然，在认可活动得到正确地组织的时候，其作用不仅能够辐射到组织中的每一位员工，而且它还对表现最优的员工有着特别深远的意义。这些认可与赞赏活动反映了员工多个层次的需要，并且还具有一定的前瞻性。

庆祝活动并不需要花费大量的金钱，这一点也许令人吃惊。例如，西南航空公司的员工通常使用在员工中募捐得来的资金举办他们的万圣节晚会（你必须亲眼所见才会相信!）。撇开活动带来的放松和娱乐不论，采用认可与赞赏路径的公司必须坚持重视那些对于员工和公司来说都真正重要的东西。这样的公司力图兼顾企业业绩和员工自我实现的同时提高。

领导哲学

认可与赞赏路径的最高领导哲学的基础是下面的员工价值观念：

对于员工集体和个人作出的贡献，主管、同事以及高层领导者都应采取各种方法给予认可、奖励和庆祝。从而，他们能够在一种热情洋溢、激动人心和趣味盎然的环境中工作。在这样的环境下，员工领取正式报酬的重要性退居次要地位。

上述理念与古老的胡萝卜加大棒或者是香蕉加皮鞭的管理理念多少有些相似，只不过这里的胡萝卜或者香蕉不再是金钱罢了。那些陈腐庸俗的观念曾让我们相信，只要不断地给予一头驴或者一只猴子正面的奖励，就可以让他们付出更多的劳动。采用认可与赞赏路径的领导者也应抱有类似想法。员工对于贴心、可靠及非金钱的认可行为的反应，要比经济上的奖励积极得多。但是，公司的领导活动要确保在认可与赞赏等方面付出的努力是有意识、有目的，并且不断更新完善的，不能让员工把这些努力看作无足轻重，或是重复无聊，或者是“现炒现卖”的。

领导者还相信，让员工享受工作的乐趣十分重要，或许也是最为关键的。而且，推动和支持这些努力的人应该是生产线的管理人员，而不是那些整日无事可做的高管助理们。各级生产线的经理们深信，身心愉悦的员工同样也会有创造较高生产力。他们为此将会不遗余力。

区别与特点

依赖此种路径的公司必然会面对这样一个挑战：如何激励大量能力和工作态度都不怎么出众的一线员工？公司的经济状况决定了不可能进行高额的金钱奖励和刺激，而工作本身一般也没有什么刺激性，职位要求并不需要太高的教育水平或是专业技能。不过，人才市场上的竞争通常非常激烈。

要高度重视对员工个人和集体的成就给予非金钱的认可和奖励。这种认可活动不应靠碰运气或是完全凭借几个经理的意愿来进行。它应该是整个领导流程当中不可缺少的一部分。各种值得庆祝的事件为公开地进行认可与赞赏活动提供了主要的平台。同时这些事件还能确保认可与赞赏活动的长期一致性。尽管值得庆祝的事件的形式可能相同，但是其内容和庆祝方法显然是不断创新，而且富含情感的。正如西南航空公司的一位领导力培训专家所说的："我感觉好像仍然体验着高中生活中最美好的那段时光。"

采用认可与赞赏路径的公司内关键部门中的全体员工都有着明显超乎寻常的工作热情。正式和非正式的领导者以及同事之间给予的鼓励维系着这种工作热情。也许庆祝活动看起来像一段即兴演出，而事实上，它却是多层次的员工有意识努力的结果。很多这样的工作都是在下班后的私人时间内完成的——这只是因为员工们喜欢这样做！每位经理都会对其下属的成就给予特别关注。这样的认可与赞赏活动就具有极大的感染力，以至于同事之间也像主管和经理那样关注公司同仁取得的成就。不论成就大小，每个人都为别人所做的贡献真心喝彩。

典型案例

参观西南航空公司的一处办公场所（不是机场）为我们带来了一种类似于观看小学艺术展览的奇怪感觉。二者的共同之处在于墙壁、过道这些本应简单朴素的场所摆放着各式各样的照片、海报、布告和纪念品来做装饰。只要是在某种程度上体现了某个特殊成就，或是某个庆祝活动的物品都被陈列了出来。

西南航空公司的总部坐落于达拉斯的拉夫菲尔德（Love Field）。计算起来，这里被镶嵌在墙上，或摆放在书桌和咖啡桌上的活动纪念品，可以说是成千上万的。总部大楼里还有很多有趣的纪念品，例如与公司CEO赫布·凯莱赫（Herb Kelleher）一起出现在电视广告中的亚伯拉罕·林肯的白色木制雕像。雕像本身并无任何特殊意义，但是给来访者和员工带来了许多会心的微笑。

另外，无数庆祝活动的纪录画面也不容错过，这些活动已经融入了西南航空公司的企业文化。任何对员工有意义的事件，公司都会加以庆祝。这样的企业真心关怀他们的员工，同时也确保其员工都感受到企业对自己的关怀。我们无法用金钱衡量企业所做的这些努力的成本和效益，但是要说服这些企业他们所做的这些努力对于在一线员工中营造及保持出众的业绩来说不是至关重要的，却是非常困难的。

认可与赞赏路径所导致的不平衡

认可与赞赏路径必须与其他路径结合使用。这主要是因为单独使用该路径难以在业绩上取得适当的平衡。肯德基公司将认可与赞赏路径与流程和度量路径结合在一起使用；万豪集团将其与任务、价值观和自豪感路径并用；而西南航空公司则将其与个人成就路径一并使用。

在执行这种路径时出现问题的公司之中，有很多都在试图把每一个可以想像到的良好人事管理措施付诸实践的过程中而使得公司的管理系统不堪重荷。此类公司所举办的庆祝活动都是强制性的，员工总是尽力逃避。进行认可的标准也趋向于论资排辈，而并非以关键的业绩表现为基础。最糟糕的是，公司在这方面所做的努力具有随意性，不能为员工或企业的业绩带来集聚效应。认可与赞赏活动也就变成了毫无意义的干耗。

不幸的是，公司很容易过于迷恋认可与赞赏路径，从而忽视了实现业绩的重要性。公司执行认可与赞赏路径时也很可能过于随便或流于浅薄。在这两种情况下，都缺少一套规范化的行为，这套行为能够使得认可与赞赏活动真正对员工有意义，并且真正对企业业绩的实现有所裨益。

五种路径的导向

本章简要地总结了代表着所有我们深入研究过的案例的五条典型路径。它们构成了一种框架体系，能够使得公司的最高管理部门做出如下的重要选择：从何处及如何激发员工的情感力量，同时采取什么措施引导这些力量获取更好的公司业绩。但是，这些路径所提供的选择方案是数量繁多、易于混淆的。因此，领导者必须慎重地选择，规范地使用一条连贯的平衡路径来激发和引导员工的情感力量。

发挥巅峰绩效的员工都利用过去的英雄事迹，或是残酷的竞争对手这些现成的力量源泉，而不是试图重新打造新的力量源泉。他们利用的力量源泉都是各自当时的特殊环境决定的。它们不是企业采取何种路径的先决条件。换句话说，不论各自采用的路径强调的重点何在，每个主要的力量源泉都在多个不同的案例当中发挥作用。大多数公司都至少拥有其中一种力量源泉，只是没有规范地界定或者有效地利用它们罢了。

引导激发出的情感力量来创造业绩同样也是一个富有挑战性的问题。我们研究的案例揭示了几种引导员工情感力量的方法，其中任何一种都有助于激励员工业绩和自我实现的同时提高。另外，此处选择的多样性为我们在多个地方建立规范化的行为模式大有帮助。在这一方面，我们研究的企业都是在几种整合方法当中进行了有目的性的选择，并且都取得了优异的成绩。

然而，为了做出明智的选择，一家企业必须理解规范化行为的作用。我们发现对于每种路径而言，这一点都是至关重要的。没有一套有针对性、重点明确的规矩，一家企业不可能成功地驾驭一条有凝聚力的平衡路径。在我们研究过的所有的员工业绩表现出众的情形当中，员工在实现以下目标的过程中，都表现出了高度的纪律性：

- 树立最高管理层的责任感，使其坚持企业业绩和员工的自我实现并重的价值观念。
- 通过系统地利用一种以上的力量源泉来激发关键部门员工的责

任感。

- 精心选择、重点关注几种整合方法，熟练运用它们来引导员工过人的情感力量。

第二部分在一定深度上探讨了几个案例，对不同的企业如何在其选择的路径上实现这三个基本点进行了必要的说明。每种路径的价值在于它如何让高层管理人员有选择地重视其关键部门员工的责任感和情感力量。

第二部分

探索五条平衡的路径

- 崇高的目标
- 悠远的历史
- 坚定的价值观
- 团队凝聚力

任务、价值观、自豪感

- 广泛的认可 / 回报
- 大量的特别事件 / 活动
- 干劲十足
- 成员相互影响和共享快乐

认可与赞赏

- 明确的度量方法和标准
- 重点突出的工作流程
- 业绩透明
- 员工合作与集体努力

过程和度量

平衡路径

个人成就 / 自我实现

- 大量机遇
- 不受约束的个人行为
- 关注个人业绩
- 以业绩为基础的晋升
- 健康的竞争

企业家精神

- 高收入机会
- 成为股东的愿望强烈
- 个人风险

图表 2－1　五条平衡路径的特点

第一部分已经提到，使得员工在情感上忠于企业，在业绩上更加出众的五条途径有着潜在的相似性，也就是说，其中每一条途径都对应着几套章法分明的管理行为模式，使得企业在整体业绩与员工的自我实现方面能够保持动态的平衡。然而，正如人们所预见到的那样，在如何取得这种平衡这个问题上，各案例之间存在着一定的差异。

值得庆幸的是，上述五类模式有助于解释各类案例并且有助于权衡在特定的条件下，哪几种方法或机制的有机组合最有意义（见图表2—1）。尽管每一条路线都会为我们带来表现更加优秀的员工，少数企业所遵循的路线仍然不止一条。这样做的优点是，如果整合得好，所选的路径就能互为补充、相互促进，保持长久的平衡；而缺点在于，将不同的路径整合在一起往往使得提升员工业绩这项工作复杂化。然而，我们不能过分强调挑选路径的重要性；在五条路径上都要胜人一筹，也就意味着在所有的路径上都失去了自己的独特性。领导者所要做的选择是找出什么能让企业将自己的精力和资源集中在一条或多条路径上，从而使得它在员工眼中显得与众不同。

第3章

任务、价值观和自豪感路径

成功地通过任务（Mission）、价值观（Values）和自豪感（Pride）（MVP）路径，来对员工进行激励的组织往往得益于其保有的光荣传统，如果没有一段令人折服的追寻崇高目标的历史，那么维持一线员工对于组织目标的激情将是非常困难的。尽管如此，许多觊觎之徒对于该路径仍然情有独钟。不过，只有少数人能够有幸看到真正的结果。多数情况下，任务、价值观和自豪感路径会与一条辅助性的路径结合在一起使用，而这条辅助性的路径在足以令人称道的光荣传统出现之前，都发挥着为任务、价值观和自豪感路径提供额外的动力和支持的作用。家得宝公司、西南航空公司以及万豪国际集团都是这种两条路径相结合的良好例证。然而，单纯的任务、价值观和自豪感路径的最佳例证，则非美国海军陆战队莫属——他们拥有超过200年的成功“保卫祖国荣誉”的光辉历史而足以为荣。我们所进行的调查同样显示海军陆战队用来鼓舞士气的做法在企业环境当中大多依然适用。

海军陆战队：超越想像之巅

毋庸置疑，美国海军陆战队在任何针对任务、价值观和自豪感路径的严肃讨论之中都有自己的一席之地。不论在军事还是非军事领域，没有其他第二个组织能将核心价值观念的力量发挥得如此淋漓尽致。我的父亲曾在海军服役，他像所有海军士兵一样以此为荣。尽管他早在50多年前就已经退役，他仍然将自己的制服叠放整齐，整装待发，直到他离开人世。虽然他给我讲述了许多在海军服役的故事，直到撰写本书之前，我都从未认真地领悟到海军陆战队非凡的历史与传统。

纵观历史：无可比拟的传统

海军陆战队的任务、价值观和自豪感路径就像多数伟大的旅程一样，开头容易，实现难。他们目标任务的双重性最能说明这个问题："我们打胜仗……我们营造海军。"海军陆战队是应对突发事件的首要力量，必须时刻保持戒备状态，"每天 24 小时、每周 7 天、每年 365 天"，时时刻刻如此。海军陆战队必须做好充分的准备，以便在全球范围内、在任何环境下、一接到简短指令马上执行五花八门的任务。陆战队的丰厚历史本身就说明了一切（表 3－1 罗列了部分重要事件）。这一历史始终是一种力量的源泉。海军将领们一贯地、有针对性地在此领域涉足。他们通过规范化地执行如下几种整合方法，引导官兵力量创造组织佳绩：广泛地分配领导活动、清楚地讲述什么最为关键、在各层次共同发挥集体力量。这一程式虽然简单，但却在士兵的自我实现与部队一贯的出众表现之间创造出了有力的平衡。

表 3－1　美国海军陆战队的年表

年　份	意　义
1775	在费城的 Tun Tavern 酒馆里，美国海军陆战队在"几杯啤酒"之后诞生。
1820～1859	亨德森司令官（Archibald Henderson）向国会展示了他不折不扣的成本纪律：他不断返还国会拨给海军陆战队的资金。
1820～1866	国会三次提案解散陆战队。
1918	一战：在贝露森林（Belleau Wood）一役中，陆战队作战勇猛。自此德国人开始将他们称作"evil dogs"。
1941～1945	二战：硫磺岛（Iwo Jima）一役，陆战队将国旗插在苏罗巴其山（Suribachi）。尼米兹上将（Chester Nimitz）将 **36** 天的残酷战斗描述为"随处可见的、可歌可泣的勇猛士气"。
1950～1953	朝鲜战争：长津水库（Chosin）一役，陆战队第一师在零下二十度的严寒当中抵御八个中国陆军师。
1989	葛雷司令官（Al Gray）在一次公务晚餐中供应了战斗配给食物。此举震惊了参谋长联席会议成员和高级国防部官员等在座人员。
1991	孟加拉洪水难民将解救其苦难的陆战队员视为"海之天使（sea angels）"。
1995	陆战队成功解救在波斯尼亚被击落的美军飞行员斯格特·奥格雷迪（Scott O'Grady）。

任务、价值观和自豪感路径的意义何在

或许对于海军陆战队来说，任务、价值观和自豪感路径背后的根本原因在于其作为一个军事机构的生存问题，该问题自其成立以来一直存在。正如将领们时常挂在嘴边的：海军陆战队是唯一一只“非必需”存在的武装力量。因此，在每一次国会预算审查中，它必须展示并且证明自己存在的必要性。在这一独特的军队生存问题当中也蕴涵着解释这种特殊的路径对于商业企业同样有意义的因素，内容包括：业绩重点、市场现实、员工的自我实现需要，以及其他文化因素。

业绩重点。当队员必须在遭受攻击时立即做出反应，必须处理难以预料的骚乱并甘心冒生命危险控制局面的时候，海军陆战队优先考虑的业绩问题决不仅限于在战时打胜仗。陆战队在和平时期也要保持高度的戒备和熟练程度，并向国会展示自己的价值，尽管国会的侧重点总是在领导自由世界与关注国内问题之间飘忽不定。要达到这种二元化的目标，陆战队必须身先士卒理解政治和社会状况，学习武器知识，掌握军事战略战术以及把握人力资源特点。他们的战略就是“以最低的成本做最充分的准备”（“the most ready at the least cost”）。

在这一战略的指引下，海军陆战队将至关重要的业绩侧重点放在了出众的领导力和战术创新两个方面。对于培养出众的领导者的不变追求是迄今为止陆战队所获成功的最主要的决定因素。这一做法从挑选具有坚实的领导力潜质的高素质的个人入手，向他们灌输海军陆战队的基本价值观念，并且通过实战训练和心理辅导来培养每个人的领导风格。

战术创新，或者说更精明地进行战斗，使得陆战队员将部队所拥有资源的稀缺性放在一边，进一步领悟部队的战略目标。陆战队运用自己的速度、灵活性和无情的机会主义与敌人的远胜过自己的规模和力量进行对抗。他们运用严密周到的计划，调遣最合适的战斗力量，集中火力，对敌人的致命弱点进行充分的打击。多年以来，海军陆战队一直是机动作战（“尽可能以最快的速度最强的火力打击敌人”）、行动步伐或节奏（“以迅雷不及掩耳之势使敌人无法做出回应”）、多兵种作战以及任务组织（“把敌人逼入进退两难的境地”）等方面坚定的创新者。

市场动态和现实。海军陆战队的“市场”是全球的地缘政治环境以及它所包含的所有无法预测的紧张关系、阴谋诡计、不稳定性和变革因素。陆战队的领导者根据指派的任务的需要来调配行动力量的构成。举例来说，如果海军指挥官碰到的是位于沙漠之中的机械化威胁，那么他会调用坦克、大炮和武装直升机进行战斗；如果他要保卫密林之中的大使馆，那么他就会布署步兵、武警和运输直升机。用经济术语来讲，海军陆战队用高专用性的理论为逐个细分市场提供服务。

员工自我实现的需要。海军的“员工”背景各异，人员比例互不协调。这导致了成员人性发展上的巨大差异。换句话说，许多应征入伍的个人在缺乏一种归属感和对于机遇的渴望的同时还缺乏一个正面的自我形象，缺乏自我约束能力以及其他基本的品质。调教新兵是个关键问题，在陆战队占用高额海军经费的前提下，更是如此。对于陆战队来说，在部队表现和士兵自我实现两个问题上取得平衡，是一个毫无余地可言的恒久不变的挑战。用于新兵招募、训练和装备更新国防预算的减少更加加剧了这一挑战的严峻性。

文化因素。海军陆战队的文化基础比军事纪律要宽泛得多。它是一种变革、创新和持续自我完善的文化。同时，它并不追求成长。即便是在预算紧缩、规模缩减的困难时期，海军仍然设法造就了举世瞩目的精神力量和责任感。海军的任务是做好一切准备，在任何战斗或防御的状态下，保卫祖国的利益。海军官兵对这一任务的重要性的坚定信仰，正是其文化的体现。对于能够在战斗中充分发挥多领导的长处并且确保整体的支持和灵活性的真正团队表现的迫切需要也同样反映着海军的文化特点。因此，海军官兵一直在不断修改他们预期遭遇的战斗场景，并且寻找新的部署和调动战斗力量的方法。他们在组织中孕育了一种鼓励建设性自我批评的开放精神（正如各期海军陆战队刊物所证明的那样），使得组织持续完善、创新和变革。我惊奇地发现，在作为真正变革领导者方面，许多一线的海军将领比绝大多数我所研究的商业企业当中的领导者更加符合标准。

我们在南卡罗来纳的巴利斯岛、弗吉尼亚的匡堤科、北卡罗来纳列尊营的所见所闻，能够最有效地说明美国海军陆战队如何运用任务、价值观和自豪感途径在组织表现与员工自我实现之间取得平衡。对上述三地的每一次访问都为我们带来了有用的例证，告诉我们关键性的平衡是如何达成的。

巴利斯岛：确立核心价值观

我们以被称作“黄色脚印”的地方为起点，开始了对位于巴利斯岛的训练设施的访问。这里是所有新兵走下乘坐的巴士、进入分理中心、首次面对训练教官（DI，Drill Instructor）的场所。伴随着训练教官吼出的指令，这里就成为了一切纪律生效的地点。这里同样也是我们体验海军陆战队的“核心价值观”得到严肃、连续的灌输的起点。所有官兵都携带着一张卡片，上面醒目地书写着对于陆战队来说最为关键的东西——“荣誉、勇气和义务”——以及这些简短的词语传达给官兵的明确、有力的含义。毫无疑问，海军陆战队融会贯通了任务、价值观和自豪感路径。他们的任务是保卫国家，抵御任何外部或内部威胁。他们的价值观是维护荣誉与相互关爱并重，使用正确的方法完成保家卫国的任务。他们为自己的任务和价值观而自豪不已，这种自豪感是军队当中“员工”动力的根本源泉。在巴利斯岛，训练教官是这种动力的直接激发者，他们已将这些核心价值观融入了自己的一言一行。大多数通过了巴利斯岛严酷考验（或被正式称作海军陆战队新兵训练营 MCRD）的新兵也往往以认同并实践这些价值观为特点，从而也就转变了自己的人格。

新兵训练营（以及它的兄弟团队，东部训练区域）的既定任务是“训练美国的年轻人，把他们变成海军士兵”。与其他的军事训练大不相同，海军首先把大量的精力放在价值观的塑造而不是技能的训练上。大量入伍的新兵没有一个明确的个人价值观。更有甚者，有些人的信仰还游荡在危险的边缘，他们的价值观对人对己都是不健康的。转变这些价值观念是新兵在巴利斯岛的经历的意义所在。那些不能够调整自己以适应海军的核心价值观的人是不会得到这种体验的，除非各级官兵的言行举止时刻反映着这种价值观，否则陆战队队员就不能在保家卫国的战斗中保持自己出色的表现。陆战队的历史和传统存在着大量这样的例证。相应地，一名海军士兵如果不能接受这些价值观，他也就不能在陆战队中实现自己的价值。在逐步接受这些观念的过程中，绝大多数受训新兵也找到了新的自信和自尊。他们，不论作为个人还是团队，实现了超出自己想像的目标；他们在精神和肉体上挑战了自己的极限；他们掌握了自己想都不敢想的技能。正如一名训练教官发现："每一名强迫自己超越以前的个人极限的受训新兵都会从中获益……我们在灌输更高的价值观的同时，给他们提出更高的要求，给予他们更高的自信。"

那么，为什么其他教育机构不能在其"受训新兵"上发挥同样的作用呢？显然有些机构是这样做的，不过它们的任务要困难得多，因为它们没有巴利斯岛所提供封闭环境这一有利条件。基斯准将（Brigadier General Keith Holcomb）首先向我们承认，没有封闭的环境这一有利条件，他自己根本无法完成在海军训练中实现的个人转型（或者更准确的说，精神的升华）。从黄色脚印开始到毕业典礼为止，在这 12 星期之中，受训新兵无时无刻不在受训系统之中，在训练教官的监督下，接受训练。

初识教官：难以忘却的楷模

在头一两天的手忙脚乱地内务（着装、床铺及其他必需品）整理之后，训练教官就要与新兵见面了。这时新兵会被转交给特定的训练教官，并由他率领大家完成接下来的三个月里的训练任务。这是个值得回忆的时刻，由此新兵踏上了认识关键问题的过程。

我们事先被安排认识了费奈尔上尉和他的军官及军士助理，然后从后门溜进兵营观察整个过程。房屋的四周陈列着整齐摆放着衣物的床铺。大约有 38 个新兵们背朝我们，盘腿坐在屋子中间。因为他们刚被剃了光头，而且也没有依身高分组，所以在我看来，他们的脑袋就像上下摆动的各色水球一样有趣。尽管种族歧视是一个如果不能完全消灭就必须经常缓和调整的问题，但在巴利斯岛种族差异并不为人关注。

费奈尔上尉用老练的演讲者所拥有的犀利语言，言简意赅地向这一排士兵训话（只不过声音更大、语速更快）。他使用密集火力，重点向这些精力集中，时而点一下头，但多少有些困惑的新兵讲述了心灵和核心价值观问题。讲到一半，他突然停下来，严厉地责备了一个显然在打盹的新兵。当然，相对于现实生活，在训练营当中所要考虑的问题要多得多，尽管如此，费奈尔上尉主要强调了训练营是塑造价值观的地方。他还有意指出在座的受训人员并非海军士兵，而且要成为海军士兵需要他们付出让人难以置信的努力。每一个人都需要挣得佩带徽章，分享海军传统的权利。同时，他还努力使每一个人相信自己有这个能力：“当你们完成训练课程——而且你们能够完成——你们就是我的手足兄弟……在接下来的11周训练当中，你们会不止一次地想要放弃，但是我们决不会让你们放弃！”他是这么说的，也是这么做的。

在整个演讲之中，他有针对性地使用了新兵需要掌握的新语言的关键词语。从此以后，他们要坚持用第三人称称呼自己；墙要被称作舱壁；地面要被称作甲板；窗户和门要分别被称作舷窗和舱门。他们还要掌握无穷无尽的缩略语，以使自己与经验丰富的老兵有效地进行交流。这些词汇是在一套通用语言的前提，而这套语言在海军中广为使用并且代表着它的文化。更重要的是，这种专用语言有助于将海军官兵团结起来，进一步加强他们对于核心价值观念的忠诚度。演讲结束之前，他总结了军事统一法典，同时指出了它与受训人员所熟悉的民法体系的区别。例如，任何不服从、不尊重和不诚实的行为都是违背军法的行为，或者用费奈尔上尉更简洁的语句来说：“军事统一法典可以用来惩罚任何破坏陆战队的良好秩序和纪律的行为。”

费奈尔上尉接下来介绍了他的助手。每位助手在被介绍之时，都快步走到屋子中央，面向受训人员打一个完美敬礼，摆出一副犀利的面容，然后正步走回屋子一侧。这些助手身着熨烫平整的制服，举止精确、有力，给新兵带来了难以忘却的光辉形象。很多后来跟我们进行讨论的新兵不由自主的说道：“在分派训练教官时，我一见到他们，说实话，我就想跟他们一样！”就这样，在对成为一名海军的意义拥有了直观的印象的基础上，受训新兵成为合格海军的个人承诺的履行过程便开始了。同时，此刻也是新兵与教官之间建立非同寻常的手足之情的开端。

这种手足情谊大概是巴利斯岛训练模式当中最重要的元素。毫无疑问，教官是给人留下深刻印象的行为榜样，他们代表着一名海军士兵应该有什么样的精神面貌和言行举止。陆战队中只有最优秀的1/4士兵才会有机会被安排执行训练教官的任务。海军想要他们最优秀人员负责训练新兵的基本价值观念。训练教官时刻都与自己所掌管的新兵进行交流。每天清晨，当新兵从自己的铺位上仓促爬起的时候，教官早已威严的矗立在一旁了；而在兵营熄灯很久以后，教官屋内的灯光会依然明亮。教官的威胁恐吓、个人侮辱和高强度的日程安排开始时让新兵深恶痛绝，但最后新兵都毫无例外地因此而敬重自己的教官，并且这种尊重决不仅限于教官在巴利斯岛所扮演的角色。不论年纪大小，陆战队队员无不珍藏着他们对教官的美好回忆，在他们看来，与训练教官的会面是他们一生当中少有的几个关键时刻之一。

教练团队：唇齿相依，互为借鉴

“我们使用一切可能的手段。”施费尔德士官在回答我关于激励受训新兵的问题时这样说道。如何激励新兵这个难题因人而异，而教官的工作就是把它们逐一解开。优秀的教官懂得何时从威胁恐吓转为鼓舞激励，或者从质问变为担忧。“使用一切有用的手段”成为训练教官的座右铭最合适不过。他们都是调动受训新兵情绪的行家。

我们后来与五位教官进行了深入的交谈。他们的洞察力和坦率的言行，给我们留下了深深的印象。在此我们摘录部分他们的话语，以飨读者：

> 他们都需要某个人看穿自己的弱点，找出自己的实力。
>
> 我们必须把他们的“自我主义”清除干净……共同的目标拥有力量使他们并肩战斗……在团队（T－E－A－M）当中没有个人（I）。
>
> 同甘共苦将士兵联系在一起，构成舰队中强有力的组织……这就是为什么我们让新兵在此遭受这么多的苦难的原因。
>
> 作为训练教官，我们必须进行团队协作（尽管各排之间还要竞争）……在激励手段上我们“互为借鉴”。
>
> 如果你错误地激励了自己，那新兵一下就会把你看穿。

进一步的分析使我们发现，让每一个士兵具备自给自足的能力，在任何环境下都能良好生存，同时还要致力于维护同胞兄弟的性命，这一最为崇高的目的是激励训练教官的因素。在为史密森学会（Smithsonian Institution）工作的军事历史学家威克·穆雷（Wick Murray）带领我们回忆了朝鲜战争之中的长津撤退过程。显而易见，当时拥有类似给养的海军和陆军官兵在基本相同的环境下被困敌后，失去了联系。许多陆军单位溃不成军，在与友军会合之前伤亡惨重。与此对比鲜明的是海军官兵始终团结在一起，甚至还运出了阵亡将士的尸体。将受伤的战友丢下不管对陆战队来说是无法想像的。“绝不让兄弟倒下”这一根深蒂固的价值观在巴利斯岛就被深深地植入了陆战队员的脑海之中了。

几位训练教官告诉我们在真正的战斗中，力量的源泉是恐惧。然而，当这种恐惧心理在官兵中蔓延的时候，它也有麻痹作用。训练教官当然会尽最大的可能排除这种恐惧带来的麻痹。在这里，他们所指的并不是对于个人伤亡的恐惧，而是担心在紧急时会让战友失望的恐惧。这是巴利斯岛训练模式灌输给每一位毕业学员的力量更加强大的价值观念之一（归属于勇气这一大类之下）。这种观念还有助于在严格的命令链组织结构之中创造一种团队文化，而这在商业环境当中是鲜有匹敌的。

我的同事布莱德·博克森（Brad Berkson）发现，因为受训新兵基本上由其行为榜样——教官对他们进行激励，而鼓舞教官的因素通常是自己训练的新兵身上发生的脱胎换骨的变化和新兵的自我实现程度，所以巴利斯岛训练模式不需要任何外界的动力支持。不相信的人也许会说脱胎换骨这个词用在这样一个相对较短的训练过程上有些过分，但是不容争辩的是，如果不是所有新兵，那至少绝大部分的受训新兵在对自己和整个世界的信仰以及他们的行为举止上都经历了海阔天空的变化；也许这种改变相对于生理上的脱胎换骨而言，更加相似于宗教上的皈依；但是，不论使用什么名词概念，成为合格陆战队员的新兵会与以前的他判若两人。众所周知的海军信条“一旦成为海军，终身都是海军”比一个简单口号意义要深远得多。退役的海军官兵终生都会反复回忆自己服役时的情形。问一下当过海军的好友或是有成员参军的家庭——从他们的眼神和面容当中就能体会到那份荣耀。

在“严酷考验”中共担苦难

在海军陆战队的基本训练科目之中，“严酷考验”既是挑战极限的项目又是最为激烈的团队比赛。它是应海军陆战队司令的要求，由霍卡姆将军（General Holcomb）和另外一组官员设计，并且最近才刚刚加入的训练科目。其目的是在训练新兵的过程中最大化地调动他们的情感力量。以此为基础，训练官们改变了倒数第二周的训练计划，以最少的睡眠休息和最大程度的“团队活动”为手段，从精神和情感上挑战受训新兵。掌管巴利斯岛的贝塔格勒尼准将将这一训练过程描述为“在共担苦难的基础上进行的一场团队竞赛”。按照霍卡姆将军的说法，司令官希望这一环节是整个训练过程中明确是非的关键环节——“一个实际应用核心价值观的挑战”。

在由 54 个小时的连续测验和评估构成的“严酷考验”中，上述想法被发挥的淋漓尽致。它由 16 个“勇士环节”设计构成。每一个环节都以真正的英雄（荣誉勋章获得者）的名字命名。训练教官会在每个环节之前对铭刻在墙上的这位勇士的英雄事迹进行描述。每一部分“严酷考验”都要求受训新兵进行团队合作——每次在不同的新兵的领导下进行。训练教官不仅与自己所带的新兵一起摸爬滚打，并肩战斗，而且他们还要确保受训新兵不断从自己所犯的错误中得到学习。

“严酷考验”的最后一个环节是一段让人精疲力竭的九英里长的“山坡”（跑步）。受训新兵在已经连续两天多没有睡觉的前提下要带齐全部装备通过这段测试，终点被象征性地选在了位于巴利斯岛入口处的硫磺岛纪念馆。在这里，训练教官会为自己所带的每位新兵戴上陆战队的正式徽章。这一刻，包括几位教官在内，很少有人不会热泪盈眶。

即便在经历之后回过头来看，受训新兵还明显地带有感情地这样描述这段考验：“最大化地塑造、教导和激励的过程”，“最困难的是时刻要保持兴奋状态……没有前 11 周的准备工作我们绝不会成功”。显然，由于训练在一流地调动新兵和教官的情感过程中达到高潮，所以司令官所要求的明确是非的时刻也就得到了应验。这一巅峰时刻即使不能伴其一生，至少在其服役过程中，将会在新兵的脑海里时常浮现。

新的内聚团队

“海军士兵个个都是神枪手”这个口号反映了海军陆战队的另一个久经考验的做法。没有一个在巴利斯岛受过训练的新兵不会使用步枪，而且没有一个在列尊营（Camp LeJeune）受过战术训练的陆战队员没有参加过实弹演习。海军陆战队队员被编入各自的内聚团队。该团队由12人构成，并且成员在四年服役期间保持不变。目前，陆战队正在尝试组建成员更少的团队，从而更加有效地维持各团队成员在四年服役期内固定不变。

这些编制单位像真正队伍一样接受训练。所有成员都被要求进行领导活动、发挥各自作用并且与其他成员一道合作。在训练和演习过程当中，领导岗位或者按规定或者根据情况不同随机在成员之间交替变换。成员们学会了什么时候以及如何听从领导者的安排，进行自我领导或者变换自己的角色。角色和技能在训练过程中将得到不断的融合和匹配。这是种在企业环境下少有的真正的团队能力，它通过海军陆战队的平衡路径来灌输集体自豪感。

内聚团队还是一种规范的结构，在此之内，陆战队员能够在彼此之间轻松地讨论面临的问题和压力，以及必须学习掌握的东西。在这一阶段的队员培养过程中，实际团队的自然学习能力尤其具有价值。

与我们交谈过的许多陆战队员认为战术训练实际上比巴利斯岛的价值观和纪律训练更为困难。“与战术训练相比，新兵训练营实际在更多地进行精神锻炼……它要求在较长的时期内夜以继日地努力工作。”

新兵训练营与战术训练营之间明显的区别在于后者强调对于舰上实际操作环境的模仿。从高强度的基本训练转向实际的舰上操作，注定会创造不同的气氛，不同的时间表，以及不同的行为模式。尽管训练任务、受训人员各不相同，进行相应的调整也较为困难，但是内聚团队是有必要发挥作用的。这是因为返回各自所属的舰队的人员将会是一个懂得如何共同解决问题的团队。这就是在困难甚至有生命危险的战斗环境下，受训人员必须学会的创造和重建集体力量的开端。

显然，在员工的巅峰表现上，海军陆战队并非各公司企业与生俱来的榜样。首先，陆战队既不是商业企业，也不要求掌握商业技能。它的表现不受利润驱动。陆战队的“员工”经常犯各种错误。例如，飞行员低空飞行致使平民伤亡；个别官兵触犯军纪国法；部分天才官兵被调往外围部门等。其次，谁也不会说陆战队所做的工作是“有趣的”。他们的组织和领导结构也不是什么激动人心的新兴的授权典范，值得我们大力效仿，陆战队的价值观也不是四海皆准的真理。

尽管如此，在对海军陆战队和其他员工有巅峰表现的组织进行分析研究之后，我认为所有前述的陆战队与经营企业之间的区别并不重要。陆战队懂得如何调动积极情绪，释放消极情绪。他们拥有独特的能力来平衡组织表现与员工自我实现之间的关系。大多数业务组织会在理解学习这种能力的过程中获益。尽管它们是陆战队这个结构独特、相对封闭的系统的一部分，但多数陆战队的所作所为都是可以直接拿来照搬套用的。

力量源泉与整合方法

如前所述，陆战队的力量之源泉首推其深厚的传统和历史。这一传统对于我们所研究的任何一个企业来说都是无予伦比的。不仅如此，陆战队在涉足这一源泉时总是用心良苦并且目的明确，所以，他们在从自己的历史传统中获得力量这个方面几乎比其他任何一家企业做得都好。

有趣的是，传统并不是陆战队的过人动力的唯一源泉。20 世纪 80 年代后期，司令官艾尔·葛雷（Al Gray）通过自己的形式为陆战队的力量之源进行了恰逢其时地而且是强有力地补充。越战之后，许多陆战队队员在纪律、价值观和责任感方面表现出了严重的退化迹象。它已经不是以前的那个陆战队了。而且，没有艾尔·葛雷在陆战队中重新点燃斗士精神的决心，陆战队或许根本无法挺过自己历史中的这个关键时期。尽管他于 1991 年以司令官的身份正式退休，各个级别的陆战队官兵对他的光辉形象依然记忆犹新。毫无疑问，他为陆战队带来了强有力的力量源泉，而这一源泉在陆战队最需要的时候为其集体自豪感补充了能量。陆战队富有特点地将这一力量与下面三个辅助性的方法或工具联系在了一起：

广泛地分配领导活动。与等级森严、命令与控制型的组织传统形象截然相反，陆战队成功地在相当宽泛的范围内分配了领导活动。训练教官、实弹演习队长以及普通军士都一视同仁地被要求“了解比自己高两级的领导的指挥意图”的同时积极主动地采取与这些意图相一致的行动，不论正式命令会被传达成什么样子。就算是身处海地街头，面对情绪激动的暴动民众的持枪下士也必须是一名懂得在与自己的上级意图相一致的前提下，是否使用，何时以及如何使用自己的武器和权威的行家里手。

在这个方面，位于弗吉尼亚州匡堤科的海军预备军官学校强调评估领导力潜质与训练新的军官并重有着重大的意义。为了实现这个目标，学校使用了一套模版，区分几类不同的领导力潜质（例如，决断自信型、合作型、深谋远虑型以及支持型）。大多数企业拥有一种类型的领导者就已经心满意足了，而陆战队却有意使各种可能的领导模式在组织内部每一个阶层和岗位上发挥作用。陆战队构造各种不同的领导组合，使得这些组合“定会确保完成任务并且将自己领导的陆战队士兵的安危至于自己之上”。这样的领导者是自己的队伍中无可比拟的光辉榜样。

明确表达什么最为关键。每一个受训新兵所必须学习的第一课是陆战队价值观背后的含义——荣誉（正直、职责、可靠程度）、勇气（有正确的理由，用正确的方法去做正确的事）和责任感（向陆战队及所有官兵的奉献程度）。不丢下任何一个受伤兄弟的决心使得海军陆战队颇有传奇色彩。

显而易见，这些价值观在战斗中发挥着至关重要的作用。但是如前所述，陆战队通常并无战事，所以在和平时期，这些价值观也必须同样有着深远的意义。为了取得这种效果，陆战队队员不仅持续进行准备训练，而且他们还在相当的程度上模拟真实的环境。受训新兵在训练过程中所感受到的焦虑和恐惧是非常真实的。他们在自己所取得的每一个进步后感受到的荣耀也是一样。陆战队时常“演习”，在和平时期调动建设性的情感以激发同样在战时会出现的焦虑、恐惧和荣耀等情绪。

作为对他们在这些价值观上的投入的回报，官兵个人一直被视为并且当作陆战队中最宝贵的财产：“我们赢得国家战斗的能力一直在于每一个陆战队士兵。不论技术进步是多么的残酷，人而非机器设备，决定着战斗的进程。”

散布（并且重造）集体力量。在和平时期长期的备战过程中，陆战队队员互相促进以保持他们的动力和责任心。例如，受训新兵被训练教官的模范榜样激励着，而教官又反过来被受训人员在个人形象和荣耀上的积极改变激励着。新委任的官员最担心自己马上将要指挥的“队伍”的反应，而被指挥的人也将受到新的领导人的言行举止的影响。

另外，陆战队从个人和集体两个角度，最大化地发挥个人取得的成就，晋升和功绩的作用。陆战队是我所研究过的组织当中最优秀的组织纪律的实践者。没有任何功绩不被记录在案。任何个人或集体取得的成就都能积极的赞许和关注。对于一个近十年来没有发展壮大的机构来说，它创造了惊人数量的学习、技能培养和个人成长的机会。

在200多年的时间里，就是这一个传统使得陆战队充分利用了必须利用的东西。谁也不应该忽视他们使用纪律和良好秩序，来培养个人形象和信心以及确保战斗中的官兵表现的重要性。在和平时期以及战斗过程中，士兵彼此真挚关爱的程度，对于一个军事组织而言，是不寻常的。很多人把陆战队中的战友视为家人。

3M：永恒的创新者

尽管不像陆战队那样拥有骄人的历史业绩，其他几家机构几乎与海军陆战队一样有效地使用了任务、价值观和自豪感路径。当然，很多公司都宣称使用这一路径，但只有少数几家成功地发挥了其在创造巅峰绩效的员工方面的基础作用。3M公司，这家制造从办公耗材到医用设备和清洁产品等各种产品的、产出高达150亿美元的制造商，就是在这条路径上获得成功的公司之一。尽管3M公司不像美国海军陆战队那么倚重这条路径，它对于任务、价值观和自豪感路径的出色应用却值得我们进行研究和分析。这两个机构之间有些有趣的相似之处——但是，也存在着更有趣的差别。

1953年，一名3M公司的实验室助理在开发一种液态冷却剂的过程中不慎将几滴冷却剂洒在了自己的鞋上；尽管她使用肥皂、酒精和多种其他溶剂费力擦洗，但却几乎无法清除鞋面上的冷却剂。在3M公司员工为世人所熟知的灵机的闪动下，她想到这种冷却剂的防水特性能否使其变成一种好的防雨剂，不溶于溶剂的特性会不会在保护织物不受玷污的前提下得到应用？这就是当前应用在衣服、地毯、家具、木料和皮革上的整个防油防水剂产品系列的诞生过程。正如3M公司在其网站上通过“我们是什么人”所明确指出的，“不是所有我们的新产品都是在幸运的事故中被发现的。我们认真地进行创新……要真正地了解3M，你就要了解我们那些富有想像力的员工，他们通力合作，致力于找出使得生活更加美好的实用方法。”

使家庭生活轻松了许多的即时贴（Post-it Notes）是3M公司更为出众的产品之一。该产品是美国办公用品销量前五名的产品之一（在全球也是销售冠军）。在家里，我们将其在很多地方派上了用场，从冰箱面板上的备忘条到书签、报告标签等等。对于那些落伍的、还不怎么熟悉该产品的人来说，它是带有自粘条，使得使用者能不留痕迹多次粘贴的、形状和颜色多样的记事本。它的广泛用途不言自明。

1980年在美国西海岸首先上市的即时帖是由3M公司的研究员阿特·弗莱发明的。他因为被当作书签使用的小纸片在其唱诗班赞美诗集中常常不能发挥作用而感到恼火——显然，小纸片经常会在唱诗班的练习过程中从诗集中掉出来。3M公司另一位科学家发明了一种黏合剂，它因为其黏合特性不持久而被淘汰了，弗莱由此独辟蹊径的推想到一种“暂时有效”的书签是应用这种胶水的理想场合。

弗莱是3M公司创新圈子里一名典型的英雄（就像陆战队一样，这个人员圈子包含很多创新人员和许多英雄——即使你把标准提高到像即时帖这样的突破性产品，也是一样）。他在一个爱荷华州的小镇上出生成长，上的是只有一间教室的学校。他很早就表现出自己的创造力，并且梦想成为一名像父亲一样的化学工程师。还是一名学生的时候，他就开始为3M公司工作，并且一直在3M公司待到现在。他多少有点自豪地说起当年自己在推销自己的这一想法时所花的聪明才智不亚于发明即时帖这个产品：“说服别人相信大众需要一种比普通的纸片卖得贵的记事本这个观念更让人破费周折。”

1980年上市后一年，即时贴就被命名为出众的新产品。弗莱1984年被提升为部门科学家（division scientist）并且接着于1986年被提升为集团科学家（corporate scientist）——该公司科技部门最高的职位。

我们不禁会想别的大公司可能根本不会理睬阿特·弗莱的这个愚蠢的梦想。

历史上的亮点

创立于1902年，制造砂轮磨料起家的3M公司已经发展成了世界最为人瞩目的公司之一。它在200多个国家里销售超过5万种的产品。公司的经营情况好似一块充满了各种各样的市场、渠道、品牌、分销商、竞争对手以及客户的马赛克。3M公司的网站和内部资料上随处可见下面这样的例证和事实，它们描绘出公司历史上某种产品创新的出现过程：

- 在翻身摆脱了始于1902年的困难局面之后，公司于1916年才首次能够派发红利。此后，3M公司没有间断过派发普通股的季度红利。业绩的扭转在很大程度上归功于一种产品。该产品是公司在原有研磨剂上的兴趣的拓展——它很快就转变成了在一战中被使用的惊人数量的砂纸。
- 1920年，副总裁威廉姆L. 麦克奈特（William L. McKnight）收到一封来自油墨制造商的有趣信件的时候，机会再度降临。信上写到："请寄你们用于制造砂纸的各种规格的粗砂……"信的作者，弗朗西斯·G. 欧珂伊，发明了一种新型的防水砂纸！它使得公司成了行业内的"首创"，并且3M公司凭借其"干湿两宜（Wetordry）"产品将自己重新推上了行业领袖的位置。该产品持续为3M公司全球的工业客户提供重要的解决方案。

麦克奈特在1907年加入公司成为助理书记员，1929成为公司总裁，1949年成为董事长。很多人认为他对公司的最大贡献是在经营方面发挥了哲人的作用，因为他营造了一种鼓励员工主动创新并且保证其稳定就业的企业文化。1948年，他的基本管理原则被写成了文字：

随着业务的增长，就越来越有必要自上而下的分配责任并且鼓励员工发挥他们的主动性。这需要相当程度的包容能力。被授予权力和责任的员工，如果他们能够胜任工作，会想要用自己的方式来完成它。

这一理念是3M公司无数成就、荣誉以及不论对意外的还是“有意的”创新的正式认可的基础。1995年，3M公司因“90年的持续创新”被授予国家技术奖章。

为什么MPV路径对3M公司有意义

3M公司持续地强调任务、价值观和自豪感路径是其有意的并且是自然的选择。以下四个方面所述的独树一帜的因素构成了3M公司做出这一选择的原因：业绩重点、市场动态与现实、员工自我实现的需要，还有其他文化因素。

业绩重点。3M公司的业绩需要所有人员都参与到产品创新和主动为客户服务上来：“创新比产品更重要……这就是3M公司做生意的方法。”《缔造永恒》(*Build to Last*) 一书将3M公司描述为真正有远见的公司之一。它有一个不成文的规矩，要求公司30%的销售额来自近4年来新开发的产品[6]。正如其网站上所陈述的那样：“在3M公司，我们因在公司内部、在供应商和客户之间、在本土和国际经营单位之间建立创新的合作关系而感到自豪。”

3M公司最近几个成功创新的例子说明了这一观点。1997年中期投入使用的新型的一次性临床温度计大大降低了感染的比例。都瑞尔(Durel Corporation)公司(3M公司的顾客)生产的EL照明系统使得个人电子设备的显示屏和仪表盘比以前更加明亮。这归功于来自3M公司的创新技术所制造的产品。一种新型的3M私密薄膜使得门窗生产商以及他们在建筑行业的顾客能够安装只需一按就能在透明和不透明之间切换的窗户。

市场动态与现实。市场中充斥着3M公司的强有力的竞争对手和要求苛刻的顾客：“3M公司为极为多样化的市场群体服务……我们之所以能够做到这一点，是因为我们将市场看作应该听其教诲的顾客。”这种多样性带来了创新的概念、工艺和产品的不断开发和拓展。结果，3M公司就必须施展三头六臂之能来满足顾客的需要。说实话，3M公司的员工都是应用大量工艺技术开发既满足顾客当前需求，又替顾客设想出尚未认知的产品的行家里手。

在3M公司，顾客是创新的起点。公司以顾客为重点的培训程序被简称为ACT。这是培训程序所含的三个步骤的简称：评估和比较（Assessment and Analysis），课程内容（Curriculum Content），和培训的传递（Training Transfer）。正如3M公司培训经理杰克·藤克扎（Jack Tencza）所指出的：将顾客引入ACT培训是一种对公司一成不变，对顾客却因人而异的挑战：

> 首要的问题是我们需要用更好的办法服务于顾客。具体来说，就是找出其他的方法让顾客使用我们的产品——而这会变成出色地了解顾客的顾客。
>
> 第二个问题是个棘手的问题……我们是大公司，很多顾客情愿跟更小规模的公司讨论问题以简化业务流程……第三个问题是信守承诺。

3M公司所面临的实际市场情况使它时刻处在潮涨潮落之中。这不仅是因为顾客的多样性，而且还因为其竞争对手的规模也越来越大，竞争也越来越激烈。伴随着无休止的面向全体员工的竞争性裁员，确保5万多3M公司的员工快速、连贯并且有创造性的应对市场变化是至关重要的。这是个没有被3M公司轻视的高难度的要求。

员工自我实现的需要。公司要让每一个部门、每一项经营业务以及全球每一个区域分支机构当中都饱含着创新精神。这意味着员工中的每个人都要相信他们具有创造力。他们也想要具有启发性的激励行为，想公开、自由的与别人分享知识，并且自发地采取行动。当然，员工在这些方面所做的种种努力都希望得到认可，不过，他们同样还需要不为任何正当的前提下所犯的错误而担心。

推崇集体成就的人构成了3M公司的员工，所以，团队是工作环境中关键的组成部分。与我们进行过交谈的一位3M公司的团队领导指出，要捕捉到了团队业绩并使团队业绩茁壮成长，领导就必须注意员工自我实现的需要的重要性。汤姆·赫兹博格是3M公司专业化工品部门的团队领导人。他于1982年来到公司，先是参加了在爱荷华大学本科的化工课程的学习，等到他1985年本科毕业，他就在同一专业化工品领域全职从事团队领导工作。

目前汤姆在自己的工作中扮演着很多角色。作为团队领导，他从事工艺开发支持的工作，将实验室研究阶段的新产品推进到面向市场的全面生产。汤姆是这一领域中技术团队的领导者。他着重关注新产品开发之中的技术和生产环节。他把自己在团队中的角色描述为运动员和教练员的复合体：作为运动员，他担当相当数量的实际工作（例如，分析数据、实验室试验）；作为教练员，他对自己所率领的团队成员进行管理和激励。

作为一名团队成员，汤姆代表着包括销售、营销、制造等职能在内的范围更宽泛的新产品推广团队的技术职能。他在自己的两个角色之间分配自己的时间，按他自己的说法，像“救火”一样四处赶场。举例来说，他最近刚刚完成了氢氟醚这个新产品的推广工作。该产品是随着氯化氟碳化合物因为环保原因逐步被淘汰而开发设计的替代产品。在整个推广过程中，汤姆既是技术方面的团队领导，又是负责整体推广的多职能团队的一分子。

作为一名团队领导，汤姆认为进行自由交流从而在团队成员间建立联系是非常关键的。他花费了很大的气力通过非正式的交谈来建立成员间的联系。他“轮番”与自己的团队成员“谈论任何他们感兴趣的话题”，不论这些话题是业务上的（例如，团队的进展如何）、还是个人的问题。他认为在“转化……需要走到职员的心里了解他们在想些什么”上花时间是很重要的。

文化因素。3M公司的领导哲学几乎从一开始就建立在授权和发挥主动性方面。早在1948年，麦克奈特就提到3M公司决心“自上而下的分配责任并且鼓励员工发挥他们的主动性”。公司推崇一种坚持学习和不断成长的气氛。员工懂得他们有着冒险的自由。例如，在技术领域，多数员工都受到鼓励在自己那些稚嫩的想法上花费一定数量的时间和精力。许多这样的想法都变成了成功的产品，有的甚至成为了突破性的产品。

很多员工都是长期供职于公司的老员工。在公司内部许多经营单位里有着相当大的向高层或在相关业务部门升迁的可能。作为这种内部提升文化的结果，高层职位一成不变地都是由公司内部现有的富有经验的智囊团中的人物来担任。

公司给予新员工的培训材料上讲述公司对新雇员工最大的期望，就是他们要有标新立异的心愿。不论员工个人的职能角色，他的工作就是找出有助于3M公司成功的更新更好的方法："创造性的思想家、解决问题的能手、无畏的挑战者——你们要将三者合而为一……并作为3M团队中的一员，要自行利用各种获取成就的机会。"

力量源泉与整合方法

非凡的历史传统是3M公司员工力量的首要源泉。在此源泉的背后是一项清晰的企业任务和一套价值观，它帮助3M公司在已有传统的基础上，将员工的行为和公司的决策联系在一起。企业的愿景和任务就是要成为最有创新性的企业和顾客偏爱的供应商。然而，并非3M公司的任务和价值观的内容或其合适性，使得它在追寻任务、价值观和自豪感路径的过程中如此成果卓著，恰恰是公司在保持传统的生命力和有意识地利用自己的传统，通过集体荣誉感、激励和整合员工的主动性方面的一贯追求使得3M富有成效地利用了任务、价值观和自豪感路径。

3M公司排在第二位的力量源泉是所处的动态市场环境。因为致力于创新一切，所以就算谈不上成百上千，至少3M公司身处数十个持续变化的市场之中。在员工的脑海里，这些市场中的顾客和竞争对手是最为重要的。他们为能够用崭新的产品和关联设想让顾客满意（如果说不上取悦）而深深地感到自豪。公司员工的很多想法都来自顾客本身，从本质上说，3M公司所有成功的创新都源于员工对于顾客预期需求的优先关注。为了引导员工源自公司传统和市场环境的过人力量，3M公司在四种辅助整合方法的使用方面保持着独一无二的特色。

广泛地分配领导活动。尽管 3M 公司理所当然的是分权化的企业，它分配领导活动的宽广程度并不限于组织结构的种种角色。通过广泛地使用团队，在各个管理层次强调新的想法和创新，以及运用公司早期领导者的基本管理哲学，3M 公司鼓励成千上万的员工为领导力活动作出自己的贡献并且收到了相应的结果。正如詹姆斯·科林斯（James Collins）和杰瑞·鲍拉斯（Jerry Porras）在《基业常青》一书中所详细指出的，3M 公司使用范围宽广的领导力系统，而不是让少数精英在高层指手画脚。这一点就为其在市场上的长胜不衰作出了合理的解释："3M 的故事的迷人之处在于……他们创造了一个不论谁是首脑都能持续发展、演化的公司或者说是一个变异机器。"

向员工展示其真正的价值。3M 公司的领导者真正地相信各级员工的价值及其为公司作出贡献的可能性。同样，这也是一种有着深厚根基的核心信仰。麦科奈特早在 1948 年就清楚地阐述了这一观点："错误总是要犯的。但是如果一个人在本质上是正确的，那么从长期来看他所犯的错误，并不如详细指派员工必须如何完成他们的工作的管理人员所犯的错误那么严重。"

3M 公司中依然盛行着这种管理理念。公司上下所有员工依然相信他们的想法以及他们在工作中所付出的努力是最为宝贵的，他们可以恰如其分地主动改善事物而不必担心别人的打击报复，即便意图与结果并不总是相符的。

树立更为宽广的视野。公司花费大量的精力让员工了解自己负责的那部分业务的相关内容：经济理论、顾客、竞争对手以及业绩差距等等。但是公司也花费大量的精力从公司整体任务和价值观的角度和更为实用的市场动态的角度，向员工解释具体业务背后的意义。化工集团的一线团队领导者麦克·霍尔狄（Mike Hornelty）从销售人员的角度，向我们说明了这个问题：

> 销售人员对此的观点。这就是与顾客和竞争对手进行交流。这些都是我们的人。他们想知道发生了什么，想知道问题的真相。他们并非孱弱无能的，就算是负责清洗小设备的普通员工，他也像我

们一样想要成功。如果你告诉他事情的原委，告诉他你想要到达的地方，他会帮助你到达目的地，帮助你成功。

清楚地表述什么最为关键。像海军陆战队一样，3M 公司用朴素的价值观捕捉到了最为关键的东西：第一，用优异的质量、价值和服务让顾客满意。第二，通过持久、高质量的成长为投资者提供可观的回报。第三，尊重社会和自然环境。或许最后一个价值观最为重要："成为一个员工因为是公司的一分子而感到自豪的公司。"不仅全体员工都了解这些价值观，而且这些价值观在每位员工在其岗位运用它们的过程中得到了人格化。

有些金融分析师或许会不时对 3M 公司的业绩提出质疑，但是没有人会质疑 3M 公司从员工中获取创造性的业绩的非凡能力。对于任务、价值观和自豪感路径的均衡诉求是公司业绩模式的核心。

要求苛刻的路径

3M 公司是一个与美国海军陆战队大相径庭的机构。二者的相似之处不值一提。两者都非常关爱自己的员工、颂扬彻头彻尾的英雄，相信它们的任务和核心价值观，以及在组织中积极培育团队努力。此外，二者在追寻各自高贵的梦想的时候都经历过非常困难的时期：越战给海军陆战队留下了深深的疤痕，而如同 1999 年《商业周刊》的文章所阐述的，3M 公司的业绩近期遭遇到了最为困难的挑战：

> 分析师和投资者对管理层连续两年没有达到预期收入而大为恼火。150 亿的销售额总的来说平淡无奇；1998 年净收入降为 12 亿美元，下降了 44.6%。自 1997 年以来，公司股票价格下降了 1/3……3M 公司优雅的举止一下子摔了个鼻青脸肿。

在这样的情况下，一线人员的责任感遭受了严峻的考验。艾尔·格雷将军（General Al Gray）严肃认真地要求队伍找回基本的行为纪律和勇士精神，使得海军陆战队找回了昔日的忠诚度。陆战队不偏不倚地执行着任务、价值观和自豪感路线。

现在谈论3M公司如何应对业绩下滑尚为时过早。或许它也应该像美国海军陆战队一样将公司运作重新定位在原有的公司基本任务和核心价值观上。如果是这样，公司就有必要像打完越战的海军陆战队一样，孜孜不倦地将注意力重新集中在纪律明确的行为体系上。这样的行为体系有助于在保证业绩的前提下强化公司的核心价值观。例如，尽管团队的业绩对这两个机构都重要，但是海军陆战队在将真正的团队安置在最有意义的地方这个问题上纪律性更强。结果，在陆战队里，没有“杂牌军”。相比而言，由于3M公司的团队业绩在很大程度上依靠良好领导者的本能和直觉，所以团队业绩的取得多少有些随机性，并且也更容易成为杂牌军似的团队的牺牲品。两家机构的差别在于他们如何运用团队纪律的关键要素。

西南航空公司的辛迪·博克将纪律（Discipline）一词分解开来，帮助我们理解了它对于那些寻求通过组织任务和价值观中的自豪感来激励员工的公司如此重要的原因：“Discipline（纪律）来自Disciple（门徒，信徒）一词。Disciple的意思是领导，引导和服从。这基本上概括了我们从员工身上期待得到的东西，以及我们努力实践的东西。”如果没有这样的纪律，谁也不能持久地遵循任务、价值观和自豪感路径。

3M公司主要依附于任务、价值观和自豪感路径构成了其近期业绩下滑的最后一个因素。根据我们的研究，只有美国海军陆战队（USMC）、美国国家航空和宇宙航行局（NASA）和3M公司三个组织主要运用任务、价值观和自豪感方法。所有其他在任务、价值观和自豪感路径上取得优异成绩的商业企业——即万豪集团、家得宝、西南航空公司、雅芳等——都选择了同时在另外一条路径上也胜过他人。也许现在就是3M公司权衡这种选择的时候了。

第4章

流程和度量路径

每一个优秀的公司都在某种程度上运用着流程和度量（P&M）路径。该路径的基础是个人负责制和成果管理的优良法则。其基本特征包括：衡量业绩的明确的标准和度量方法，为顾客创造价值的一套综合完整的运作流程以及业绩透明度（人们了解并且能够看到别人的业绩表现）。公司有明确的业绩目标，同时建立衡量方法对收入、成本和盈利能力进行跟踪比较。公司的竞争地位和市场份额情况能够得到经常的汇报。通常，目标管理（Management-by-objective）的运作过程力图衡量和控制组织业绩中重要的非量化因素。这些听起来有些熟悉吧。本应如此，因为我们中的大多数人生活在一个有着多样的度量标准的世界里。

然而，值得注意的是，强调流程和度量路径的业绩突出的企业，无一例外地都在追寻另外一条或多条路径来弥补和平衡自己在流程和度量路径上所投入的精力。例如，约翰逊汽车控制系统集团公司（Johnson Controls Automotive Systems Group）和肯德基（KFC）用认可和赞赏路径来辅助他们所采用的流程和度量路径。万豪（Marriott）和雅芳（Avon）将流程和度量路径与任务、价值观和自豪感路径综合在了一起。本章我们将探讨雅芳和希尔斯宠物营养公司（Hill's Pet Nutrition）在保持员工的巅峰绩效的过程中，是如何遵循流程和度量路径的。从本质上讲，两家公司都没有经营激动人心的业务——它们的生产操作（我们决定全力关注的方面）根本不是引人入胜的高科技系统；甚至它们的工厂分布都是平淡无奇的（如果称不上有些盲目的话）。然而，两家公司却都设法营造出了创造巅峰绩效的员工所表现出的那种情感力量。

雅芳：世界知名的家用品牌

雅芳（Avon）是在近100个国家里拥有无予伦比的客户认知度和品牌价值的世界品牌。人们对260万雅芳的产品直销代表的了解，远胜过对其业绩卓著的生产机构。公司的年销售额超过40亿美元，销售的产品包括化妆品、香水和人造珠宝等。尽管对于雅芳实现成为世界领先的美容产品公司这个愿望来说，公司在生产和销售上投入的精力都是次要的，但是美国本土的生产企业的组织任务却明确瞄准了一个更加细致周到的目标。该目标为公司带来了综合全面的运营流程和引人注目的衡量标准，即“以最低的运输成本，每次都准时为我们的销售代表和顾客提供没有瑕疵的高质量产品和服务”。

历史回顾：一个斗争与成功的故事

当1989年詹姆斯·普莱斯通（James Preston）和罗伯特·布莱特（Robert Pratt）发起重塑雅芳的组织愿景的时候，我有幸恰好在雅芳工作。两位领导者与公司决策层的同事一起努力苦干了好几个月，为了找回员工昔日的情感、动力和想像力而寻找新的想法，推敲描述这一愿景的语言。由于公司早期的历史在企业界里是独一无二的，所以，这些日子对于公司来说是困难重重的。大卫W. 米切尔（David W. Mitchell）将雅芳创建成了世界上最具穿透力的直销企业之一，而后来雅芳稍稍偏离了米切尔所打造的强有力的根基。

希克斯·沃尔顿（Hicks Waldron）和杰克·张伯伦（Jack Chamberlin）是米切尔的继任者。他们倾心于多样化，并且将公司业务推广到了陌生的保健产品和设备、香料和金融服务等领域。这种多样化的模式，对资源的转移和分解以及与之相辅相成的混乱的业务侧重点在20世纪80年代中期几乎拖垮了雅芳。幸运的是，在詹姆斯·普莱斯通担任公司CEO的时候，公司由其引导，重新找回了自己的根基，并且开始重新关注在传统全球美容市场上的愿望和战略。

在80年代里，普莱斯顿（Preston）在领导力活动中扮演了一个独特的角色。他非常熟悉公司的化装和美容产品，深得雅芳销售代表的尊重和钦佩。用历史的眼光看，这些人是雅芳与众不同的关键之所在。他不仅调动了员工的情感和激情，让他们重新找回自己的根本愿望，而且他还在销售渠道和重点产品等问题方面引发了为全球的销售力量所拥护的变革。这种新的动力和希望在多姿多彩的销售代表和顾客群体之中得到广泛传播，现在除了销售和营销人员，生产人员也广泛接受了这种动力和希望。

流程和度量路径的意义何在?

我们在三个条件截然不同的工厂里研究和探索了雅芳公司所遵循的流程和度量路径。其中一家工厂位于莫顿格鲁甫（Morton Grove，位于芝加哥附近），生产化妆品。另外两家位于波多黎各，生产人造珠宝。撇开产品线和工厂状况存在的差异不论，我们发现各家工厂的员工所创造的超凡业绩的关键在于他们都采用了流程和度量路径。当然，员工业绩的核心之所在是如何调动员工情感乃至理性上的责任心。

我们将利用莫顿格鲁甫的工厂来说明该路径如何在雅芳的生产设施中发挥作用，以及使用这条路径的意义何在。下述四个方面总结了有利于该工厂采用流程和度量路径的条件。

业绩重点。市场宽泛的化妆品业务要求仔细关注产品质量和成本。质量上的过失能够危害健康，所以应该对产品的内在和外在质量进行严格的审查。质量上的任何瑕疵不仅会影响即期销售，而且还会对潜在消费者的信心造成伤害。要在此类业务中进行有效地竞争，制造商就必须根据产品价格的市场竞争力，仔细设定并且严格遵守产品的质量标准。任何瑕疵都能够显著地影响顾客的重复购买行为，有时甚至还会造成严重的健康事故。除非能够将员工个人积极地调动起来，使他们接受和执行严格的度量和评估标准，否则上述业绩的重点就无法实现了。

市场动态和现实。化妆品市场在全球范围内具有高度的竞争性。化妆品业务要求长期探寻新的产品理念和特性。它是一种规则不断变化的游戏，要求生产企业能够迅速应对。时尚和消费者偏好在一夜之间就可能转变。能够应对这些变化是企业在市场上保持领导地位的基本要求。判断消费者的偏好永远都是一个难题。它要求灵活地进行市场细分和调研，并且对潮流、时尚保持敏锐的判断。化妆品生产企业必须在时间紧迫、产品规格复杂的前提下应对上述挑战。毋庸置疑的是，在这种环境下必须要有设计良好的工艺流程和度量方法。

员工自我实现的需要。莫顿格鲁甫工厂的工人的自我实现需要，与职位安全和群体支持有着很多的联系。一位参加我们的小组讨论的员工的评论说明了这一点："我们很多人希望在雅芳工作直到退休，所以，我们必须确保这家工厂保持行业的领先地位。我们的目标是让每一个人都成为最优秀的业绩创造者。"

在员工自我实现方面起作用的其他因素，还包括员工的参与和意见、员工对群体认可和接受的高度需求，还有员工对决定自己命运的渴望，等等。

文化因素。雅芳的家庭文化与其关怀员工的长期传统一起在公司内部长盛不衰。公司在全球市场上的声誉是制造和销售人员引以自豪的根源之一。员工相信公司的声誉首屈一指，他们为自己是企业的一分子而感到自豪。许多员工都能在家谱中追根溯源地找出曾经在雅芳做过销售代表或在某个工厂工作过的亲戚。在莫顿格鲁甫这家工厂里，员工明显表现出来真正的"家"的感觉。它鼓励着员工用看得见的方法互相通告自己的成就和进展。结果，他们比外人所想像的更加自如地互相表达得意与失望的情感。

莫顿格鲁甫工厂令人信服的业绩

雅芳在伊利诺伊州的制造历史可以回溯到 1946 年，当时公司的仓储和货运业务在芝加哥北部码头开展开来。十年之后，该业务分部迁往莫顿格鲁甫，此时的制造业务被安排在了一所现在还容纳着雅芳北部地区销售、财务和客户服务等业务的设施里面。莫顿格鲁甫是雅芳在美国的三个生产设施中最大的一所。它拥有近 500 名不同的员工，员工的平均资历在 15 年左右。因为雅芳现在被认为是芝加哥北部最好的工作场所之一，所以员工在第一年试用期届满之后往往都留下来工作。不仅雅芳的工作环境和薪水相当诱人，而且它还拥有着理所应得的关怀员工的良好声誉。

莫顿格鲁甫工厂的墙壁上悬挂着几十个展板，向世人展示着工厂员工的业绩。其中既有正规授予的奖状，也有每周一换的业绩度量标准。奖状所陈列的内容包括公司内外对员工在生产力、质量和客户服务方面所取得的成就的赞誉。因此，该厂成了雅芳生产新技术产品和培训国际业务部的经理人员（来自超过40个国家）的主要机构。该工厂由于在世界领先的年度生产15000班次产品的生产率的基础上实现零微生物导致的次品而被授予1995～1997年度的“全球微生物奖”（Global Micro Merit）（该奖项颁布给质量最好的无菌产品）。这一奖励的获得导致工厂创造了5000个班次，相当于8亿个生产单位，无菌生产的空前记录。简单说，该工厂实现了连续三年半生产而没有出现一起由微生物导致的次品的事故！尽管其复杂的工艺本身容易招致细菌。同时，该工厂在过去的四年里将职业安全与保健管理总署（Occupational Safety and Health Administration，OSHA）所规定的事故率降低了59%，将其工作日损失率降低了56%。

该工厂展示的业绩度量标准或许没有公司获得的荣誉那么显眼和多彩，但是在墙上占用了更多的空间。每一个加工场所、装配线和包装地点都用巨大的展版展示着与每天和每周的生产、产品质量和安全保障措施相关的度量标准。大多数机器设备的电子屏幕上也显示着设备的日产量、运行效率，以及停工时间等数据。对于任何影响产品质量、生产率或客户服务的事件，相应的度量标准都会张贴出来供大家查看和跟踪。不仅如此，员工个人和集体因成功地保持这些标准不断向更优的方向发展而感到深深的自豪。

信任同事

威廉 A. 贝隆迪（William A. Baronti）近五年来一直是该工厂的总经理，但是他将工厂取得的绝大部分的成就归功于自己的同事和员工。以他的观点来看，这些人是公司的生命血液、活力源泉。他花费了大量的时间来对他们进行鼓励，倾听他们诉说。按他的话讲：“如果我真的需要了解发生问题的领域的目前状况，我首先去找在这个领域工作的一线同事。”他承认，自己必须确保不在某位主管管辖的领域里指手画脚；但他要在第一时间从当事人的嘴里得到直接的信息。最重要的是，他营造了一种氛围使得人们能够自由地提出问题，描述不足，同时宣传变革。

除了非正式的信息交流，他还利用正式的讨论和程序来让自己深入地了解员工的行为——用他的话讲就是接触同事。每周四一系列微型会议都会在一种非常开放的气氛中召开。它鼓励所有同事用正式或非正式的方式讲出自己的顾虑，发表自己对提高工厂中的任何工艺流程的看法。贝隆迪每月巡视工厂一次，为各部门内务管理情况“打分”。此项工作在一种被大多数同事所尊重的、有建设性的、积极向上的态度下进行，这多少让我们回想起军队中上级军官要求我们整理军姿军容的细致程度。实际上，他把这种检查当成了一种私事，因为公司所有同事及其领导者更偏爱他的这种做法。公司员工这样告诉我们“没有谁能比贝隆迪更公正。”当然，贝隆迪每月内务检查的评比结果也与其他业绩度量标准一道被张贴出来，供大家跟踪学习。

贝隆迪是五个孩子的父亲，他身材高大，英俊潇洒；他灰白的头发，恰当的举止，以及脸上总是挂着的笑容，有效地掩饰了他对细节和纪律一丝不苟的关注。他能用惊人的详细程度和准确性滔滔不绝地讲出工厂绩效的各个细节。他了解这个“面积固定”的设施中每一个角落所发生的事。工厂居于两条高速公路之间，还有一面紧邻铁路，所以根本没有剩余的扩展空间。为了保持在全美化妆品的份额，工厂就必须不断提高生产力。贝隆迪在工厂里穿行的步伐轻快有力，即便是外人也看得出来他非常喜欢自己的工作。他非常喜欢这儿的人——每一个人他都喜欢。他还认识在这里工作的500位“永久居民”中的绝大多数，能够直呼其名，并与他们交谈。对一般每次在工厂工作不超过几个月的合同（临时）工人，他也了如指掌。

贝隆迪雇用正式工人完成预计中产量的基本水平，同时使用中介或合同工人完成额外的产量。目前，约有35%的员工由这种合同工人构成，但是他正积极地试图将这个比例降至20%。他本人与顾问（工厂里主管的官方称谓）以及大多数有经验的同事深信合同工人的优点（例如，直接成本可变成无福利成本），并不能抵消他们之中典型的责任感和道德规范水平低下以及价值取向单一的问题。合同工人在成本效率上占优势，但是从长期上看他们不见得是一种能够使业绩得以优化的选择。

不为新员工所认知的悠久传统

雅芳独特的历史和无予伦比的产品形象对于管理人员来说显然是重要的，尽管这种传统对于少数新来的同事来说已不是那么明显了。从这种意义上来说，公司的员工存在两种类型。有经验的同事对于公司的历史更加心知肚明。少数人至今还对公司20世纪80年代中经历的惊涛骇浪记忆犹新，当时，差异化、变更生产程序、重新安置下岗人员耗尽了公司的全部精力。许多人还能认真地回忆起当时工厂的状态多么接近关门停业。

按照贝隆迪的话讲，在他1993年11月接管工厂的时候，“莫顿格鲁甫正处在泡沫之中”。他当时必须迅速采取几项措施以确保泡沫不至于破裂。困难最大的变革是增加第三个班次，大多数同事和顾问都不喜欢这种做法。贝隆迪至今仍然希望想办法退回到原来的两班制，但是目前来看，要保持业绩向上发展的态势就不能实行两班制。他相信员工懂得这个道理。在我们的会见员工和参加小组讨论的时候，我们也几乎没有遇到这样的抱怨。实际上，大多数员工都认识到这是他们在雅芳生产系统中保持领导地位的根本前提。

总的来说，大多数员工——甚至那些新员工——都为公司的历史，特别是20世纪80年代绝处逢生的经历而感到自豪。毫无疑问，绝大部分同事，不论新旧，都因雅芳在质量、稳定性，以及关爱员工方面首屈一指的全球声誉而感到自豪。公司早期的历史或许不再像以前那样是员工动力的源泉，但是它仍然是人们喜欢在莫顿格鲁甫工作的一个非常重要的原因。由于我们所述的这样或那样的原因，公司员工的主动流失率（Voluntary Turnover）是很低的。

应对抵触与不合

当然，莫顿格鲁甫的员工中并非不存在压力。半数以上的员工都为雅芳工作了 15 年或更多的时间。新员工认为重要的事在老员工那里或许根本不值一提。在进行坦率交流的愿望与尽可能有效率地完成工作的要求之间，自然存在着抵触。粗暴的管理行为有时会干涉互动机制更加完善的团队纪律；在时间紧迫的条件下，自我管理的工作团队也并不总是处理突发事件的最优方案。对单个员工的成就进行奖励有时直接与团队规范相冲突。同时，在报酬方面区分业绩拔尖的团队（或个人）与碌碌无为的员工，往往也是困难重重。

贝隆迪上任之后，公司的业绩评估流程发生了很大的变化。这些变化为部分养尊处优的老员工敲响了警钟。尽管如此，清除那些总是拖后腿的人，尤其是他们的资历较长的时候，总不是件容易的事。相对于同领域中类似的工作来说，员工的报酬是相当不错的。但是对于跟我们进行过交谈的人来说，报酬却不是激励他们的首要因素。

贝隆迪所主张的开放环境对他们的影响更为深刻。在提高生产力和工作环境的问题方面，所有员工都被鼓励发表言论，主动采取措施，提供新的想法。然而，并不是所有的员工都愿意走进这些非正式的领导角色。有些人更乐意，实际上更偏爱让他人来领导。例如，一些流程操作单位设立了一个由班组人员轮流担任的“安全发言人”的角色。由于它带来了更多的工作并且造成了潜在的压力，许多人并不喜欢担任此角色。对于消防队长（Fire-marshal）和溢出监控员（Spill-response）的角色也是一样。

可是，在大多数情况下，更优秀的员工不仅接受这些困难的，有时甚至是不愉快的任务安排，而且还视为让自己的工作更具挑战性、更刺激的方法。他们可能会稍稍抱怨没有得到全部工作所应得的报酬，但是多数人宁可有这些的变化和机会。公司与现行的生产力纪律一起，设计了许多工艺流程和度量标准来提高这种变化。

顾问角色

大约有 45 名在莫顿格鲁甫工作的主管，在职务上被称作专业顾问（Professional Advisors）。虽然头衔的变化远胜过工作的实质，但是此类职位在工作态度和应有的行为方面与一般的主管有着重要的差别。设立这一职位的目的，是让主管在角色上转变成教练和团队领导，从而消除组织中不必要的层级。为了了解这种转变，我们与劳丽和麦克进行了交谈，他们二人现在都身处顾问的位置。

从多种意义上看，可以说劳丽都是雅芳家族的一部分。她的母亲曾经做了 27 年的销售代表，而劳丽在也在公司里待够了 12 个年头。为劳丽工作是麦克职业生涯的开端。截止到今年五月份，他已为雅芳工作了五年。他们二人都担任过多种职位：从仓库主管和包装部门经理一直到流程规划主任（Process Redesign Leader）。显然，二人相互尊重的程度很高。他们在莫顿格鲁甫的组织系统中担任同等重要的角色。该组织体系只有三个层级：领导者、顾问和同事。

麦克强调指出，许多经验丰富的主管无法在态度和行为上实现顾问这一角色所应有的转变。他们根深蒂固的思维模式和习惯往往难于打破。劳丽推测约有 2/3 前主管不能顺利进入新的顾问角色，许多人的确也栽了跟头。一位懂得应该如何完成某项工作，并且有自己明确的模式来完成此项工作的主管，不会那么容易就转换脑筋，让初出茅庐的人一起研究问题的解决办法。而且，团队理论显然在小规模的组织里更为有效，大型组织需要更多地强调组织结构和方向。

麦克和劳丽一致认为虽然报酬或许是吸引和留住好员工的重要因素，但它不是最基本的激励因素。显然，许多人在很大程度上是自我激励的。然而，大多数人看重成就带来的自豪感以及雅芳在质量和品牌认知程度上的公司形象和传统。劳丽解释道："你会惊讶地发现这里的人（甚至是新来的）对公司早期历史的了解程度。很多小时工显然也是雅芳的销售代表或者家里有人做销售代表。"

公司还举行公开的论坛和演讲来讨论组织任务和价值观等问题。按某位同事的说法，"此类讨论达到了登峰造极的程度"。这种事事公开的做法是詹姆斯·普莱斯通保持的一种传统。他在雅芳的员工和销售代表的眼里是一位灵感丰富的领导。

然而，积极的团队动机是一个更能深入人心的因素。工厂多数部门中都存在着自我领导的团队。其中有许多，尤其是那些规模较小的，发挥着真正团队的作用。麦克和劳丽向我们提到了"精华团队"（Cream team）。该团队今年才正式设立，设立的目的是利用它来集中精力关注一条生产线的全部情形。这一团队组合在改善生产线、实现生产力和环境改造收益（Ergonomic Benefits）方面是表现出众的。

雅芳的流程和度量路径的设计目的是将团队和个人的愿望资本化，使得大家了解自己的目标，衡量自己的进展，懂得自己与他人的相互关系。公司内部的竞争（多数情况下是积极的、富有建设性的）是雅芳使用的流程和度量路径的一个重要的因素。公司对部门、生产线及团队的生产力和质量绩效进行衡量，并且将度量的标准公示于众。

同事的心声

公司的同事无疑在某种程度上对莫顿格鲁甫流程和度量的重点有着不同的看法。在我们跟他们讨论的过程中（其中既有个别讨论，又有小组讨论），他们的坦率与洞察力给我们留下了深深的印象。

与我们讨论的第一组同事就表现出了他们的坦率和洞察力。他们是我们所进行的讨论中的典型。这个团队在年龄、经验、工龄和道德水平等背景因素上不拘一格。卡罗尔·诺兹在雅芳干了 12 年，现在在试验部门工作。盖尔·塔诺在小组中算是工龄较长的一个，她 1981 年 10 月就加入了公司。她对在公司的种种收益感到满意，觉得自己的工作“相当稳定”，并且喜欢自己得到的学习不同技能的机会。但是，当她谈到自己现在的小组情况时眼睛突然一亮，说道：“Tubers 就是我的团队!!”（这里 Tubers 是指一支与管装化妆品打交道的工作组）。尤里西斯·费尔南德斯 1993 年 4 月才来到公司，但他对这里轻松的人际关系非常满意。汤姆·苏立文是一名维修技师，他在莫顿格鲁甫工作了 6 年左右。他是从临时工人转成正式工人的。乔·林奇和汤姆·邓肯都有 12 年以上的工龄。汤姆还是顶替母亲来此工作的。

这是一个和睦、开放、交流充分的小组。他们找出了许多动机方面的因素：

> 现在我相信管理层真的关心在乎我们。以前，我们不过是微不足道的一棵草。现在我们的参与程度提高了许多。
>
> 我喜欢这里能得到机会，学习更多知识——我喜欢明确自己的位置。我所要做的就是抬头看看墙上的图表。
>
> 他们教我如何更加清楚地表达自己的想法和结论。这样，管理

人员就能了解它们。经理们换了一茬又一茬，所以同事需要帮助新来的经理了解他们的工作。

我个人对我们的产品质量感到非常自豪，尤其是我参与其中的那些产品。

这个小组也同样说出了莫顿格鲁甫工厂的不足之处。他们中没有一个人因为描述使他们不安的反面因素而表现出某种拘束。显然，贝隆迪树立的工作环境希望并且鼓励他们讲出自己觉得不妥的事——只要这种讨论是有建设意义的。下面是这组成员对工厂的一些批评：

我真的不明白晋升的“学历要求”。我希望他们更多以业绩排名为基础决定晋升人选。我知道他们曾经尝试过一段时间，但他们放弃得太早了。

他们把责任推到我们一边是可以理解的，但是有的时候做的太过分了。我们必须全神贯注，这样相互交往的时间就少了。

如果谁不下力气干活，就让他走人。一颗老鼠屎能搅坏一锅汤。

他们应该以我们现行的绩效为准绳，加大差别对待的程度。为什么不给那些工作成绩极其出众的人更多的报酬呢？

不必总是谈钱，这儿的赏识程度仍有不足。把数字写在墙上对业绩骄人的人来讲，仍然不够完美。

参观工厂

来到莫顿格鲁甫肯定要参观工厂，我们有幸请到贝隆迪本人作为我们的向导。工厂在经历了多年的风雨之后看起来依然崭新如故，这让他感到非常自豪。他的同事和顾问经常想办法，提高工厂的生产力、产品质量、改善工作环境以及清洁程度（所有这些事项的衡量标准都清楚地展示在墙上）。显而易见，参观中最令人难忘的地方是同事们对生产线进行的几十个明显但却简单有效的改造。工厂一层后面的一个车间就主要供工人实践、试验他们时常碰到的灵感和想法。

然而，贝隆迪坚持强调，不论点子如何，在运用之前一定要进行初步的实验。“纪律严明的试验流程让你学到想都不会去想的东西。”试验不过是另一个正式的工作程序。它确保从任何预期的变革中取得最优的收益，同时避免任何粗心大意以及代价昂贵的失误。堆积仓库是一个很好的例子。贝隆迪最近在此安装了一台醒目的堆码设备。“实际上它并不是那么贵——约 20 万美元，不到一年我们就收回了成本。”堆码设备节省了空间和人力，同时它还降低了产品的破损。即便该设备依据制造商提供的数据设计制造，对此可能根本不用去费心劳神，贝隆迪还是坚持进行了初步试验。结果，设备尺寸以及安装设备的空间的尺寸都做了相应地更改。

供生产和存储使用的楼层基本上有三个。最上面的一层安放着用于混合原料的大型搅拌缸。混合好的产品被转移到第二层，仍然储存在大的存储罐里，直到被送往一楼进行包装。生产操作并不复杂，但是产品的千变万化使得生产流程在技术方面极具挑战。尽管贝隆迪对工厂应对这一挑战的结果深感自豪，但他仍然承认需要经常地关注流程和度量路径并强调其纪律性。

力量源泉与整合方法

在雅芳的生产操作中，有两个重要的源泉在激励和调动着员工的活力。显然，公司丰厚的历史、成就卓著的传统以及关爱员工的做法是调动员工力量的一个有益源泉。此外，员工与另一个强大的力量之源也并不遥远：这就是全球美容产品的动态市场环境。员工们对自己在质量和成本上打败竞争对手的能力而感到自豪。他们还因自己在雅芳生产系统中所处的相对位置而自豪。贝隆迪在通过参与、赞许以及手把手的互动交流等方法，营造并且资本化这种自豪感方面是一名行家里手。

此外，雅芳在这方面还得益于另外两名深具吸引力的最高统帅。他们都是公司上下，尤其是一线员工，情感力量和责任心的强大源泉。两位领导人对雅芳的影响在全球数百万销售代表的身上得到了最显著地体现。而且，这一动力也同样成为了雅芳的生产操作部门中强有力的情感力量的源泉。大卫·米切尔（David Mitchell）在公司许多老人眼里依然是一名偶像，而詹姆斯·普莱斯通（James Preston）则在近些年里扮演了同样魅力超凡的角色。普莱斯通近期退休之后，公司将做何调整将是一件非常值得关注的事件。他所创造的员工情感责任心自然需要维持，不论是通过另一个源泉还是或许缔造另一名历史偶像。

下面三个互补的方法将上述源泉创造的动力整合在一起。莫顿格鲁甫的员工相信公司在这些方面做得非常出色。下面我们详述一下这些方法。

广泛地分配领导活动。将工人称呼为同事（Associates），主管称呼为顾问（Advisors）这个简单的理念是公司分配领导活动的开始。作为延续，公司恪守着承诺，在工厂中只保持三个层级（领导者、顾问和同事），同时鼓励所有三个层级在引入新思想、主动变革方面发挥领导作用。通过有纪律地运用团队，也就是说使得不止一个人能够领导，上述做法也就进一步拓展了领导能力（Leadership Capacity）。团队同时也为工人在成员支持和集体成就等方面，履行自己的职责带来了深远的意义。

贝隆迪和他的领导小组深信，他们必须从员工乃至公司强有力的流程和度量路径的基本结构那里获取主动性和新点子。不能从员工那里得到这样的贡献，领导者就无法维系他们在质量完美和生产工艺提高方面的追求。结果，贝隆迪以及其他领导者几乎每天都在鼓励员工个人和团队提出建议，发展创新。前面讲到的主要用于初步试验工人想法的车间，说明了贝隆迪是多么看重同事的主动性。不仅如此，许多这样的创新都变成了各条生产线上引人注目的改善和提高。

明确表述什么最为关键。工厂各部门的度量方法和标准都经过仔细地推敲并且清楚地传达给各个层次的员工。工人对于工作要求以及针对业绩重点的各项要点、自己所要实现的产出非常清楚。大家在“我们在这里如何做事”这个问题上达成了一种共识。这一共识经常得到工厂领导者和顾问的不断强化。

工人自己在决定如何衡量和汇报工作以及在个别情况下最重要的衡量方法应该是什么这些问题上扮演着重要的角色。然而在此之上，成本和质量方面的标准对于工厂运营的成败——以及工人工作的稳定性来说是尤其关键的。谁也不想让自己的工厂或者生产线成为那种没能达到目标，从而影响到整个工厂的业绩进程的单位。在工厂与整个雅芳的业绩和外部竞争者的业绩做比较的时候，员工就有了充分的理由感到骄傲和自豪。

业绩透明。莫顿格鲁甫的墙上贴满了与业绩重点中的各项要点相对应的业绩成果。这种公开展示业绩信息的做法向员工提供了清楚、迅速和直接的反馈——其中既有积极的内容也有消极的内容。这种反馈是以大量的事实为依据的，但它的作用却比一场数字游戏丰富得多。许多无形的东西也在发挥作用。反馈在员工中树立了集体荣誉感，并为工人带来一种明确的成就和自我实现的感觉。

最后，雅芳认真地将上述力量源泉以及整合方法融合成一种架构。它在业绩收益和员工自我实现需要两个方面均衡地发挥作用。公司管理层努力找寻、认可和奖励员工的成就。领导者乃至顾问不断地为雅芳关爱员工的传统添加新的素材。它变成了一项纪律，而触发它的正是同行攀比的压力和实现关键的目标和衡量方法的自我约束能力。

西尔斯宠物营养公司

西尔斯宠物营养公司是世界领先的优质宠物食品供应商，其产品主要通过兽医和宠物商店销售。公司生产的配方超过了 50 种，并且采用了严格的质量和卫生标准。我们在其位于印第安纳州里奇蒙德的工厂中，比较研究了员工的业绩表现。该工厂现有 260 名员工，而且它还在与本地市场上不计其数的同类生产商争夺员工。工厂的产品是干燥宠物食品，生产分三个班次轮流进行。它成了树立拥有高度责任感的工作系统的典型，这种工作系统被全美其他工厂所广泛采用。像雅芳的生产工厂一样，西尔斯公司采用流程和度量的途径来确保员工的巅峰业绩。不论公司内部还是外部人员，都一致同意西尔斯的员工成功地应对了绩效的挑战。

业务人员、政治家（1993 年美国参议院授予它特别生产力奖）以及其他人对公司的成就均大加赞许。除了在 1992 到 1996 年之间实现了产品种类翻一番和产量提高 70% 之外，这家位于里奇蒙德的工厂还节约了 2800 万美元的成本，将制造部门的生产力提高了 52%，停工检修期缩短了 20%，加班时间缩短了 72%。另外，该工厂还将职业安全与卫生条例（OSHA）所规定事故率降低了 65%。

这家“模范”工厂在生产上的灵活性，也同样令人刮目相看。它生产的配方数量比其他任何一家工厂生产的都要多；别的工厂在满负荷生产的时候，它还可以进行交替生产（Swing Production）。工厂的人员流失率非常低。例如，与其他地区生产商每月 17% 的技工流失率相比，它的技工流失率只有每年 5%。

工厂的历史

马克·施瓦茨能滔滔不绝地谈论西尔斯位于里奇蒙德的生产设施。作为工厂的首任经理，他向我们讲述了工厂的孕育与设计背后的故事。

正如我们所料，施瓦茨个人对其投入在里奇蒙德的精力所得到的结果深感自豪。在其谦逊的外表之下，他流露出对于自己在创建工厂中所扮演的角色的得意之情。1970 年在密苏里大学毕业之后，他在宝洁（Procter & Gamble）公司干了整整十个年头。他相信这段经历为他“在里奇蒙德建一家与众不同的工厂……在精神、情感和对待工人的方法等方面”打下了深厚的基础。1980 年，施瓦茨开办了自己的建筑公司并一直经营到 1989 年。这一年他加入西尔斯公司并担任里奇蒙德工厂的项目经理。他说经营自己的公司教会了他信赖依靠他人的方法。乔·道格拉斯（运营副总裁，新业务的发起人）1990 年 5 月任命施瓦茨为工厂的总经理。乔给了他“一个简短的委任状和一张白纸”。委任状上写着“你要营造一个以团队为基础的工厂，其中的技工都是自我授权进行工作的”。施瓦茨当时的反映是：“好计划。不过，现在我们到底干什么?”

1990 年初，乔、马克和杰瑞·克鲁伊格开始为位于里奇蒙德的工厂以及所有西尔斯公司的生产设施规划愿景、任务和战略。克鲁伊格还找了一个名叫保罗·古斯塔夫森的咨询顾问，他为西尔斯公司引入了一套以社会科学系统（Socio-technical system）为基础的组织规划和设计流程（OPD，Organization Planning and Design）。马克向我们描述了几个直接源自 OPD 原则的工厂设计方案。例如，西尔斯公司创造了一个“愿景墙”，每一位员工都在一张纸上写下自己如何理解工厂的目标、原则和价值观，并把这张纸张贴在“愿景墙”上。

公司花费大量的精力去清除等级标志和障碍。例如，工厂只有一个入口。所有人都穿同样的制服；没有月度杰出员工，没有经理停车位。“想找个好泊位，那就早来”。

另外，公司还提供了很多机会供员工互相联系和交流。工厂走廊特别的宽，这样人们就可以并肩行走而不用前后鱼贯而行。马克相信许多伟大的点子产生于这种开放的气氛所提供的人员之间的非正式联系。开放或用玻璃封闭的办公场所（如果因为降噪而封闭的话）帮助每个人看到其他人所在的位置。由于保证工厂的正常运转是头等大事，所以方便地找出每一个人是十分重要的。施瓦茨向我们解释了开放式办公系统背后的想法：“如果需要我，就来找我，即便我在开会都可以。有多少次你在敲不开一个禁闭的大门之后，仍然觉得没有受打击，还能安静地走开？”

最重要的是，西尔斯公司在人员选聘问题上纪律鲜明，目的明确，而且十分挑剔。马克将这一流程视为很大程度上的“自我选择过程”。选聘流程的最后一部分是一个针对适应性问题的讨论：“你是否认同这些信条？因为我们希望你的举止与这些信条相一致。”

一个中层经理的看法

德比·卡特是西尔斯公司里奇蒙德工厂中一名典型的中层经理。她毕业于普渡大学（Purdue University），专业是食品科技。她的第一份工作是在康乃馨宠物食品公司（Carnation Pet Foods.）做了一年的枯燥无味的质量管理实习生。之后，她到普瑞纳公司（Purina）做了十年的质量管理和生产服务工作。她很喜欢这份工作，但是觉得个人发展的空间确实有限。1990 年初，一个猎头公司打电话找她说起了西尔斯公司的里奇蒙德工厂。从一开始面试德比就知道这份工作大不相同——它令人兴奋；大家在谈论“我们代表什么”；大家有共同的愿景。在对比自己前后两家公司时，至少德比眼神和语气中所包含的情感让我们感到深信不疑。

德比在西尔斯公司的第一个职位是质量团队领导。最初，她主要雇用和培训新人；对新人进行业务、技术和社交方面的培训。她还做了一些更为专业的技术工作，例如开发了生产线的卫生和质量管理方案。同时，她还自学了西尔斯公司里奇蒙德工厂深深依仗的自我管理的工作团队理论。

一年半之后，德比晋升为一名运营团队领导。与这之前的支持性角色不同，这是一个直接进行团队领导的职位。在这个新的角色中，她与自己的团队成员一起在团队的自我管理（例如，建立自己的时间表和工作方法）、业绩评估步骤、自我约束的设立等问题上展开工作。她解释说，在这个职位上，她在繁忙的工作之余，还做了许多管理和领导的工作。“在这个职位上我学到的东西比在此之前我 11 年的工作经验还要多”。

德比现在的工作包括了整个工厂的质量管理和试验室的运作。每一个运营团队都有一名管理质量问题的成员。德比及其小组在生产流程统计控制技术（Statistical Process Control Techniques）方面，为这些人员提供协助、服务（例如试验室试验）和培训。像里奇蒙德工厂里的大多数人一样，德比担任过许多职位或角色，同时她非常认可组建团队这种能够八仙过海、各显其能的做法。

对于工厂设计的高责任心的工作体系所带来的高生产力，德比谈了几点自己的看法。首先：这里的管理形式简洁，技术员与经理的比例较高，团队之间互相促进、互相监督的机制十分明确。这种机制延长了生产线正常运转的时间，因为它使得技术员（西尔斯公司对工人的称呼）能够对设备提前进行预防性的维修和保养（而不是等待维修人员的到来）。总的来说，技术员能够更好地把握设备乃至自己的命运。

技术员的知识面得到了拓宽，他们能够使用复杂的生产流程统计技术，从而使得损耗降低，产品品质更加稳定，生产线怠工期大大缩短。由于日常决策在很大程度上不是由某个人，而是职能相关的小组或团队之间进行的，所以决策效果更为明确。这使得员工真正有一种归属于某个自己尊重和信任的团队，并且被这个团队所接受的感觉。

或许最为重要的是，工厂里每个人在工作中发挥的能力、承担的责任都要比其名义上的职位所要求的水平高出一两个层次。德比相信，如果在别的地方，多数情况下她会是一个工厂的经理。她还认为，很多技术员本可以在别的地方做主管。相应地，员工拥有强烈的自我意识，同时他们对自己的能力也感到自豪。在得出这些结论的时候，德比就自己在普瑞纳公司十年的工作履历进行了相互对比；她发现，西尔斯公司的管理方法更多的是以信任为基础。这里，一个团队自行制定自己的生产目标，并且使得全体团队成员都对目标的完成负有责任。员工对所有的目标和业绩水平都心知肚明：产量，成本，收益，效率，等等。此外，他们不仅了解自己的工厂，而且还清楚西尔斯公司其他工厂的相关指标。

流程和度量路径的意义何在

促使西尔斯公司遵循流程和度量路径的外部条件，在里奇蒙德工厂的业绩侧重点、市场动态、员工自我实现的需要以及其他一些文化因素中得到了综合的体现。下面我们对这些因素进行简要的总结和说明。

业绩重点。作为产品不在杂货店销售、最主要的专业宠物食品供应商，西尔斯公司在其全部产品的质量方面投入了巨大的精力。公司认为控制产品质量与提高生产效率是同等重要的。

按照马克·施瓦茨话来说，工厂生产模式的基本前提是“所有工厂以外的人员想要你存在，你才能够存在”。结果，生产流程分成了四个步骤，而且各步骤的业绩重点十分明确：

- 定义驱动业务发展的外部目标。这其中包括业务、社会以及客户服务的目标。其中的挑战是平衡和区别对待公司目标和群众支持等问题。
- 导出实现上述目标的手段。换句话说，所有人都在目标一致的前提下通力合作。尽管马克称之为团队，他所考虑的是以整个工厂为基础、范围更广但同样具有凝聚力的团队——一个比通常所指的特定团队更为宽泛的概念。
- 设定能够引发所需行为的纪律和原则。每个人必须将自己视为同一个内聚团队的一分子，遵守大家共同遵守和拥护的一套纪律和原则。

- 进行与所定原则相一致的规划决策。马克一语中的："决不违反指导原则。"否则，决策的一致性将被打破，人们的信心会衰退，整个运营体系就会受到威胁。

市场动态和现实。西尔斯公司通过宠物商店和兽医进行销售的战略意味着它必须使得那些挑剔程度非同一般的顾客，即职业兽医，对产品感到满意。专业宠物食品市场正在蓬勃发展，其他竞争对手也逐渐变得更具威胁性。因此，西尔斯公司必须在市场和对目标客户传递的价值观念等问题方面保持自己的行业领先地位。

员工自我实现的需要。从个人角度来看，成为"新型员工"更多地依赖于得到团队或组群的认可。然而，为个人提供成长空间和发展机会也是同等重要的。从一名员工的观点出发，德比·卡特认为，里奇蒙德工厂以团队为基础的运行机制发挥作用的原因，在于以下三点因素：信任、运转良好的团队和"走出实验室"。

信任对于整个工作环境发挥着巩固和稳定的作用。人们必须对团队机制以及团队中的每个成员充满信心。保持这种信心是工厂运营中所面临的最大挑战。

团队运转良好是另外一个同等重要的因素。它意味着更少的压力和更多的自由。团队成员不再囿于处理日常事务，从而可以腾出更多的时间考虑"战略问题"。这一机制的关键在于团队能够自行处理业绩问题。卡特认为同事之间平等地处理问题，效率更高而且业绩改善得也更快。工厂的社交模式（Social Module）为工人提供了直接对问题进行处理的工具。它是一种处理人际关系和个人业绩问题的多重步骤机制，其目的就是为人们提供直接、明确，而且不伤人的反馈和干预。然而，对于大多数人来说，干预别人的行为让他们感到既不容易，也不舒服。许多团队都还没有完善成员之间互相影响干预的机制。

卡特所说的最后一点，"走出实验室"，不是一件琐碎的小事。与所有发挥支持服务职能的人员一样，在质检部门工作的员工，不应把自己圈在实验室里，把检测结果和分析报告"钉在墙上"，希望他人会来取用这些资料。德比坚持让其下属走出去，与运营团队以及运营团队中的质检人员一起工作。她本人每天巡视工厂两次。这使得她每天至少有两个小时的时间取得第一手的资料并当面处理各种问题。

文化因素。公司现有的领导哲学强调严格遵守领导活动的基本原则，并不断进行改善。员工对于公司的独特声誉和产品的出色质量，深深地感到自豪。拥有各种度量方法和工作步骤对继续维持这种领导哲学以及公司和产品的美好声誉，起着重要的作用。

德比对里奇蒙德工厂遵循的流程和度量路径满怀激情，但是，她同样承认工作所做的远不够完美。在里奇蒙德新近发展的企业文化的影响下，事情能够轻易地向不好的方向发展。例如，管理层在条件成熟之前就给予团队过多的行动自由，这可能一开始就是个错误。管理层可能还没有完全了解团队发展的不同阶段，团队纪律的基本内容，或者领导者在团队建立之处发挥更为积极的作用的必要性。

德比还对公司缺乏优异员工的问题感到担心。公司人员选聘和评估机制十分出色（“我所见过的最好的”），但是由于过于强调人员的领导力，公司吸引了过多的想要成为领导者的人，而安心被领导的人却远远不够。实际上，在公司一言不发、按时、出色的完成任务的员工最终却会受到公司管理体系的“警告”。在懂得了公司对被领导者有着与对领导者一样的需求的基础上，公司现有的评估机制已经得到了更改。

力量源泉和整合方法

流程和度量的路径，显然为西尔斯公司在员工的自我实现和企业的业绩之间创造了一种动态的平衡。它还与一种任务、价值观和自豪感路径紧密结合在一起，从而更好地为公司服务。公司对于高责任心的工作体系的追求创造出一种环境氛围，它对于员工期望值更高，同时回报员工的也就更多。管理员工的是根植于信任和尊敬的种种指导原则。马克·施瓦茨和德比·卡特在上文中所做的描述更多地反映了技术员的观点，但是业绩准则中有充足的证据说明它同样在乎股东和顾客的利益。一方面，大家都在谈论为公司业务做正确的事，其中最重要的自然是个人奉献的程度；另一方面，业绩的关键度量方法既得到了清晰地展示，同时也为广大员工所熟知。

里奇蒙德工厂获得过人的员工动力的源泉有两个方面：一个是苛刻的顾客群（职业兽医和宠物零售店）；另一个是一种集体自豪感，它表现在对创建终极的学习型组织（Learning Organization）的任务、价值观和期望方面。学习型组织是一种在产品质量和组织学习能力两方面都堪称模范的生产系统。公司同时还可以利用其在自身领域中作为佼佼者的悠久历史。

里奇蒙德工厂中的技术员将自己视为公司旗舰工厂中的一员，同时也把自己看作西尔斯公司及其母公司（高露洁－棕榄 Colgate-Palmolive）领导人才的主要来源。团队成员为西尔斯公司所代表的产品质量和员工素质而欣喜不已，他们为自己对公司的贡献而感到自豪。通过卓有成效地实行下述五个基本整合理论，里奇蒙德工厂的做法使西尔斯公司实现了公司业绩与员工个人实现的动态平衡，同时也为公司两条平衡路径带来了全面的支持。

向人们展示他们的真正价值。西尔斯公司的所有团队成员必须始终尊重公司其他任何一位员工。这是前文中德比所强调的信任的核心。此外，公司各级领导者力图付与每一份工作一定的意义。工作环境中充满了相互信任和尊敬。例如，工厂里没有时钟在滴答作响，“奉献”八个小时的时间被视为一种个人义务（就像著名学府中的荣誉制度）。所有技术员能够了解全部的运营信息，承认错误被视为一种理所当然的事。

管理层负责开放交流的沟通渠道，拓宽员工的参与程度，根据事实进行决策，以及关注员工。以团队为基础的运营结构欢迎信息公开透明、人员参与和真正的授权。工厂经理花 70% 的时间与人打交道；经理也经常出席各类会议，用行动告诉人们，他在乎会议所讨论的问题。所有经理对自己始终坦诚相待员工而深感荣幸。如果证据确凿，他们愿意更改自己先前所做的决定。

广泛地分配领导活动。正如雅芳一样，西尔斯公司的层级结构只有三个正规层次：战略团队，协调团队，以及运营团队。整个公司的运作由任务团队和职能交叉的问题化解团队一起担任。公司清楚地定义了团队发展的五个阶段，确保了针对不同阶段的团队的合理授权。每个阶段之中团队领导所扮演的角色和决策机制，也得到了清晰的定义。

此外，像雅芳所称呼的同事一样，西尔斯公司所有一线员工有着相同的职位和头衔：技术员。实际上，许多技术员发挥的作用更类似于主管或经理。正如卡特所说的，“我们在比自己的正式职位高一个层次的水平上工作。”技术员掌管日常管理任务，处理生产上的问题。使用诸如前文所述的用于直接反馈的社交模式等等结构化的步骤和方法，人们对个人表现问题进行自我监督。

在我们针对一线员工所进行的小组讨论之中，四位技术员通过双向无线电对讲机与别人进行了交谈，或者离开会议室去处理工厂中的事物。他们似乎过于习惯于超前思维和预测问题的发生。这种先觉意识（Preoccupation）恰恰体现了优秀的中层经理和变革领导人的特点。

改善工作本身。公司投入大量的精力确保工作活动自身令人愉快、意味深远，让人感到满意。扮演多种角色对员工来说是家常便饭。例如，一名维修人员有时会扮演“预算员”、“仓库保管员”、“餐厅主管”，或者“导游”的工作角色。员工有很多机会变换工作内容、服务于特定的项目，或者参加社团实践。正如一名技术员所说的，“总是有别的事可做，总是有新的东西可学。”

每当分配给一名员工新的角色或职位的时候，都要对他进行额外的培训。团队成员个人在技术、业务和社会技能等方面的均衡发展受到组织的鼓励，得到大家的支持，同时也被组织进行评估。组织在时间上还给予员工合理的灵活性，使他们能够处理特别项目或者有时间去处理个人事务。此外，满足团队需要的空间、设施和工具都已准备齐全。例如，位于厂区中央用玻璃做成幕墙的、两层高的“团队中心”为大家提供了现成的会议室、黑板和个人电脑。电脑系统中甚至还有一套资产管理模型，任何人都可以在程序提供的生产计划情景之中进行“假设分析”。

进行有目的的选择。为组织挑选新成员是西尔斯公司的一项关键决策。决定将新员工安置在组织哪个位置上也具有同样重要的地位。西尔斯公司对每个职位的候选人应有的基本素质有着非同寻常的认识。

里奇蒙德工厂的人员初选过程既纪律鲜明，又目的明确。具备学习能力，能够在以团队为基础的自我领导的环境下工作，是其中两条最重要的选择标准。公司从近一万名候选人之中挑选了200个人来到公司工作。这一过程花费了六个月的时间。用一名候选人含蓄的话来说，“在此过程中，耐心是十分重要的一个因素”。西尔斯公司现行的雇用机制的目的性也十分明确。为每一个职位，公司所挑选的候选人可能接近200个。其选择标准包括：解决问题的能力、团队合作、判断力、个人动机、诚信、计划与组织能力以及对于工作和环境的适应能力等内容。这些素质基本上反映了一个人的本质，而西尔斯公司认为人的内在特点是不能通过教授和培训来改变的。候选人必须明确的表现出这些素质才能为公司所用。

公司在选聘流程中强调“自我选择和相互选择……从选聘流程中你就可以看出这里的工作环境和工作内容与众不同”。另外，即便工厂没有职位空缺，人员招募和评价过程依然进行。工厂的良好声誉吸引着广大的高素质的人才（例如，教师、退伍军人）前来应聘。应聘公司每一个空缺职位的人数约在80到100之间。

业绩透明。公司所有员工对业绩的度量方法有着敏锐的理解力。他们同样了解自己、自己的工作小组以及与自己相关的公司业务所应有的业绩表现。例如，公司大走廊上张贴着海报大小的损益表。各团队工作场所的公告牌上显示着团队的任务目标、每周生产绩效以及发展趋势。各工艺步骤和机器设备的旁边还张贴着流程控制图表（SPC，statistical process control chart）。

工厂上下对业绩目标和表现水平的认识是完备和广泛的。各团队负责将高水平的业绩目标分解为生产计划和每天的业绩目标。公司希望每位员工对生产过程的各个方面的任务目标和业绩表现，例如成本、产出、质量、效率以及超额生产量（Overruns），都有所了解。这种认识和把握甚至还包括其他工厂的运营目标。

工厂中的每位技术员都有一份个人业绩协议书。它是评价个人表现的基础。协议书中所列的目标有以下几种：

- 个人供职部门的高水平的生产目标（例如，1700万磅，92%的产出，包装线上77.5%的生产效率）；

- 个人履行的其他非生产的任务细节（例如，润滑剂的预算控制员、某个产品的成本节减员）；
- 培训和认证目标（例如，插车保养、心肺复苏术等）；
- 个人技能培训（例如，使用微软 Word 和 Excel 软件）；
- 特别项目及其完成日期。

这些目标上的表现与员工的奖金红利是息息相关的。如果工厂的整体目标得以实现，那么每三个月员工就能拿到 6% 的奖金。由所在团队的领导和三位同事所组成的小组，每六个月对每位员工进行一次考评。在考察个人履行业绩协定书所列的各项内容的同时，考评小组还以成套标准为基础考察个人表现。这些标准包括，发现解决问题的能力、安全生产、工作动机、在团队中的角色和为团队所做的贡献。考评小组针对每项标准给被考评人打 1 ~5 分，并向个人提供书面的考评报告。

员工要经过严格的筛选才能在西尔斯公司得到一份工作，同时他们还要努力工作才能保住自己的饭碗。公司衡量每个人的工作成就，并且将结果在显著的位置进行张贴公布。大家对自己在工作上的成就都深感自豪。作为个人和精挑细选出的员工的一分子，每个人在工作上都有崇高的抱负。这使得他们比公司以外的人员更加严格地要求自己，对公司的缺点和不足也更加挑剔——这不断地激励着员工改善工作环境，使得工厂运营更加完善。这种简单而又完整的结构，在工厂业绩和员工个人发展之间取得了有力的平衡。它实际上是对西尔斯公司员工的价值取向的总结。显然，这一总结与第 2 章所述的流程和度量路径共有的价值观念十分相近，即工作中总是达到或超过度量标准的员工，以及遵守关键工艺步骤的员工会得到同事的认可和尊敬，并会得到管理层公开的奖励。

双刃剑

大多数在管理方面做得较好的公司都在某种形式上使用了流程和度量路径，并且在管理活动中努力实施成果管理的基本原理。这些公司与西尔斯公司和雅芳公司之间的关键差别，在于公司对该路径中员工自我实现这个方面的关注程度。这一差别导致了员工责任心的不同，也决定了员工绩效的高低。

明确的度量标准和方法、关注流程步骤以及业绩透明等成果管理的基本特征，在逻辑上为巅峰绩效的取得提供了基本的方法。然而，仅仅这些远远不能激励和调动员工的情感。我们要做得更多。这就是为什么我们经常发现流程和度量路径，经常与赞许和认可路径（例如我们在第7章要讨论的万豪和肯德基的案例），或者与任务、价值观和自豪感路径（西尔斯公司和雅芳公司），结合在一起进行使用的原因。

使用流程和度量路径激励和调动员工的身心与激情的最难之处在于依然坚守原有自上而下的控制理念对流程和度量的理解。只要这种思维定式依然存在，就难以在员工中激励和调动出获得巅峰绩效所需的过人的、积极的情感力量。

第5章

企业家精神路径

企业家是与众不同的一类人。我们当中很少有人拥有足够的决心、勇气和创造力来找出独特的经营机遇，并且甘冒个人和财务风险，将机遇变为成就。创办企业是一场筹码巨大的赌局，企业家身上的压力使其时刻不敢马虎放松。正如汉鼎投资公司（堪称硅谷最主要的股权融资和保险的提供者）的高级经理克里斯蒂娜·摩根的评论："我想我做不到——你呢?"

探询这条路径的人之所以这样做不仅是因为看到了创造财富的可能性，而且还因为他们想要"创造自己的东西"。如果做得成功，他们就取得了一定程度的独立性，而这种独立性用其他的办法往往是难于取得的。创办企业，至少，是一个吸引人的梦想而且它恰恰是新经济（最近出现的描述高增长行业的名词）的核心。

当企业家对于许多人有着与生俱来的吸引力。他们认为，只要他们的努力能够产生恰当的市场反映，亦即让顾客感到满意同时挫败竞争对手，他们就应该随意去做任何想做的事。他们的态度是"只要我创造绩效，谁也不要干涉我要做的事和做事的方法"。显然，真正的企业家多是在企业创办之初，而不是在业已建成的企业中发挥作用。然而，大型公司的决策者们时常将他们如何需要向员工灌输更多的企业家精神挂在嘴边，但很少有人能够这样取得成功，甚至更少有人能够持久的保持企业家精神，因为官僚控制体系的自然发展扼杀了这种精神。

丹尼·莱莫是美国汉鼎风险投资公司（Hambrecht & Quist）中企业家精神的典型代表。他毕业于哈佛大学。在校的时候他就与几位同学一起开始创办自己的业务。他们想玩转"因特网"这个新生事物，并且决定开发一种应用于一个经济体的文化领域（例如，博物馆和艺廊）的产品和服务。像大多数早期的冒险一样，这个想法失败了。但是，同样也像大多数企业家一样，一次失败并不能打断莱莫营造自己的网络业务的步伐。四年后，在历经多次失败后，他踏上了正路，正在筹划创建一亿美元的基金，使因特网服务进入别具一格的市场领域。然而，故事的惊人之处在于他是在一个投资银行的企业结构下展开了自己的全部业务。

本章研究的是美国汉鼎风险投资公司（H&Q）和 BMC 公司。两家公司的性质相去千里，但都在融资到风险资本的公司起步阶段之后，以公司在公司内部创造高风险/高回报的环境为基础，设法培养和保持了一只绩效出众的员工队伍。因此，它们通过遵循企业家精神路径，获得了绩效水平更高的员工。

汉鼎：企业家的“我的银行”

由乔治·奎斯特和威廉姆·汉布奇特创建于 1968 年的汉鼎投资公司，伴随着硅谷的发展出人意料地成长为高增长创业企业融资方面的领军人物，在技术方面也堪称专家。公司原先定位于一家高科技风险投资公司，现在主要为以下四类增长型企业提供整套的投行业务服务：高科技、医疗保健、优质顾客和专业服务公司。

汉鼎致力于通过仿效增长型企业的运营方法来为他们提供服务。它看重经营理论上的开创性、愿意承担巨大的风险，并且使用与其他羽翼完备的竞争对手相比更为稀少的资源来运营公司。通过找出处于起步阶段具有高增长潜力的公司并针对其成长周期（从股票私募到购并乃至企业财务服务）提供金融服务，公司的业务逐步发展起来。公司有名的股票首发（IPOs）案例包括 20 世纪 80 年代承销苹果电脑（Apple）和基因技术公司（Genetech）的股票以及近期知名公司，例如，亚马逊（Amazon. com）、兰巴斯（Rambus）、星巴克（Starbucks）、斯堡软件（Siebel Systems）、网景（Netscape）的股票。汉鼎公司的客户清单几乎囊括了所有前途无量的硅谷知名企业。

以下几个方面的经营业绩说明了公司在行业中举足轻重的地位：

- 1995 年到 1997 年，科技股首发数量排名第一。
- 1996 二级市场首发业绩排名第一，1997 年排名第二。
- 专业人员生产率是大型投行职员的两倍（公司一半职员做与大型公司同样规模的交易）。
- 1996 年专业职员的流失率为 12%，1997 年为 15%。而华尔街的标准接近 20%。
- 1993 到 1998 年公司收入增长了两倍，职员人数翻了一倍。1998 年公司收入为 3 亿 7300 万美元。

这么好的业绩，加上公司创新性的职务安排固有的吸引力，使得各层次的人员招募工作相对比较简单。行业顶尖任务对公司青眼有加。实际上，公司直到近期都未曾有重点地在著名的商学院中进行人员招募。另外，由于公司领导偏向于录用拥有从业经验的高智商的人而不是受过专业训练的投资银行家，商学院在公司的招募战略中并没有占据显著的地位。我们在汉鼎进行的小组讨论中，一位高级经理给我作出了这样的解释：

> 在这儿要想成功，你就必须能够在个人和业务两个层面上做一名企业家。因此，大多数我们的员工——当然都是最优秀的——都真正拥有一种在创新部门工作的激情。这种激情在别人看来是动荡和压力巨大的环境中，为他们带来的乐趣。

历史回顾：生于硅谷（Silicon Valley）

在某种程度上讲，汉鼎走上企业家精神路径既是客观所需，又继承了公司创始人乔治·奎斯特和威廉姆·汉布奇特所建立的传统。两人在 20 世纪 60 年代中期初次谋面。奎斯特在担任曼瑞尔工业公司（Mandrel Industries）总裁的时候多少可以称得上是一个企业家。这家精密仪器制造商在被转售给美国安培克斯公司（AMPEX）之前，市值从 60 万美元增长到2000万美元。公司转售后，奎斯特在美洲银行（Bank of America）的风险投资部担任了一段时间的总裁。

汉布奇特在为联合证券（Security Associates）这家位于佛罗里达州的投资银行工作的时候，察觉到了高科技的诱惑。1965年，当这家投行被佛朗西斯·杜邦公司（Francis I. Du Pont & Company）收购，汉布奇特被派往旧金山成立新公司的企业融资办公室。汉布奇特和奎斯特两人通力合作完成了几项风险投资交易，然后决定成立自己的投资银行。考虑到自己所处的地理位置和投机于新技术的经验，他们很自然地保持了这一业务重点。为了弥补运营费用的不足，他们与在大投行看来规模太小或风险过高或者两者兼备的公司签署协议，为其发售证券。1974年证券市场低迷萧条几乎使公司走到了解散的边缘。公司不得已清算了大部分的风险投资组合。《财富》杂志（*Fortune*）刊载了奎斯特1981年所做的评论："1974年，我们习惯于两天睡一次觉。"

为了渡过这段困难的时期，汉布奇特和奎斯特两人采用了身处困境的企业家惯用的方法。他们把员工降至最低，放弃了宽敞的办公环境，并且让销售人员将费用（包括助理薪水、电话费和差旅费）减半。公司在20世纪70年代末、80年代初恢复了高速的增长，但1984年科技市场疲软的时候，公司再次陷入了危机。随着业务的下滑，公司人员流失率一度高得惊人。首席执行官丹·卡斯对这段时间记忆犹新。

> 这段时间对汉鼎来说困难无比。公司人员基本上一分为二。一边是刚来公司不久，归属感不强的新人，他们很快就被淘汰出去；另一边是汉鼎的忠臣和比尔·汉布奇特。30岁我就被推上了管理投资银行的位置。作为7年来融资行业排名第7的公司，我直接领导21名职员，而且人员流失率高达40%。这听起来糟糕透顶，但是从很多意义上讲也其乐无穷。我喜欢新事物，喜欢将损坏的东西修补完整，而这样的工作我随手可得。

伴随着90年代新经济的兴起，汉鼎自然又兴旺起来（汉鼎将新经济定义为由创新理念和行为推动的，增长率远超过传统经济的经营业务）。另外，公司领导活动顺利地实现了从创始人到丹·卡斯这名新的首席执行官的过渡。公司于1996年上市，为公司的发展追加了资本，同时向公司创始人和其他所有者提供了资产的流动性。到了1998年，在商业和大型投资银行收购浪潮席卷与汉鼎规模相近的投行，即美国银行集团下属波士顿银行的罗博特森·史迪芬公司、银行家信托公司下属的艾力克斯·布朗投资公司、美国银行下属的蒙哥马利证券公司的时候，它依然积极地保持公司的独立性。尽管汉鼎依然兴隆昌盛，但是一个1998年的哈佛商学院案例引起了公司上下的关注：现有的规模还能让汉鼎兴旺多久，其企业家一般、给员工家的感觉的企业文化又能维持多久呢？

汉鼎公司持续增长、不断成功的根本原因在于公司各级员工的动力和才干。公司管理层坚持雇用那些能够对公司独特的企业文化起到改善和增强作用的员工。从企业文化的角度，一些公司合伙人将公司的描述为一个企业家式的或大学社团式的场所。在这里，官僚作风和政治上的勾心斗角在最大程度上得到了清除。他们特别认为：

> 公司与其他投行相比，是一个彼此联系更为紧密、更为团结的工作场所。多数员工在真正努力地实践卡斯和汉布奇特的理念，即，通过在一种大学社团式的环境中一起工作，公司员工能够平衡内在的自豪感和外在的傲慢态度之间的矛盾。

克里斯蒂娜·摩根（Cristina Morgan）令人信服地指出，汉鼎的组织文化体现出了其客户的典范形象。二者之间自然有差别，但是共性也的确也引人注目。这种文化首先表现在一种非等级制、开放式的氛围。在这种氛围里，即便是等级最为低下员工也会毫不犹豫地走向任何一个管理层经理的办公室，与他讨论专业和个人方面的问题。我们还了解到一些来公司还不到一年的员工就已经被安排与摩根和卡斯一起工作，更不用提公司其他高级经理身边的新人了。

针对我们提出的什么使得他们在汉鼎干劲十足这个问题，一个名叫萨弩·德塞、在公司有三年工龄的职员，有力地指出了他所认为的他和他的同事在其职业生涯的起步阶段就拥有的影响力：

> 我们在快速增长的企业中开展工作。这些企业有可能对全球经济产生显著的影响。更重要的是，我们在这些公司发展的起步阶段

就与他们一起工作，这时我们的作用尤为重要。作为一个年轻人，我有这样的个人机遇，能够直接影响和帮助这些公司中年轻的决策者们。这对于在我这个年纪和职业生涯的起步阶段的人来说，是非常巨大的影响力。

对焦点的关注程度和清晰程度

在位于12层的一间汉鼎公司刚刚购得的会议室里，我们着手展开了对其企业文化的调查。办公室的前任承租人将其装饰得有些匪夷所思：整个拐角墙都用玻璃制成，玻璃门周围被框上了深色的门框。在一个非常夸张却又出人意料的情形下，这种装饰结构从一个侧面反映出了汉鼎员工对工作的投入和关注程度。八位首批前来与我们面谈的员工之中有五位对自己的工作是如此醉心，以至于他们在来会议室的路上一头撞在了一处玻璃墙上。幸运的是没有人严重受伤，尽管这几个人的脑袋上留下了青紫的痕迹。几位员工告诉我们这个新的会议室对汉鼎来说有些出格（从大多数企业的标准来看却一点也不过分）。他们认为公司的办公设施应该与自己所服务于的企业家的节俭作风更多地保持一致。

汉鼎公司最具特点的地方在于它在授权给公司内外部企业家这个问题上所表现出来的激情和明确程度。公司投行业务的两位负责人克里斯蒂娜·摩根和大卫·葛顿指出他们在面试候选人的时候有意地与他们讨论公司的这一特点："如果你根本不想开办自己的业务，那么你就不要来公司工作——我们希望你们将汉鼎当作自己的公司来行事和工作，而且公司的价值观和回报系统也是也会让你感觉到自己身处这样的地方。"

然而，正如前面摩根所说的，前面所引用的别人的话语也许会让你觉得这里的环境尖酸苛刻，实际情况绝非如此。这里的个人风险也不高。大家的动机都十分相似，即，携手创造崭新而且激动人心的事物。在常规的报酬体系之外，公司还为员工提供大量的机会，使他们不仅能够获得汉鼎的股权，而且能够对将要成为公司客户的企业进行个人投资。并非所有与我们交谈过的年轻专家都对这种一分为三的盈利机会感到完完全全的满意。其中有两位的疑心较重。对于那些把自己定位在一个过渡性的位置上，从而更看重年度现金报酬或"W－2盈利机会"的人来说，这种心理上的不适是必然存在的。虽然如此，公司的领导者一直坚持自己的方案，并且收到了效果。汉鼎公司以自己拥有同业竞争对手中最低的人员流失率和最优秀的智囊团而骄傲。

这种对细分企业家市场的关注为公司带来了一个封闭的力量循环，它与我们在海军陆战队中发现的那种力量循环一般无二（训练教官的言行举止和价值观激发出了陆战队受训新兵的力量，而受训新兵身上所发生的价值观的转变又反过来激励了训练教官）。汉鼎公司所蕴涵的企业家精神的氛围，以及所带来的员工与顾客的直接交流鼓舞着员工的干劲，同时，员工为顾客服务时表现出的独特的激情反过来又吸引、鼓励着这些顾客。毫无疑问，公司创造出了一种运用企业家精神路径激励员工的企业文化。这其中包括高额但不确定的财务收入机遇、建立并拥有独特而有价值的事物的机会，以及在创造可观回报的条件下，随意采用办事方法的自由。

企业家精神路径的意义何在

汉鼎公司的发展历程同样体现出了非常明显的企业家精神路径的特点。一套核心价值观和信仰构成了公司的基本战略。从下面所引用的几位合伙人的话语中我们对此可见一斑：

> 向世人展示市场中涌现出的新经济业务的真正经济价值。
>
> 帮助企业家及其投资者利用新经济所带来的机遇。
>
> 新经济是企业家式的——我们也一样。
>
> 我们不是普通意义上所说的投资银行或财务顾问。
>
> 我们的兴趣远超过交易本身。

显然，企业家精神的路径是汉鼎公司中从事投行业务的员工的不二选择。正是这种坚定的、有胆有识的生存模式不断地为公司赢取了那么多的目标客户。因此，汉鼎员工认为他们比多数人更懂得市场绝非偶然。然而，汉鼎公司员工在企业家精神路径上所花费的心血可以量化为公司业绩重点、市场动态、员工的自我实现需要以及其他文化因素的函数。下面我们对这些因素一一进行总结。

业绩重点。汉鼎公司的战略和核心信仰决定其经营重点。公司经营中首先考虑的是鼓励员工挖掘新科技的意义。汉鼎公司如何鼓励丹尼·莱莫在互联网上大展拳脚就是一个很好的例证。公司同时还强调对正在发展的行业，比如半导体行业，进行再思索。公司致力于能够使自己深入了解其目标客户的调查研究，这种研究远比标准的财务分析要深入得多。汉鼎公司努力在行业和企业发展的早期就对风险做出评估。在这方面，它们不仅比传统的顾问公司做得早，而且还做得好。公司还致力于找出创造性的方法来资助高增长的企业。汉鼎花费大量的精力将自己界定为一家专注于投行业务的企业家式的企业，而不是一家企业家式的投资银行。从这个意义上来说，公司是在最大程度上为客户提供服务的那些交易中扮演着共同领导人的角色。同时，公司还坚持强调自己对发展新经济所作的承诺，而不仅仅是在任何有利可图的交易中赚取费用。

由于新经济是公司施展抱负的核心，汉鼎公司不断从市场中筛选“下一个伟大的小公司”。从早早地这些公司建立联系开始，汉鼎通过为这些公司提供包括风险基金（Venture Funding）、股票首发融资（IPO Financing）、跟踪公共配股（Follow-on Public Offerings）等全套金融服务而与它们一道成长。公司合伙人还可以在他们所真正看好的公司里进行个人投资，同时汉鼎公司所指派的人员也往往是那些认同客户公司的首席执行官和股东的企业家精神的员工。公司员工有时将自己比喻为“高智商的偏执狂”（High-IQ wing nuts），他们的背景不同但却对自己所从事的业务有着深深的激情。公司与客户近 30 年的业务往来可以回溯到早年硅谷淘金热时期。

上述业务重点对公司员工的业绩表现提出了三个方面的基本要求：

- 业绩绝不仅仅等同于所达成的交易和赚取的费用——在创造业绩的过程中一定要同时创造时效更为久远的价值。
- 通常投资银行的投资方式既不完备也不必要——需要的是一种特别的态度、洞察力和热情。
- 要用企业家式的方法来为企业家服务。

市场动态与现实。尽管汉鼎现在是硕果仅存的、唯一一家独立的高科技投资银行，它的竞技场上已不再是小规模选手的天下了。因此，交易上的竞争变得愈发激烈，而且华尔街的主要投资银行也置身其中了。汉鼎公司做得不错的股票首发业务的盈利能力低于二次配股（Second-round offerings）业务，而在二次配股业务方面汉鼎却又不敌规模更大、提供全方位服务的竞争对手。不仅如此，联合领导人（汉鼎在交易中所经常扮演的角色）这一做法的盈利性也在急剧恶化。联合领导人应得的交易费从 50% 降到了 25% 或更低。这样，许多分析人士对汉鼎在现有的规模和独立性下的生存能力仍然感觉不甚明朗。有人对它是因为太小了而不能做大，还是太大了而不能做小而深感不解。

针对这些市场规模和竞争的挑战，汉鼎在不同的方面做出了回应。

- 保持汉鼎的利润需要更为久远和深厚的客户关系，这意味着公司员工的眼界要超出单纯交易和短期个人所得的范畴。
- 成长中的汉鼎注重搜寻在下一代中将要成功的企业，这意味着猎取和激励新人，用眼界来审视新的部门。
- 使得汉鼎在人才市场上独树一帜的机会依然存在，前提是公司要继续保持趣味横生、令人愉悦的企业文化，要跳出传统的窠臼，筛选那些有长期兴趣的人员——而且还要保持独立。

员工自我实现的需要。对公司来说，员工市场同样具有挑战性。不提稀少珍贵的天才，即便是更为精明、敏锐、精力更加充沛的人员对于保持公司的特色也是大有裨益的。另一方面，20 世纪 90 年代的金融领域的蓬勃发展也大大增加了对金融天才的需求。行业内的招募工作遵循着既定的传统（顶尖大学毕业、金融从业经验，加上 MBA 头衔）。平均超过 10% 的人员流转率需要不断注入新的、履历丰富的、有才华的员工，而这些人也是包括高增长的企业和各种顾问公司及银行所追捧的对象。

投行业务因其残酷的竞争文化而臭名昭著，其特点是好斗、自满、傲慢以及大男子主义。这种形象显然会让许多天才敬而远之。另外，行动自由在履历适中的人员中是个典型的现象，这使得职员个人不断地变换自己的雇主，寻求更高的收入。各个公司为了有经验有才华的员工也情愿在报酬上明争暗斗，互不相让。显然，汉鼎为员工设定了一些苛刻的业绩标准。因此，它偏爱那些有长远眼光、追求价值而不是交易本身、愿意在工作中拓宽和加深自己的能力的、敏锐的、有经验有才华的员工。这意味着员工要担负责任，要利用更少的资源更完美地完成工作，要在不同领域开展学院式的工作。而且，员工还不必在公司政治、小圈子和级别等级方面浪费精力。汉鼎的企业文化要求每一个人都在个人和集体两个层面上脚踏实地地工作。

在公司里的职位和所扮演的角色不同，员工自我实现的需要也不同：一线同事寻求承担责任，向企业家展现自己和自身阅历的增长；而合伙人和从事管理工作的经理寻求独立性、灵活性和跳出不必要的管理架构和流程的羁绊的自由。企业里那种家的感觉和对权利的分享对各个层次的员工都有所裨益，这在行业里的确是少见的。同时，新经济所带来的丰富的机会也自然让所有人的发展都如日中天。

文化因素。显而易见，在许多方面汉鼎的企业文化都是与众不同的，从上文的描述中我们可见一斑。公司所经受的多重业绩低迷和危机的考验、利用传统战略的优势开展工作，以及保持灵活性和关注增长让企业家式的做事方法在公司当中变得根深蒂固。在时刻保持完备的状态和乐于接受变革的同时，汉鼎对额外添加管理结构和正规的管理流程的不足之处保持着一种强烈、健康的审慎态度。而当例行工作需要花费更多的时间才能完成的时候，汉鼎公司的这种在增加必需的管理流程方面的裹足不前的态度往往会令人备受打击。

在争取客户和经济回报的问题上，公司的领导活动偏爱从长计议。这种做法通常对汉鼎有利。1987 年股市大崩盘和 90 年代初袖珍读写公司（MiniScribe）的危机（这家汉鼎公司支持的磁盘驱动器公司被判犯有欺诈罪）等不利局面的出现迫使公司树立了长远的眼光。因此，管理层的领导者对公司以及相互之间都是忠诚可靠的。通过协力化解了上述危机，领导者们彼此建立了深深的信任感和手足之情。这在他们乐于推迟领取报酬而在公司运作上未雨绸缪的做法上得到了体现。

在维持公司传统依然鲜活、机遇依然充足这样的信念不变的同时，丹·卡斯有效地延续了公司创始人的领导活动。在搜寻下一代伟大的公司并为之服务，在保持学院式的非正式的工作环境，在尽早地将责任和机遇赋予各层次的员工等问题方面，公司上下各位员工依然热情主动。显然，这样的企业文化建立在这样的信条之上：公司永远不会缺少可以为之提供融资和咨询服务的“伟大的小公司”。

不足为奇，所有这些使汉鼎公司能够集中运用企业家精神路径来调动员工的业绩表现。而其他的路径则鲜有顾及。这样做好的一面是公司已经熟练掌握了这条路径，并且运用它调动出了大量的员工业绩和活力。不好的一面是瞬息万变的外部环境（规模、竞争、被收购的威胁以及资源的限制）可能使得公司有必要寻求其他路径的支持。

选择的多样性

在企业家精神路径上，汉鼎为员工创造了多样的选择机会。这种选择的多样性使得运用其他路径的必要性大大降低。事实上所有职业方案都集中于汉鼎“走稳定、高回报的路成为一名企业家”的思想。这意味着利用汉鼎的平台创造一组内容丰富的机会组合，让员工在不必负担额外的个人风险的前提下获得取得高收入的可能。汉鼎公司的员工能够参加自己所碰到的私人企业联合组织，也能够享受每年在几家公司而不是仅在一家公司里工作所带来的刺激。另外，他们的工作环境里都是精明的、有趣的和非常与众不同的人。在所有上述前提的基础上，下面我们罗列几条大多数汉鼎的专业人员都能享受的选择机会：

- 通过向顾客学习，从同事那里取长补短来为将来某一天玩自己的游戏准备。
- 在汉鼎内部创立一项业务，通过直接参加到创造新的团队和业务的过程中为创立一家伟大的企业贡献自己的力量。
- 直接与真正的企业家一起工作，分享他们的成功与挑战。
- 成为一名对经济体系中的关键部门有影响力的智者，在自己的领域中进行创新、重塑本行业的竞技领域。

力量源泉与整合方法

汉鼎公司在其平衡路径上所运用的调动员工过人动力的最主要源泉，自然是公司所面临的一丝不苟的顾客、硅谷的企业家以及那些锋芒正劲的企业。由于这些企业是新经济的弄潮儿，所以汉鼎公司的员工能够感受到它们所迸发出的热情。这些企业都是在蒸蒸日上、激动人心的领域中提供产品和服务。因为它们的规模还相对较小、依然处在成型的阶段，所以它们随时准备变革。因此，汉鼎公司能够在很大程度上干预这些企业的最终成败。许多企业在汉鼎的帮助下，其行业地位正变得越来越显著。公司的新员工能够清楚地预想到在下一次惹眼的股票代理公募中自己所扮演的角色。没有人能够抵挡这种诱惑。

而且，在汉鼎公司为之服务的企业里供职的员工是一类在别处难于寻找的人群。他们是真正的企业家——拥有高度的责任心、年轻有为，并且总是活力四射。他们身上的活力显然是富有感染力的。这样的人能够成为真正的力量源泉，调动、鼓舞身边的所有人。汉鼎公司多个层次的员工与这些客户有着紧密的接触。他们直接与这些公司的创始人和CEO 打交道。同时，多数汉鼎公司的工作团队规模都相对较小。这意味着即便是团队当中最为低级的成员，也能够频繁地与饶有趣味、性格迥异的人进行互动交流。

汉鼎公司第二个重要的动力源泉是公司自身的市场地位。新经济所包含的是变化迅速、动态的经营业务。这些业务的信息反馈渠道充足广泛：从即期的股票价格一直到贪婪成性的财经媒体。别的不说，单是每日新闻所涵盖的内容，就会让汉鼎公司的人觉得他们身处新经济的核心——所昭示的都是将来的优秀公司。公司所面临的业务竞争，从一个方面上来说是非常残酷和猛烈的，但是从另一个方面上来看，同样也成了许多人动力的源泉。打败那些财大气粗的家伙、在局面十分不利的竞争中战胜名头响亮的大型投资银行是非常刺激的。别忘了，汉鼎是最后一批在行业中孤军奋战的真正独立的公司。

最后，汉鼎公司魅力十足的领导者也是激励公司员工活力的源泉。公司首席执行官丹·卡斯在看起来机遇遍地的公司之中营造了这样的气氛：广泛的员工参与、更多的责任分配、职务不断扩大的角色，还有高层领导者对你能够领悟到如何采取主动措施创造新事物的期待。公司一线专业人员早就可以接触那些被自己所景仰的顶尖领导者。而且这些领导者似乎都对员工以及他们的个人发展有着天生的兴趣。克里斯蒂娜·摩根总是迫不及待地让我们与一个又一个的新同事进行交谈——因为她认为这样做在向我们传递信息的同时也能够激励这些员工。

下面四条辅助性的方法将汉鼎公司所创造的情感力量整合在一起，同时公司也努力在这四个方面做得与众不同：创造广泛的机遇、营造集体力量、向员工展示他们的真正价值，以及进行有目的的选择。不论在哪一个方面，汉鼎公司都在员工自我实现和企业业绩表现之间取得了本领域内独一无二的、动态的平衡。

创造广泛的机遇。企业家的所作所为自然大多与创造新的机遇相联系，但是在这个方面，几乎没有企业能够像汉鼎公司做得那样好。公司采用真正的企业家式的方法来管理和培养员工。重大的机遇在员工职业生涯的早期阶段就被呈现在员工的面前。公司很想让他们“自己把握机遇”。公司内部的条条框框也非常的少，公司希望员工自己冒风险、犯错误。公司还为员工提供了一个巨大的平台，让他们在硅谷内外的激动人心的高科技和高增长的竞技场上纵横驰骋。此外，公司员工还有很多有高度的自主权、以个人名义参与交易的机会。用摩根女士的俏皮话说：“每个人都乐意脱下裤子给你看。”碰到机遇在公司决非难事。

营造集体力量。也许你看不到肯德基或西南航空公司所代表的那种集体的协作精神，但是你肯定能够感受得到汉鼎公司的工作环境中所蕴涵的那种集体的力量。公司的战略要尽可能地保证其在行业中的独特地位、保持其企业家式的根基，并且维护公司的独立自主，这些信条在公司上下具有很大的鼓舞作用。它们不仅为员工所熟知，而且不断得到各部门的领导者和合伙人的强调。卡斯先生与同事所讨论的那种学院式的精神和态度对许多人来说是非常真实的。公司上下所有人似乎都有这样的默契：不论公司所有权如何变化（汉鼎公司 1996 年上市），不论被人兼并的威胁多么迫在眉睫，不论公司在规模上所遭受的冲击多么无情，最重要的是要保持公司这部分企业文化。团结协作与团队合作在公司上下随处可见，而且员工非正式的联系总是先于正规的等级关系而发挥作用。最后，汉鼎公司中充满士气十足的员工，他们不仅精明过人、能力超群，而且个性鲜明、饶有趣味。投资银行那套模式在这里根本派不上用场，公司用真正的、富有感染力的、集体力量的价值观完完全全地取而代之。

向员工展示他们的真正价值。汉鼎公司的各级领导重视自己的员工并且从个人的角度关心爱护他们。即便压力重重，员工个人也能够得到尊重。公司不容忍满腹牢骚或是大惊小怪的做法，同时公司也从根本上摒弃纽约银行的大男子主义形象。尽管公司希望员工用更长的工作时间加倍努力工作，但是没有证据显示公司在威逼恐吓自己的员工。管理层对员工所保有的高度的信任感和亲切感融合在一起，在员工中创造了一种自我管理、言论自由和强调个人责任心的感觉。公司的管理等级被压缩到了最低，而且等级之间也不存在以上压下的行为。员工将能力和成就与正式职位等同视之，甚至更加看重个人的能力和成就。公司上下所有的大门都向员工敞开着。“我能像公司里其他任何人一样轻易走进丹先生或克里斯蒂娜女士的办公室与他们交谈。”这是我们访谈过程中所听到最典型的说法。多数人还流露出一种以同事和伙伴的身份与他们所喜欢和尊重的人一道工作的那种感觉。

进行有目的地选择。显然，能够大量地吸引适合在汉鼎工作的员工对它来说是大有裨益的。像西南航空公司、家得宝公司等这类能够从候选人中进行广泛地筛选的公司一样，汉鼎公司强调在文化上与公司的核心价值观相适应。员工天生的智慧和为人处事的态度比学历或家族血统要重要得多，谁也别想凭借傲慢和外表来趾高气昂地迈进公司的大门。尽管高智商的偏执狂或许有自己的优势，汉鼎公司还要求员工要有比银行业更广泛的兴趣。公司所需要的是比技惊四座的投行资格履历更广泛的东西。在工作态度上适合公司的员工将会成为乐天派和企业家的公开仰慕者。他们还会表现出一种成为学院式企业的一分子的真挚渴望，这种企业像尊重和奖励个人主动性那样重视团队协作。

在最初的员工招募工作完成之后，人员的选择工作仍在继续。人员安置要保证在公司资源所允许的程度之上为员工创造机会。对“不称职”员工的选择在很大程度上是通过报酬上的差别和员工及早发现自己不适合公司所采用的企业家式的路径之后所进行的自我选择。公司的运作体系对那些看重公司的文化和营造资产的机遇，愿意像企业家一样展现自我的人依然有效。那些以自我为中心、注重短期利益和公司养不起的人员会被公司精简掉。

上述四个整合方法在员工自我实现和企业表现之间建立了关键性的平衡。汉鼎公司表现出众的员工对于公司整体业绩至关重要。公司所蕴涵的员工价值观念为个人的主动性、工作的努力程度、与别人的合作程度带来了新经济的刺激和奖励作为回报。

BMC：部门化的企业家精神

倘若 BMC——这家创建于 1979 年的出众的软件公司——座落于硅谷的话，汉鼎公司就很可能为其提供融资服务！公司最先推出的产品是 3270 超级优化器。该设备能够极大地改善 IBM 公司时髦的 3270 型大型计算机（Mainframe Computer）的终端输入和输出操作。用现在一些员工的话来说：“那一批程序员比 IBM 公司的工程师更懂得 IBM 产品的技术细节，更聪明。”

BMC 公司的最初产品很快一炮走红，成为王牌产品。与同类产品相比，它的设计理念能够更好地满足关键顾客的需要。因此，除了创造产品、推广产品的那部分人之外，公司并不需要过多关注其他部门员工的业绩表现，尤其能够让顾客拥有的 IBM 的数据库产品和大型电脑发挥更好的表现，从而为顾客带来更高的价值。鉴于 BMC 产品所提供的产品的特殊性，公司得以通过电话销售的方式进行产品销售。而且这种销售方法还非常有效，因为一方面，公司的潜在顾客得到了明确的细分，掌握那些应用 IBM 数据库产品的大型公司；另一方面，公司产品设计得非常出色，用户根本不需要 BMC 的技术支持。

显然，BMC 公司能够从产品设计师和老练的客户代表这两个关键部门的员工中获得巅峰绩效。因此，公司的劳动生产率在软件行业中取得了数一数二的位置。公司每个员工的总收入（按 1993 ~ 1995 年的平均数字计算）是 27.5 万美元。这大大优于同类企业的平均数字 11 万美元，以及微软的 26.5 万美元。BMC 公司还保持着同类企业中最高的市场份额。在我们进行调研的时候，其市值位于软件行业的第四位，仅次于微软、甲骨文（Oracle）和冠群电脑公司（Computer Associates）。

BMC 公司的组织方式是建立在部门化、具有高度企业家精神的员工的基础之上的。公司通过将员工的个人动机和组织目标紧密地联系在一起，来网罗、调动员工的积极性。公司奉行一种简明直接的“文化”，新员工很快就能透彻了解组织运营上的约定俗成的做法，便于公司从组织外部雇用有经验的人员。稳定的经济激励很快就能使得一名新员工一心一意地为组织目标服务。

有趣的是，BMC 公司的组织方式既不需要任何整体的目标或任务来集中员工的注意力，也不依仗哪位领导魅力来激励员工（尽管现任 CEO 马克斯·沃森先生完全符合标准）。相反，公司所依靠的是主次分明的经营战略和一种能够调动员工个人或集体为公司创造各类有意义的贡献的业务体系。这种模式对员工划分清楚，从而使得公司的管理人员能够在产品作者（或设计师）和老练的电话销售专家两类人员身上集中使用整合员工力量的理论和方法。

我们所碰到的一个例子就说明了针对产品价值进行的直接、有形奖励是如何在为特定产品的所有者增强荣誉感的。阿诺·扎莫西是一个充满朝气、积极主动而且思想丰富的年轻人。几年前，他从学校一毕业就加入了 BMC 公司。那时，他刚刚在一所法国工科院校完成了研究生课程，正在休斯敦大学做博士后工作。一个朋友把他推荐给了 BMC 公司的创始人和 CEO 约翰·莫里斯先生。与莫里斯先生谈了十分钟并且通过另外三次面试之后，阿诺接受了公司为其提供的工作机会：软件质量保证组中的一个入门级的职位。

阿诺在公司中发展得很好。现在他是一名 BMC 公司所谓的产品作者（构思新的产品并且引领其发展的人员）。他这样描述 BMC 公司的可爱之处：“如果你开发产品、创造绩效，那么公司将对你宠爱有加。”当然，他喜欢公司所给予的鼓励性回报，而且他看重股票期权的程度绝不亚于看重现金回报的程度。期权为他带来了切实的公司所有权，亦即他所谓的“游戏的外壳”。他把 BMC 公司甚至向研发（R&D）人员支付薪水和佣金的做法视为一种独特的体系，并对其大加赞赏。

像阿诺这样的产品作者在产品上市的第一年将获得销售收入的 5% 作为回报。这个数字在产品上市后的第三年会降为 2%。阿诺认为：

"所有研发人员都渴望成为产品设计师，因为这样不仅在经济上能够获得丰厚的回报，而且还能在公司中享有声望。"

阿诺为产品设计师的身份而感到自豪。他每天的奋斗目标就是尽善尽美地实现产品的市场表现。他把这当作自己经营的业务来看待。因此，他利用一切可能的办法积极并及时地帮助销售人员，以确保产品的成功表现。例如，他与其他的产品作者会经常地找时间与潜在的顾客进行交流沟通，向他们解释自己的产品的技术细节。对于他们来说，成功决不仅限于创造一个产品，而是创造一种在市场上获得显著成功的产品。

阿诺强调他的信仰：一个产品在市场上获得成功比任何技术上的成就都重要得多。他指着办公室墙上悬挂的装裱专利证书的镜框说道："专利在 BMC 并不是那么重要。我以前也不怎么在乎它。但是既然我有了一个专利，给我的感觉的确很好。它的确为我带来了一些个人和职业上的满足。"但是，毫无疑问，能够让他两眼发光、心跳加快的还是对产品的市场需求和成功表现的那些讨论。

企业家精神路径的意义何在

与汉鼎公司的情形多少有些类似，BMC 公司创新的本性使得公司自然而然地走上了企业家精神的路径。它是公司从其两个关键部分的员工中获取巅峰绩效的最佳途径。然而，BMC 公司的业绩重点、市场动态、员工自我实现的需要，以及其他企业文化上的因素也是独一无二的。

业绩重点。与所有创业的情形一样，生存是公司成立之初一切活动的主题。此时，公司运营的重点在于通过迅速夺取一些关键顾客而在瞬息万变的软件市场上获得立足之地。所以，公司强调创造王牌产品来满足 IBM 公司数据库和大型主机产品的大型用户进一步开发利用产品的需求。一旦公司站稳了脚跟，业绩重点也随之发展。其中包括，继续为那些组织复杂的大型公司提供妙策高见。BMC 公司同时希望通过高效的电话销售方法与这些公司建立联系。

市场动态。创造能够通过电话销售的高价值的软件来满足特定顾客的需要，这说起来容易，做起来难。系统设计师的创造力和评估顾客需要的准确度是两个必要的方面。马克斯·沃森先生这样描述了公司业务和市场的侧重点：

> 顾客决定经营的成败，所以你必须改变自己来满足和预计他们的需要。你的员工将决定顾客的价值，而顾客的价值又进一步决定着股东的价值。因此，关键岗位的个人，而不是界定该关键岗位的过程，是我们经营成败的关键。

员工自我实现的需要。从公司创立开始，BMC 公司的领导者就本能地将员工分成两个关键的部分：独树一帜的设计师和老练的销售代表。销售代表通过电话来确保、维持和培养与顾客的关系。正确地为关键客户服务所带来的高收入的机会吸引和激励着销售代表并且整合着他们的努力。然而，产品设计师还有着另外的实现需要。一方面，“发明创造”所带来的满足感对他们来说是重要的；另一方面，产品在市场上经营的成败同样重要。钱固然要紧，但是创造力和所有权同样不可小视——更不用说做自己的事的个人自由了。

文化因素。当我们首次造访 BMC 公司和马克斯·沃森的时候，我们被公司大楼的外部形象搞得一头雾水。大楼外部灰白的颜色和朴素的外观几乎没有什么特征可言。马克斯先生后来解释说他宁可把钱花在有创造性的内部装修上，因为这样员工能够从中受益。所有可以想到的对员工的服务——从银行服务到洗衣洗车——在办公大楼里都一应俱全，为的是在可以说是白热化的竞争中最大化的压缩任何员工离开大楼的时间。不用说，BMC 公司是一个开放的、有活力的工作场所——但是，工作场所装备的设施并不能带来这一切。其关键在于公司内部企业家式的赚钱机会！

力量源泉和整合方法

公司首要的力量源泉无疑是高速度的增长。它既支撑着产品设计师和销售代表的经济收益，又体现出他们对机遇的预期。随着公司规模的扩大以及在零售系统环境中领域的增加，公司或许需要考虑其他的力量源泉。现在，公司的成长加上沃森先生的热情及其相对松弛的决策机制为公司创造巅峰绩效的那部分员工提供了充分的力量源泉。

在力量源泉方面，BMC 公司的企业家式的路径与汉鼎公司极为类似，但是 BMC 公司利用多少有些差别的一套整合方法来取得自己的独特性和平衡性。接下来，我们讨论一下这些方法。

进行有目的地选择。BMC 公司吸引招募在特定技术领域有着实实在在的成功履历的顶尖人员。与汉鼎公司一样，公司的经营业绩及其在市场中的领导地位对人有很大的吸引力。另外，公司在经济回报上提供了大大高于竞争对手的可能。最重要的是，BMC 公司准确地了解在两个关键部门中员工所需要的工作态度和人品性格。公司前任执行副总裁和首席运营官道格·艾尔文先生这样来描述了这个问题：

> 产品设计师是整个研发工作的起点。这些人非常聪明。他们许多人也很不适应大公司里的社交环境……他们就是那些在我们的客户公司工作，对我们指手画脚的人。他们常说："该死的，你们为什么不解决这个问题。这就是它的解决办法。"那我们就这样回答他们："那你为什么不过来（到 BMC 工作），帮我们解决这个问题，编写相应的代码。我们会把你的作品卖给别人——而且，别忘了，我们会给你支付佣金。"

显然，公司雇用的都是有经验的人员，他们正直诚信，而且在特定的知识和技能方面都非等闲之辈。BMC 公司清楚地知道它们需要什么样的人来补充到员工的关键部门，它想尽办法确保得到自己所需要的人。销售培训经理戴尔·彼德森先生出色地总结道：

> 如今顶尖人才的竞争异常激烈，销售人员一旦在别的公司发现更好的交易机会就立刻准备改旗易帜，发现并留住那些"有用之人"对一个公司来说的确不是一件易事。
>
> 另一方面，从根本上说，BMC 公司是一个极好的工作场所……这里你会有一种起步的感觉——每个人都觉得自己是一名企

业家——同时公司够大够强，让你相信它不会倒闭。这里的环境十分友善，你所销售的也是极为优秀的产品。而且，在这儿，你能赚很多钱——佣金上不封顶，有的销售人员赚得比 CEO 还多！

广泛地分配领导活动。公司创造了一套体制正好可以确保员工付出的心血和努力能够得到准确的关注、良好的整合和最大化的利用。高层领导者对员工进行清楚地指导，帮助他们准确定位那些反映着令顾客瞩目的价值命题的机遇并确保对它们的关注。除此之外，公司希望产品设计师和关键客户代表能够发挥主动性，采取一切恰当的措施确保各自在产品和客户领域中的成功。另外，公司还开发了一套严格的售前检验和售后技术支持的体系。正如一位产品设计师所看到的："我们基本上是开发小的业务……我们把精力集中在一个非常小的市场空间之中……去解决客户所遇到的真正困难的问题。

明确表述什么最为重要。BMC 公司将电话销售作为最主要的销售途径。尽管这种方式比传统的销售人员到各地游走的销售方式要有效得多，但它的要求也更加苛刻。销售这种技术上复杂无比的产品需要销售人员头脑机敏，并且了解对客户来说什么最为重要。电话销售的方式也为产品开发人员提出了更高的要求——他们要设计一种这样的产品：它在价值上如此引人注目，在使用和安装上又如此简便易行，以至于可以通过电话来进行销售和技术支持。

提供有意义的认可和回报。当员工得到的回报与产出紧密联系在一起的时候，就能激发出他们的企业家精神。BMC 公司在决定公司成败的关键职能部门中，即研发和销售部门，使用了一套佣金驱动的激励体制。员工当然希望自己的收入远远超过同类竞争对手。当他们为客户带来的绩效超过客户的期望的时候，他们的确能够获得这么高的收入。例如，产品设计师从产品的总销售收入中直接提取一定比例的佣金，公司最杰出的销售代表能够而且的确比总裁赚得还多。正如艾尔文先生所讲的：

我们给员工的报酬非常优厚……我们对软件人员的报酬机制相

当特别——或许一些公司正在效仿我们，但是我们这套独特的报酬机制已经有17个年头了。

三年之前，CEO马克斯的收入在公司仅排第七。我们有三位销售员，三位产品设计师比他赚得还多。今年刚过了一半，今年可能有五位销售人员的年收入要超过马克斯。

我们所说的是大笔的钱财……公司一位产品设计师周六上午开车将自己的两个小女儿送到休斯敦的荷比机场（Hobby airport），然后转乘利尔飞机（Lear Jet）到科罗拉多州的威尔（Vail）学习滑雪——他几乎每周都是如此！

简而言之，BMC公司在一套精明的业务体系中，将有目的的人员选聘和强烈的企业家式的激励因素合并在一起，在其员工的关键部门中取得了巅峰绩效。这套业务体系本身就是用来开拓企业家精神，充分发挥员工在关键的销售和产品开发部门的表现，切实地将员工的动机和组织的整体目标整合在一起。这使得公司能够在最体现公司比较优势的那部分员工中，确保员工的工作需求和个人需求都得到满足。

一条诱人的路径

多数大型公司都无一例外地公开宣称自己力图在组织内部建立一种真正的企业家式的环境，但他们没能实现这一美好愿望。看起来似乎公司的规模越大，就越难于建立企业家式的环境。并不是所有公司都能在一线员工中培养一批企业家式的骨干。

本章中的案例着重展现了使得企业家精神路径格外诱人的一些特点。该路径关注顾客，依靠员工个人发挥主动性来创造绩效，而且员工在很大程度上进行自我管理。同时，该路径假定组织外部存在着充足的高回报、高风险的机遇。上述两个方面不可避免地为员工个人提供了巨大的取得“所有权”的可能性。这注定需要一个不断发展变化的、动态的市场环境。公司上层的领导哲学要与偏爱这条路径的员工的需要相协调，这一点也十分重要。这些员工需要在很大程度上能够保持独立并且掌控自己的前途。他们需要有机会提高自己的业务技能、培养与客户关系，并且为之乐此不疲。尽管有些人天生就是当企业家的料，其他人依然可以选择并且学习当企业家所必需的态度、技能和行为模式。

有魅力的领导者、看似不可能的梦想，以及吹毛求疵的顾客构成了企业家精神路径最主要的力量源泉。采用这条路径的人承担并且掌控着风险。他们是聪明的风险偏好者，而不是被动的赌徒。汉鼎和 BMC 两家公司都给予了员工极大的自由，让他们去建立自己的业务。这些业务能给员工带来多少利润，员工就能获得多少收入。作为报答，两家公司都希望员工的行为与企业的任务—业务目标（Mission-and-business Purpose）保持一致。当一个公司的经营环境经常在多个角度中发生变化，同时增长是使得企业在各方面保持平衡的最主要的因素的时候，企业家精神路径的确是提高员工业绩表现的一个诱人的选择。

第6章

个人成就路径

美国是按照发挥个人主动性的原则建立起来的。多数美国人依然喜欢回味那些粗鲁的个人主义者凭着自己的直觉干出一番大事业的传奇故事。霍雷肖·阿尔杰（Horatio Alger）由贫至富的传奇故事依然揭示着美国梦的本质：如果你在正确的事务上投入足够的精力，你就会变得成功、富有和幸福。

上述传奇形象现在已经构成了我们所把握的事物发展规律的共性的一部分。虽然如此，还是有许多公司依然在找寻各种办法，希望使员工自觉自律地界定并且做出对整个企业更为有利的改变。在他们看来，在传统餐厅意见箱、员工大会（town-hall meetings）、一线全面质量管理团队和“在初级模型中自由变换”（free flowing exchange around rough models）等措施的某个方面，存在着释放员工个人的主动性的秘诀。

我们所做的研究结果显示个人成就路径并不侧重于授权的方法和手段。它更看重创造一种深入人心的创造个人成就的思维模式：“企业提供机会使我能够发挥自己所喜欢的主动性；我希望企业主要以我的个人成就为基础来对我进行评判和奖励。”

那为什么不是所有的有才能的员工都想走个人成就的道路呢？简而言之，这条路径需要付出大量艰苦的工作，你所付出的时间谁也无法预知。企业中个人业绩表现的差距往往极为悬殊；员工个人焦虑程度也会很高；同事之间对业绩欠佳的员工施加的压力也可能非常之大。尽管获得经济收入的机会多少有些诱人，但在更为企业家式的路径中赚钱的机遇会更多。

将个人成就路径与其他路径区别开来的特点和条件来自人们与生俱

来的实现个人价值、把握个人命运，以及自我发展进步的需要。与人类其他的需要相比，例如成为集体的一部分或者共享集体业绩等，个人成就路径更多地把上述基本的人类需要摆在重要的位置。这条路径主要关注个人的主动性、成就、成长和职责。

毋庸置疑，采用个人成就路径的组织非常注重对员工的培养。他们倾向于在培训、教导和评估员工的业绩以及其他培养专业技能的方面花费大量的钱财。高层管理活动甚至还要为此花费更多的时间。此类投资的数量往往难以计数。公司相信员工为企业总体任务作出重大贡献的能力。因此，这样的公司就会广泛地界定员工个人的角色，并进行投资，使其具备完成这些角色所需的知识和技能，鞭策他们完善自我。对员工进行的此类投资常常从专业领域延伸到个人领域。例如，走个人成就路径的组织常常花大力气来帮助某位员工应对家庭危机。本章关注和比较了截然不同类型的企业，他们都努力地遵循个人成就路径，所得到的绩效也各有特色、与众不同：例如，家得宝公司和麦肯锡公司。

家得宝公司：空前的客户服务

一个地区性的五金连锁店变成了世界上数一数二的大公司？这对于有些人来说的确是一种幻想。然而，在不到 20 年的时间里，家得宝公司就从不为人知的小作坊变成了全美最有名、最成功的企业家式的组织之一。截止到 1998 年的第二个财政季度，它是美国和加拿大同类企业中规模最大的零售商，拥有近 700 家店面，其年总销售高达 240 亿美元。

《财富》杂志连续五年授予家得宝公司“美国最受人尊敬的零售商”的称号。而且不论用何种方法度量，公司的财务表现一直都蔚为壮观。近十年来，公司对股东的平均年回报率高达 39%，相比之下，整个行业的平均值才只有 8%。最近，家得宝公司公布了 1998 年度创记录的销售和收入额，他们分别比 1997 年提高了 25% 和 32%。按照公司年报的说法，这才仅仅是个开始。家得宝公司计划到 2000 年时经营 1000 家以上的店面。它还进行了国际化的尝试，北美以外的第一家店面最近将在智利的圣地亚哥开业。公司还借助位于亚特兰大、达拉斯、麦阿密、圣地亚哥、西布雷（Westbury），以及纽约的EXPO设计中心，着手拓展家庭设计业务。

如果你向家得宝公司的领导者询问他们是如何做到这一切的，他们会毫不含糊地告诉你，秘密在于公司的员工（公司称作同事）。直到最近，公司的领导者都极不情愿让外人来研究他们的这个秘密武器。

历史回顾：不朽的所有权价值

家得宝公司创建于1978年，公司的两位创始人因为闹独立而被位于洛杉矶地区的名叫丹氏便利店（Handy Dan's）的五金连锁店开除。伯纳德·马库斯和亚瑟·布兰克这两个丢了饭碗的人，于是开始动手追寻他们的那个后来使家庭装饰市场发生了天翻地覆的变化的梦想。这个简单的梦想就是把行业中为客户提供服务的程度，与仓储店所有的丰富的产品种类、便利的取放条件、低廉的价格结合在一起。如果没有后见之明，这个想法肯定会被知名大学的MBA们斥为天真或不切实际的事情。要提供出众的客户服务，必然要担负高额的成本，在这样的经营体系下怎么能销售低成本的产品呢？马库斯和布兰克把抢着这种思维方式的MBA叫做“只看报表数字”的人，认为如果让他们执掌公司的航舵，肯定会“把公司引上下滑的轨道”。

然而，毫无疑问，家得宝公司找出了解决办法，让看起来风马牛不相及的业务重点共同地发挥了作用。丹氏便利店公司的投资者肯·兰戈内是伯尼和亚瑟（Bernie and Arthur，员工对两位公司创始人的亲切称呼）两人所找到的第一个相信他们的人。他帮助他们聚集了200万元的资金。帕特·法勒很快也加入进来。这个小小的团队马上一头扎进美国东南部的土壤中谋求自己的发展。不久，布兰克先生获悉J·C·彭妮要关闭亚特兰大地铁附近的四家店面，她正在设法将这些店面租出去。六个星期之后，双方签署合同，家得宝公司开始着手经营。第一家店面于1979年开门营业。

在公司创立之初，创始人深信员工的整体表现对于公司的成败至关重要。家饰产品和服务的分销和零售市场自古以来就是一个高度竞争和细分完全的市场。专业建筑商的需求与地产业主和维修承包商的需求有着明显的差别。为市场中各类顾客提供良好的服务曾一度被认为是根本不可能的。然而，马库斯和布兰克坚信顾客范围越宽越好。他们要为最广泛的顾客提供服务。

在马库斯看来，家得宝公司的成功完全取决于员工的主人翁意识。他想让每家店铺里的每位同事都像他那样来看待公司。“我总是跟新上任的店铺经理玩一个游戏。”他笑着说，他的游戏就是与店铺经理坐在一起，询问他们，如果亚瑟和他要店铺的经营权转让出去，他们是否有兴趣购买自己所管理的店铺。多数店铺经理一口就应承下来，但是当马库斯提醒他们这需要 2500 万 ~ 3500 万美元（这笔钱他们当然拿不出来）的时候，他们的反映就不是那么果断了。马库斯还会帮他们考虑所有的家庭成员，看看这些人通过房屋抵押贷款和个人储蓄能否帮他们筹齐这笔创办资金。简而言之，马库斯想让他们体味到个人所应该担负的所有权责任。马库斯说：“我告诉经理们‘我现在把店铺的钥匙交给你们……你们会像我一样来经营它吗？当父母的未来全部都押在这间店面的时候，你们还会雇用现在这批员工为你工作吗？店铺采用什么样的运营体系？你们会跟我做一样的事情吗？’”

根据经理们对这些问题的回答，马库斯和他们能够一起发现公司人员选聘和运营体系中值得进一步提高的方面。更为重要的是，这种角色的交换激发出了员工的个人责任感，而这正是家得宝公司从每位同事身上所搜寻的最为关键的东西。

当被问到创造和保持员工这种当家作主的感觉的过程中所遇到的最大的挑战，马库斯的答案是：“倾听并且让员工取得成功。”他每年会在各个店铺里呆 50 天以上的时间——仅仅是为了倾听。他的典型做法是，走进一家店铺，随机挑选 15 名员工，把他们带到一间休息室，然后把门关起来展开讨论。不出几分钟，这些员工就会告诉马库斯店铺里的详细情况。马库斯所扮演的角色既是英雄，又是邻居，还是公司的福星。“当我走进一家店铺的时候，他们会拥抱和亲吻我、他们会在我的衬衫和帽子上签下自己的名字。他们并不害怕称呼我伯尼，这里蕴涵着诚挚的爱。”

马库斯和布兰克早就热衷于将决策过程分散化，但是分散化的思想并不是一开始就在他们的脑海里占据了一席之地。他们自己也承认在创办家得宝的时候，他们更多是有一种善意的独裁式的思维。“直到拥有 24 家店面的时候，我们认识每家店铺里的每一个员工……我们参与每一个决策的制订过程……谁被辞退了，谁又真正得到了提升，等等。”

公司的成长和规模改变了这一切。逐渐地，当马库斯步入一家新的店面的时候，他所熟悉的仅仅是一少部分的员工，他所了解的店里的关键事情更是少之又少。他了解市场环境的平衡点转向了“店里的人——那些真正了解市场的区域经理、店面经理和经理助理们”。伴随着这一转变，他也获得了一个重要的认识：他不可能知道所有的事情。马库斯开始认识到，如果一个人决定所有的事情，他就会摧毁身边所有的人。“如果员工不能取得成功，”他解释说，“他们根本没有尝试着去获得成功……人们必需能够犯错误。错误是最好的教育手段。”

显然，家得宝公司给予员工同样充足的机会去成功和失误。与其他类似的零售商相比，家得宝公司的同事每天要做出的影响深远的决定的数目是惊人的。举例来说，店面经理个人就对那些在同类企业中通常需要集中决策的事情负责。这些决策包括：界定在店铺中销售的产品、雇用人员、决定用什么给员工支付报酬，还有设定合适的库存水平等。正如人力资源高级副总裁史蒂夫·梅扎纳所说，他们是在“一个很大的沙箱里”进行自己的游戏。

店铺：梦想聚合的地方

吉姆·瓦戈掌管着家得宝公司位于佐治亚州肯尼索（Kennesaw）的店铺。这家店铺离亚特兰大约有45分钟的车程。店里有240名员工，年销售额超过5000万。这样的规模比家得宝公司店铺的平均水平要大一些。吉姆不喜欢平庸的事物，就连他220磅的体重也是一样。他一开口说话，我们就意识到他人格上的魅力比其外形更为有力。脸上挂着大大的笑容，说话声音宏亮，整个房间都洋溢着吉姆的显而易见的乐观情绪和活力。从家得宝公司退休以后，他肯定不费吹灰之力就可以进行励志讲演。多数故事只有用他的话来讲才算得上是最为贴切传神。

在加入家得宝公司之前，吉姆住在宾夕法尼亚州。他学的是工程专业，并且在当地一家名叫贝兹比沃（Busy Beaver）的五金店里打工。他与一个朋友后来决定前往佛罗里达的奥兰多，去那里新开张的家得宝商店工作。“我第二个学期回到了学校，但是我在家得宝工作的时候的确变了。我发现通过努力工作、不断学习，能够得到提升。在其他的公司这样的情形是少见的。”

带着他所说的少量木材和园艺方面的经验，吉姆成为了木材部的一名初级员工。短短的五个月之后，他被提升为木材和草坪产品的部门主管。在该部门干了一年多之后，吉姆来到运营决策副总裁拉里·莫瑟面前，说：“我觉得我可以做一名助理经理或者掌管一个更大的部门了。”莫瑟是家得宝公司元老级的运营经理之一。他像吉姆一样从助理经理作起，一路爬升到了兼任运营决策副总裁和三个核心业务的集团总裁的领导位置。

吉姆提出请求的几天之后，拉里为他提供了一个去戴多那海滩（Daytona Beach）店工作的机会。很快，他就被提升为杰克逊维尔（Jacksonville）店的助理经理。在那里，他受命前往康涅狄格州协助进行美国东北部第二家店铺的开张筹备工作。接下来，他去了长岛，然后是新泽西。再后来吉姆去了宾夕法尼亚州的本塞伦（Ben Salem）。在这里他首次当上了店铺经理。尽管很多人觉得这种不停的工作变换让人精疲力竭，但是吉姆却在这种挑战中成长了起来。“我不介意工作老是换来换去……我找出了公司需要我做什么，然后就去做。”

吉姆所遇到的最大的挑战之一是宾夕法尼亚州哈利斯堡（Harrisburg）的店面开张工作。

> 我在那里一无所有，能够依靠的就是 14 位有经验的同事……我用八周的时间去培训剩下的员工，他们谁也没有听说过家得宝。我得把我心里的东西教给他们，变成他们心里的东西。
>
> 我们每天早上先花 15 分钟的时间开会讨论……当天要做什么。然后大家就像热锅上的蚂蚁一样，在大楼里到处跑。在那里我们干得非常痛快。有人曾觉得我们都是疯子，但是这段经历绝非寻常可比。

吉姆在哈利斯堡干了两年之后，被调往亚特兰大地区接管位于肯尼索的店铺。这是 13 年中他所做的第 11 个店铺工作！尽管家得宝源自亚特兰大并且长期占有着这片市场，新的挑战已经出现了——一个主要的竞争对手，洛厄公司（Lowe's）来到了亚特兰大。它资金充沛而且凶猛好斗。家得宝为此正上下动员，保卫自己的家园。吉姆在别的市场上遭遇过洛厄公司。对于六英里外新开张的实力雄厚的洛厄公司的店铺，他并不为之所动。但是吉姆相信，只要把员工发动起来，让他们无论如何"照顾好顾客"，应对洛厄公司的竞争就不成问题。在吉姆看来，是员工个人对顾客的责任感决定着一切。"洛厄公司就像一个宫殿。而家得宝像一个教堂。谁都可以建一所房子然后把里面摆满东西，但是谁也不能复制我们的文化、精神以及我们为顾客所提供的服务。这就是顾客还会回来的原因。"

除了在肯尼索的任期还相对较短以外，吉姆的话语和态度不能不让人相信家得宝已经是他的教堂了。"家得宝公司让你自己做生意人。这令人兴奋。我感到非常自豪，因为我经营着年销售额为 5000 万美元的生意，拥有 240 名员工。这一切都是我的。"

不足为奇，吉姆把他最为重要的店铺经理的工作视为将每位同事调动起来，让他们感觉到自己就是某项业务的主人，并且像主人一样开展工作，不论这项业务是一个部门、货架边的一条通道、还是某个产品的摆放。而且，吉姆强调的重点是个人的成就、对工作的改善，以及个人责任的拓宽——而不是 W－2 收入和个人财富的积累。

个人成就路径的意义何在

显然，家得宝公司在不止一条的平衡路径上做得比别人出色。尽管我们选择它所追寻的个人成就路径来进行描述，它同时还兢兢业业追寻着任务、价值观和自豪感路径。而且，这两条路径无疑与前面一章所描述的企业家精神路径有所重合。当然，他们之间的关键区别在于企业家式的路径所承担的风险更高，所可能获得的回报的也更高。在家得宝公司创建之初，它更多地采用这条路径。然而，家得宝公司现在所走的两条路径为公司带来了人们的赞许。这两条路径还指导着一线员工的日常决策。

例如，你可以询问家得宝公司中的每一位同事什么最为重要，所得到的答案几乎完全相同——为顾客提供服务。更能说明问题的是，家得宝公司的同事能够用令人激动的事实讲述在日常工作中为顾客提供服务对他们来说意味着什么，而且这样的说法在组织上下惊人地一致。鞭策着公司前进的动力远不能用员工对客户服务的责任感来概括。它是一种对客户服务的迷恋，而这种迷恋又紧紧地与对个人力量的信仰联系在一起。将二者结合在一起的心智状态就是公司的同事所指的“橘红色的血液”，这是大家对店铺的色彩主题的亲切称呼。家得宝公司的同事因为有着“橘红色的血液”而非常自豪。在调研过程中一组同事告诉我们，新店铺的开张需要有一个流淌着“橘红色血液”的核心小组才行；而且如果哪位店铺经理感到精疲力竭，他或她很可能会去亚特兰大做一次“橘红色的换血手术”。

个人成就路径的各个组成部分在过人力量的源泉和平衡员工的自我实现与企业的业绩表现之间的关系这两个方面，对任务、价值观和自豪感路径的组成部分提供补充和支持。将这两条路径整合在一起虽然条件苛刻，但是结果确是令人振奋的。整合后的路径在业绩重点、市场动态、员工自我实现的需要，以及企业内部文化因素等方面有着深远的意义。

业绩重点。公司最基本的业绩重点是为顾客提供前所未有的服务，来换取他们对公司长时间的忠诚度。为了达到这个目的，家得宝公司以便于顾客取放、挑选又具有价格优势的仓储店的形式，为顾客提供一套特殊的优质产品和服务的组合。

家得宝公司使用登峰造极的方法来关照自己的顾客。与老伙伴伯纳德·马库斯相比，亚瑟·布兰克所扮演的角色大为不同。布兰克相对温和一些，他在外表和举止上也更为谨慎。从表面上看，或许这就是我们所期望的美国顶尖公司的领导者的形象。然而，就像马库斯一样，他同样满怀激情地关注着那些他认为是公司成败的核心的无形的东西：

> 任何人都能了解我们售卖什么样的产品，我们的供应商是谁、以及我们的价格水平如何。我们的同事的脑海里所考虑的东西是别人真正难以效仿的。那就是我们的整体定位：照顾顾客，顾客永远是第一位的，做一切应该做的事情，要做到登峰造极的程度。
>
> 虽然知道错在顾客，我们也为他们更换整个厨房、整个卫生间等等。他们把产品搬回家却发现弄错了尺寸，他们不恰当地把产品

安装起来，然后就会这儿那儿地抱怨个不停。但是当他们在家得宝公司采购的时候，就不会有任何风险。

同样的信息在家得宝公司上下所有同事当中也同样清晰、有力。正如位于肯尼索店的同事沙莉所讲的：

在满足顾客需求方面，我们不受任何限制，我不需要直线主管的许可，我当然也不需要跟伯尼和亚瑟打招呼。公司赋予我做出决定的权利，这使得我在公司中有着非常自信的感觉。

当然，有的时候你不得不决定让顾客满意高兴是对公司有利呢，还是仅仅对顾客有利……每位顾客都会考验你的极限，看看你为他们能走多远。

但是，管理人员觉得可以信任我做的决定。我可以自己做出决定，也可以让别人帮我来做决定。

这种对客户服务的狂热所创造的力量是不容低估的。公司上下有着共同的心智状态：照顾顾客绝对是最重要的事情。因此，就像万豪集团、美国海军陆战队和西南航空公司一样，家得宝公司创造了一种良性的循环。循环的起点是公司同事尽一切可能去照顾顾客。因此，顾客获得了远远超过其预期的服务。公司同事在积极地与顾客进行交流的时候，自己也得到了满足。这又进一步强化了他迎接下一位顾客的动力和责任感。

市场动态和现实。伴随着别人开始效仿家得宝公司的做法，市场竞争也变得越来越激烈。要应对竞争、保持顾客的忠实度，就需要经常对服务、价值观、产品组合和展示方法进行关注。这要求员工尽心尽力地培养个人技能，学习产品/服务知识，从而提供超出顾客预期的服务。为了达到这个目的，公司寻求那些在态度、价值观和人格上能够出众地满足顾客的需要的各个层次的人员。通过为其提供更有活力、更能享受乐趣的工作环境和企业文化，以及提供诱人的收入机会的方法，家得宝公司将上述类型的员工召至麾下。

这种提供前所未有的客户服务水平的愿望决不仅限于提供一个成本低廉、服务优质的仓储商店。它还意味着培养一批真正愿意为公众服务，渴望并且能够掌握范围日渐扩大的复杂产品的忠实的一线员工骨干。此外，为了满足专业承包商的需求，店铺还必须具备一定的规模，有一定的成长速度来利用外部的采购和物流体系。最重要的是，这个目标要求每个人在用特殊的方法为顾客服务方面、在改善产品组合提高产品为顾客带来的价值方面、在保持严格的成本和服务纪律方面，担负起个人的责任。家得宝公司的做法使得家居行业发生了翻天覆地的变化。如果不把表现出众的员工摆在首要的位置，这种变化是根本无法实现的。

家得宝公司会不惜一切代价来取悦顾客，公司所有个人也会不断找出新点子来达到这个目的。我们在此重复一下第一章中史蒂夫·梅扎纳所强调的内容："我们鼓励所有员工拿出自己办法来吸引顾客的注意力，大家可以放手去做——而不必考虑上级是否批准。诚然，在此过程中，我们会碰到了一些原本不想得到的令人生厌的点子，但是这也是我们所愿意付出的代价，如此一来，我们就充分地调动了员工个人的主动性，使这里变得与众不同。"

在家得宝公司的店铺里，不论年纪多么小你都会成为它的顾客。步入周末的店铺仿佛就像来到了国家展览会一样。尤其是在亚特兰大的酷暑之下，这不失为一个更好的选择。店里分发的东西从热狗、爆米花到气球一应俱全。而且，店里专辟一角，作为"儿童工作站"。这个点子出自一家店铺，那里的同事决定在年轻人等候其家长采购产品的时候，帮助这些孩子做几个鸟巢。这一做法很快就传到了公司别的店铺里面，而且开展的项目也大为丰富起来。现在，遍布多数店铺的儿童工作站每周六上午为4～12岁的儿童提供免费的课程。

不可否认，成长一直是市场动力的关键因素。不论用什么方法来度量，家得宝公司自成立以来近20年的成长速度一直是十分可观的。因为公司实行股票购买方案和承诺从内部提拔干部的做法，所以公司的成长直接为公司的同事带来了机遇和财富（七成的助理店铺经理和所有的店铺经理都是从公司内部提拔的）。由于公司一心追求增长，所以我们根本无法预计如果没有增长，公司会是一个什么样子。同时，增长当然也不是家得宝公司所依靠的保持员工活力的唯一的力量源泉。

员工自我实现的需要。公司各部门的同事从与顾客的交流中获得了一种特别的满足感。由于顾客的反馈迅速而直接，这种满足感给员工带来了对自己所从事的工作的一种真正的主人翁的感觉。员工还需要公司认可他们的功绩，这可以通过职位的快速提升和职责的不断扩大来实现。公司同时总是不断寻找新的挑战、新的角色和新的方法来为顾客创造价值，对顾客产生影响。而要达到这个目的，他们还需要不断地培养自己的技能。在公司里，“培训随处可见，培养技能是每个人的任务”，这句话并非空谈。最后，员工还对自己身在其中的那个妙趣横生、勤奋努力的特别团体有着一种归属感。

另外，公司对于那些不认为态度、价值观和人格比学历、智商和经验更为重要的员工来说，绝对没有吸引力。公司员工的自我实现需要，要求在人员雇用、培养和激励方面进行情感的投资。家得宝公司的领导者还认为，所有公司同仁会在其从事的任何业务领域发挥主人翁精神，主动采取必要措施保证该项业务的成功。由于公司既要考虑增长和规模，还要保证成本低廉，个人成就路径对公司的意义远大于企业家精神路径，尽管公司创始人不愿意对此进行区分。

个人成就路径还在满足员工自我实现需要的员工价值观念中扮演着重要的角色。伯纳德·马库斯依然保持着他迷人的性格和讲故事的谈话方式。他的这种性格一定是他在卡茨基尔山区（Catskill Mountains）当喜剧演员的第一份职业起到了很大的推动作用。

> 一位新员工今天给我打电话。我拿起电话，他说：“真的是你吗?”然后他告诉我在他的店里哪里有些不对头，哪里应该采取措施。他并不害怕我。他知道自己的职业生涯就在此地。对他来说，这不只是一份工作。如果你把工作只当成工作，那你就跟行尸走肉一样了。

文化因素。公司 20 年的历史创造了一种强烈的主人翁式的企业文化。这种文化影响着公司上下各个层次的员工。快速增长、持续提高和不断变化是公司的领导哲学的基础。领导者鼓励员工尽早发挥个人的主动性，担负个人的责任。只要是被视为是个人成长所必需的，领导者就会期望并且接受自己犯错误。

简而言之，公司里的一群致力于寻找和分享新机遇的领导者们，正引领着公司员工创造着一个为顾客提供前所未有的服务水平的活生生的传奇。他们的这些努力给公司员工带来了广泛的主人翁意识、促进了员工主动性的发挥。这一切单凭分配股票所有权是远不能做到的。

力量源泉和整合方法

两个提供过人力量的源泉为家得宝公司的两条平衡路径带来了必要的动力。这两个源泉分别是两位高层领导者魅力无穷的天作之合和经常地直接接触顾客所引发的无情的市场动态组合。如前所述，在家得宝公司最重要的是取悦顾客。这个概念既是伯尼和亚瑟的最初愿景的核心，又在家得宝公司的企业文化中保持着核心地位。公司有各种各样的强化机制将这个概念传递给员工。这些机制的范围从新员工的职业定向活动延伸到了公司同事在其部门和店铺经理那里所得到的非正式的辅导；从周六上午召开的店铺会议上所宣读的顾客感谢信延伸到了区域经理、伯尼、亚瑟和销售决策副总裁比尔·哈姆林乃至公司高管当中的其他人对各家店铺定期进行的巡视。哈姆林这样解释说，“当我们步入店铺的时候，我们身穿牛仔裤，脚登运动鞋，身上还围着公司橘红色的围裙。这样顾客就无法把我们从员工中区分开来，因此，我们能够在需要的时候打断并且为顾客提供帮助。”

的确，家得宝公司的两位创始人，伯尼和亚瑟，在外貌和精神上依然是组织中强有力的支柱。他们每个人依然把自己最主要的时间花在与一线同事的沟通交流方面。这种交流的形式从正式的培训课程、经理级会议到巡视店铺等各不雷同。而且，即便是那些没有见过伯尼和亚瑟的员工也直接称呼他们的名字，引用他们的话语，对他们有着归属和依恋的感觉。员工把他们当作日常决策的基准。就像一位同事告诉我们：“我经常自己设想，‘要是伯尼和亚瑟，会怎么做呢？’”

就像伯尼和亚瑟在公司的成立和发展中所起到的举足轻重的作用那样，员工未来的力量源泉会越来越多地偏重于公司的市场地位和两位创始人所开创的“对顾客的迷恋”。公司利用其市场地位中所蕴涵的三个刺激性方面来调动员工发挥过人的力量：要求苛刻的顾客、凶猛好斗的竞争对手，还有公司的增长。

显然，家得宝公司的格言是“空前地照顾好顾客”和“在员工方面进行情感投资”这些话语定义了公司的基本信念。顾客为公司带来的调动员工过人力量的源泉，而在人员身上投资能够产生整合这些力量的机制。所有这些都要在员工自我实现和企业业绩表现两个方面之间保持平衡。下面四种整合方法确保了这种平衡能够长期地存在。

向人们展示他们真正的价值。在向人们展示他们真正的价值方面，家得宝公司的做法或许可以充当美元在国际金融市场上所扮演的“金本位”（Gold Standard）的角色。公司通过其在培训方面的投资，通过分配给每个同事的责任水平，通过强调在班上班下员工之间的互相照顾等方式，向员工传递他们应有的价值观。从顾客的脸上所绽现的笑容和员工每周都能看到的逐项产品销售报告之中，公司同事也能够看到自己所创造的价值。不止一个同事提醒我们，评判店铺成功与否的最佳办法，是把本店停车场上面带微笑的顾客人数与街对面竞争对手的停车场上的情况相对比。

创造广泛的机会。在家得宝公司，不论你是否想获得提升，机遇俯首皆是。绝大多数高级职位都是由内部人员充任的。乐意变换工作地点、追求晋升机会的人能够很快地被从入门级的职位提升到管理职位。同时，那些没有能力或者不愿意晋升的人在日常工作中有着大量的创新和超过别人的机会，不论这些机会是重新设计产品展示形式还是在周六上午开办新的家居课程。

广泛地分配领导活动。家得宝公司的领导责任在店铺运营和产品销售两个方面都得到了广泛分配。在店铺运营方面，店铺经理个人做出决定的比例大大高于同类零售企业。相应地，公司鼓励一线员工进行必要的决策来满足顾客的需要，即便它意味着打破纪律。公司还鼓励员工自行发挥主动性来促进销售，即便这意味着会犯错误。在产品销售方面，家得宝公司将销售职责在 12 个办公室之间进行分配。诚然，这样做在更多地关注本地市场的同时牺牲了一些效率。另外，各个层次的领导者都强调他们在让员工尝试新事物的方面犯过错误，员工的工作动力、创造力和生产力水平提高的事实，证明分配领导活动的益处远远超过几个错误决策的成本。

改善工作本身。像所有员工创造巅峰绩效的组织一样，家得宝公司的运营速度使得在公司工作是一件非常劳累的事情。然而，人们愿意呆在公司里，而且在每班次或每周次的工作结束之后，他们看起来比开始的时候还精力充沛。如何解释这个悖论呢？原因在于家得宝公司所创造的工作及其环境的性质。与典型的零售职位相比，公司的每份工作都更令人兴奋，因为工作的内容被定义得更加宽泛，更富有变化。公司鼓励、期望员工为顾客进行创新。在别的地方谁会想出用炸火鸡的办法来把顾客从竞争对手的店铺里吸引过来呢？

家得宝公司的环境既有高度挑战的一面，又有非常舒适的一面。挑战在于员工需要不间断地与顾客进行互动交流，满足顾客的需求。同时，舒适在于冒风险和犯错误是可以的。在店铺中家庭式的氛围中，更是如此。

总结家得宝公司

在我们所研究的企业之中，家得宝公司可谓是在个人成就路径上做得最为出色的公司之一。公司创造了一个蕴涵无限机遇的工作环境，身处其中的同事们把自己称为某条货架通道的总裁，并且使用每周的销售报告来追踪记录自己的成就。通过尝试新点子，为顾客和公司带来实效，理货员能够而且的确变成了店铺经理，尽管在尝试的过程中，他多少会犯些错误。但是，一旦他们当上了店铺经理，他们就是真正的 CEO 了。就像吉姆·瓦戈所说："这是我的 5000 万美元规模的生意。"

对企业任务的清晰认识在吉姆·瓦戈和他的员工之中发挥着强有力的协调作用。它使得组织中成千上万的同事能够以一种高度自治又相互同步的方式发挥自己的作用。换句话说，家得宝公司的同事是在一个很大的沙箱中游戏，但是他们所有人都遵照一个相同的游戏规则。这种做法产生于侧重让各个层次的员工都能取得个人成就的那种管理哲学。家得宝公司的顶级人力资源决策官，史蒂夫·梅扎纳，或许最能够把这种哲学讲述清楚："我们相信员工是一项投资，而不是一种负担；这种理念是我们的以客户为中心的战略的核心。”

当我们多少有些迟疑地向史蒂夫询问，好像多数公司并不认同他的观点的时候，他回答说：“事实上，多数盈利的公司用这样或那样的方式宣称人员是他们‘最重要的资产’。”我们又问他这是否不同于在员工身上投资所获得的价值的看法。他回答说：“大概是吧，但是就算他们相信自己的说法，用这些观点进行决策，采取的行动也与我们这里的做法大不相同。”

显然，家得宝公司的全部历史、愿景和领导力哲学一直根植于它的“核心意识形态”（在此借用詹姆斯·科林斯和杰瑞·鲍拉斯在《缔造永恒》一书中说法）：用支持（更多地投资于）一个对手可望不可及的，表现出众的员工的手段来驾驭以顾客为中心的经营理念。对于那些不是真正的致力于摆脱竞争的人来说，不论从哪个方面上讲，这种不成比例的投资总是难于确保其正当性。正如梅扎纳所说的：“别的公司或许可以在很大程度上仿效我们的管理战略、管理技巧和管理方法，但是鲜有人能够达到我们的认识高度。”

史蒂夫个人对此问题的确信程度与他在家得宝公司相对较短的任期（五年）多少有些不相称。如此确信的认识应该出自公司创始人，而不是刚来公司不久的人才对。史蒂夫在百事公司被世人热烈追捧和仿效的“人的系统”之中度过了自己职业生涯前14年的大部分时光。在那里，他充分地熟悉了安德奥·皮尔森所创立的、被人们广泛记载的组织健身法。尽管史蒂夫十分尊重百事的做法，他还是认为家得宝公司的做法与之大为不同——后者的做法更为简单，重点更为突出。他认为这恰恰是家得宝公司素质超群、表现出众的员工的关键所在。

我们问史蒂夫，他的经理们是否都是对员工进行投资的狂热分子——他们的做法是否更接近于一种宗教式的狂热？他立刻否定了我们的看法：

> “宗教式的狂热”这个词偏离了主题。我们20年的业绩不能被归功于对员工进行投资以外的任何事情。这种做法用响当当的收益向股东和顾客证明了自己的价值。
>
> 我们招募素质更好的人员，给他们支付更高的工资，为他们带

来更多的机会，更有效地教育他们，并且以比你能提到的任何一家零售商更高的比例留住他们。如果把这些都进行量化，不难看出我们在此项投资上的回报比平常要高得多——销售和盈利能力增长的记录，还有我们在市场中的领导地位说明了一切。这跟“宗教式的狂热”大不相同，而且它的地位是无法撼动的。

史蒂夫·梅扎纳的确抓住了问题的关键。

麦肯锡：“创造你自己的麦肯锡”

除了家居零售连锁店与顶尖管理咨询公司之间的显著区别之外，家得宝公司和麦肯锡公司（Mckinsey & Company，Inc.），都在各自高绩效的员工之中追寻个人成就路径。然而，对于麦肯锡公司来说，这样的员工仅限于公司全部员工中专门从事咨询工作的那部分人。

我记得几年之前我对一批刚来麦肯锡工作的同事讲话的时候，做出了一个我曾经不止一次提过的论断：“这里的工作是一个集体运动项目。在这里，成功是你对团队技能掌握程度的函数。”但是，我错了。在麦肯锡中一直难于找到真正的团队。公司所提供的基本上是一种强调个人成就的工作环境。在这种环境里工作，有着紧迫的时间压力。因此它也更加偏爱个人表现和单领导工作组，而不是真正的团队协作。

在很多方面，麦肯锡所遵循的个人成就路径近似于家得宝公司。例如，麦肯锡也追寻对个人成就路径起着补充和增强作用的任务、价值观和自豪感路径。公司主要的力量源泉来自客户，公司像家得宝公司一样重视、尊敬其顾客。近半个世纪以来，公司还从马文·鲍尔独特的领导力活动中汲取力量。1998 年，这位非凡超群的领导者在 94 岁高龄的时候还在一个领导力大会上鼓舞、启发着公司的合伙人。可以证实，鲍尔通过引入“顶尖管理咨询”的概念，而使这份职业发生了深刻的变化。在鲍尔之前，多数公司都将工作重点集中在改善时间和操作效率、市场调查项目和报酬体系等问题方面。

不论从哪个方面看，麦肯锡员工的表现都让人印象深刻。公司所服务的客户在行业中十分惹眼，这直接反映出了公司员工的影响力。公司的“毕业生”在成百上千个公司里任职决策岗位，这其中包括 IBM、美国运通（American Express）、三角洲航空公司（Delta Air Lines）、NBC 和安然公司（Enron）的 CEO，在此仅举几例。由于麦肯锡是合伙人拥有的私有公司，公司收入不为公众所知，但是公司中财产超过百万美元的合伙人的个数大概是世界上所有专业服务组织中最多的。公司发表的论文比任何一个著名商业院校所发表的都多，公司享有超过 70 年的声誉。不仅如此，公司所支持的社区活动和公众服务超过世界上任何一家咨询公司。

历史回顾：创造一个崭新的职业

麦肯锡的起源可以追溯到 20 世纪 20 年代。当时芝加哥大学会计学教授詹姆斯 O. 麦肯锡因为出版了一本关于管理会计的书籍而多少有了些名气，并由此开办了自己的公司。马文・鲍尔很快加入进来，他当年在克里富兰的时候，跟琼斯一起创办了一个成功的律师事务所。他们一起孕育出了顶级管理咨询这个崭新的行当。鲍尔还特别相信，能够为大型集团企业的领导者提供独特管理意见的专家组织（以一套由最优秀的法律公司实践的原则为模型，组织构建），会大有作为。这个简单的理念推动着麦肯锡走到了一个现在遍布世界的行业的顶峰。五花八门各种规模的咨询师都声称自己是顶级管理咨询顾问。

鲍尔在 1950 年取得了公司的管理权，此时，麦肯锡先生离开公司，出任位于芝加哥的名叫马歇尔广场的百货商店的 CEO。几个月之后，麦肯锡先生就去世了。鲍尔是个非常有魅力的领导者，他致力于实现自己的梦想，他所为之奋斗的职业价值至今仍然是咨询业的标准之一。麦肯锡公司还在招募顶尖的 MBA、公司的全球扩张、顾客群的质量等方面居同业之冠。如今，没有人会怀疑公司在行业中的领导力，更没有人觉得其咨询人员的才干和精力是有人能敌的。

一分为二的情形

公司所应对的业务重点、市场状况、员工自我实现需要与家得宝公司并不相同，尽管麦肯锡公司同样也有着富有挑战性的双重企业任务：

帮助公司顾客取得持久的业绩上的改善和建立一个能够吸引和刺激优异人才的伟大公司。激励和调动公司背景各异的同事的东西，与构成公司合伙人的责任感的因素有着一定的差别。简单说，公司的历史、抱负和价值观更多的激励着公司合伙人这一部分人。而公司的同事知道自己在公司里干满五年的几率是很低的。因此，个人成就路径就成了决定公司同事责任心的主要因素。

业绩重点。处在公司业绩重点首位的是公司致力于通过长期、深层次地影响客户的业绩来与客户建立非同一般的联系。为了达到这个目的，公司合伙人最近提出了“100% 的立方”的口号：在 100% 的时间里，调动公司 100% 的能力来为公司 100% 的顾客服务。考虑到公司在全球所涉足的范围和领域，公司的这个抱负可谓非同小可。公司力图在客户所面临的行业和职能等领域的问题上学习新的知识、获取新的见的和培养新的技能。公司还寻求在日见广泛和多样的国际合伙人之间培养一种真正的伙伴精神。

市场动态和现实。市场上充斥着大大小小的公司，用各种各样的方法与麦肯锡公司进行竞争。这样的公司从诸如斯特恩公司（Stern）、西蒙公司（Simons，经济价值专家）这样的高度专业化的精品企业到波士顿咨询集团这样的全方位服务公司一应俱全。数以百计的这些咨询公司不仅互相抢夺客户，而且还为了更好的人才而相互争斗。咨询业最激烈的竞争通常出现在顶尖的研究生院当中。公司给出的起薪条件可以超过六位数，而且还可以包括特别入职奖金和为配偶提供猎头服务。抢夺人才的竞争所涉及的范围早已超出了顶尖研究生院的范畴。咨询公司已经开始走出校门到社会的商业和公共部门进一步搜寻更有经验的候选人。

员工自我实现的需要。大多数公司同事的自我实现需要主要集中在对个人成就的认可、进行选择的自由，以及个人成长和发展等方面。同事中的现实主义者在寻求扩大自己令人羡慕的功劳簿的同时也努力使自己晋升为公司合伙人。很多同事公开地将麦肯锡公司当作一个高级的研究院，他们在其中深造以便将来在非咨询领域谋求更有声望的决策职位。

在大卫·梅斯特对专业服务企业所作的初级研究中，他描述了一个混合模型（Churning Model），这个模型恰当说明了麦肯锡公司过去所采用的方法。

> 一家或多家企业在人员流转率上明确选择了较高的目标。合伙人能够照旧从下级员工身上获得附加价值，而不必用提升的形式"回报"他们。公司同时还进行惊人的人员筛选，以便只有"最优秀的"才能留在组织之中。
>
> 不足为奇，使用这种战略的企业肯定是行业中最富声望的。各式人才不断加入企业，他们知道"成功"的机会非常小，但是他们看重在行业中最负盛名的公司中的所得到的经历、受到的培训，以及与这样的企业所建立的联系。

文化因素。除了公司的规模之外（公司拥有 4000 多名专业人员），公司依然按照马文·鲍尔的理念紧凑地组织在一起。这种理念就是从最优秀的法律企业中借鉴专业经验，建立最优秀的管理公司。公司的核心价值观包括把客户的利益放在第一位，在全部管理领域培养独特的能力，以及要求员工在做人和做事方面最大化的正直诚信。这些价值观，再加上公司在提供出众的客户服务方面的声誉，创造了一种欢迎个人发挥主动性，愿意让个人取得成就的企业环境。麦肯锡公司雇用最优秀的人，同样也期望被雇用的人鞠躬尽瘁地工作。在市场竞争不断加剧的条件下，要保持员工素质方面的优势不断提高将会是一项真正的挑战。

公司还面临着一项既影响业绩又影响员工自我实现的终级挑战。那就是公司越来越需要真正的团队协作能力。不仅在客户服务领域，就像"100% 的立方"这个业绩重点所说明的那样，而且在公司内部领导力和管理体系中，都是如此。各个合伙人群体越来越多地需要像真正的团队那样发挥作用，就像公司重要的高层领导委员会所做的那样。截止到近期，公司的个人成就路径所发挥的力量一直在束缚着团队表现的发挥。这自然为公司决定重新关注任务、价值观和自豪感路径提供了有力的论据。

麦肯锡公司的新同事所抱有的价值观念是，公司为其提供独特的个人学习、个人成长、个人收入和取得个人成就的机会。作为报答，公司要求员工专心遵守公司的核心价值观并且愿意应对大量的压力、频繁的出差和超长的工作时间。目前有两个独特的力量源泉和四种能够确保在对顾客的影响力与咨询顾问个人实现之间的动态平衡的整合理论支撑着上述价值观念。然而，公司的发展目前正处在一个关键的分水岭上。公司几位当前的领导者发现需要关注其他的力量源泉和整合理论，因为从年轻人的自然兴趣和价值观的角度看，鲍尔的领导力和价值观落伍了。

力量源泉与整合方法

在公司起着支配作用的最主要的力量源泉来自客户。由于麦肯锡公司的声誉和高额的费用，客户的要求总是非常苛刻，并且总是希望从公司这里多获得一些东西。另外，公司合伙人也不断将所有人的注意力都集中到对客户的影响力方面，公司在评估合伙人的业绩的时候会对此进行严格的考察。对客户的影响力要远远比客户的身份地位重要，而且合伙人的报酬也很少与他的身份地位联系在一起。公司渴望得到的客户群体和愿意动手解决的问题会让公司上下每一位员工都兴奋不已。例如，在公司合伙人会议上，与会者通常都会播放客户公司的决策者直接对麦肯锡公司提供服务的那些关键方面所做出的评价的影像剪辑。确保公司在新涉足的领域中被别人接受，受别人信任的最好的办法就是引用客户成功的故事和他们对此的反映。

在过去的大部分时间里，公司主要仰仗一位魅力超凡的领导者来获得灵感、指导和动力。马文·鲍尔超越自身的高大形象在后续的领导者中鲜有人能及，虽然这些领导者在各自的权力范围内都干得非常出色。鲍尔一直被认为是一套价值观的化身，公司合伙人相信，这套价值观使得公司在客户和员工候选人心中占据了非同一般的位置。尽管马文·鲍尔离开公司正式的管理岗位都有 20 多年了，少数合伙人依然声称自己会问，“马文在这样的情况下会怎么做?”，通过这样来解决困难的专业问题。

然而，由于越来越少的公司同事能够把自己与马文·鲍尔的角色模型联系在一起，鲍尔这个力量源泉所发挥的作用也越来越少了。随着这一力量源泉的消失，公司就需要更多地利用自己的传统和历史。在这方面，位于达拉斯的公司办公室最近启动了一个特别的历史项目，旨在填补这方面的需要。

由于混合模型的存在，麦肯锡公司在企业业绩表现和员工自我实现之间保持平衡就变得尤其困难。因为每五个员工当中只有一个能够得到晋升并留在公司，剩下的人全都要离开（公司着重推行的‘不晋升就走人’的政策的结果），所以，每隔六七年全部公司同事就要“换血”一次。公司合伙人是可望而不可及的，因为在对客户的影响不断深入的条件下，他们总是竭尽所能把自己凌驾于越来越多的人之上。结果，公司就必须在决策执行下述整合方法的过程中继续保持出色的表现。

创造广泛的机会。公司下大力气为同事创造大量的机遇。在入职的前两年里，公司鼓励同事参与不同的行业部门、不同的职能领域当中的客户项目。在这个时期，公司还怂恿新同事“树起自己的招牌”，使得他们能够从中培养自己的专业技能，成为所谓的“箍桶匠”（Spikey integrator）——公司对那些成为重要客户所关心的问题方面的专家泰斗的人的称呼。然而，许多咨询师努力获取多方面的专业技能，并因此拓宽了自己为客户服务的机会。

在为客户工作之外，公司还为同事提供大量的非对外的工作机会，让他们在长进自己的学问的项目、个人发展问题，以及办公室和企业管理机制等方面开展工作。在得克萨斯工作的一位名叫乔恩·扎格罗斯基的员工最近在一个重塑本公司战略的特别项目中工作了一年多。他把这个项目说成“是对我来说，一辈子只有一次的经历”。公司经常为各层次的员工提供这类机会。

进行有目的的选择。麦肯锡公司对候选人的选择是一个双向的过程，它既强调员工的自我选择又强调公司的挑选。公司首先严格按照拟订的招募方法对候选人的简历进行无情地筛选，然后对通过的人员进行高强度的面试和讨论，借此考察他们的智商、情商和个人价值标准。所有顶级商业院校毕业的绝大多数 MBA 都会告诉你，麦肯锡公司的工作邀请函就是六合彩的获奖通知书。

然而，招募过程结束之后，人员的挑选还远未结束。公司每六个月都会用一套精雕细琢的标准对每一位同事进行评估。这套标准着重关注不同层次的顾问能力所需的工作技能之间平衡状况。在此项透明的评估过程中落后的同事所面临的被分流的压力就会增加。

麦肯锡公司对合伙人的推选更是一个严格的、以事实为依据的过程。来自公司各个部门的委员会对候选人的业绩进行筛选，会与所有与候选人工作过的人进行深入地交谈，还会组织一系列开放式的对话，以确保在推选负责人（Principals，初级合伙人）和主任（Directors，高级合伙人）过程中的整体一致性。这些人事委员会和工作流程由公司中最优秀的合伙人组成和执行，而且每年在每个候选人身上都要花费几个星期的时间。这种世界级的人员选择过程在全世界都是无人能敌的。

清楚地表述最为重要。合伙人的评估过程既全面，又彻底。这样一来，就使得同事们清楚地了解各自在其职业发展道路上所处的位置，公司同时也能够根据个人的成就和潜力来区别加以对待。

要拥有被推选为公司合伙人的资格，公司同事必须通过从初级同事到高级签约经理之间六个级别的考验。每个级别都清楚地包含着一套顾问技能和影响顾客的标准，而且同事之间也对各自在此道路上所处的相对位置心知肚明。虽然报酬的细节并不公布于众，公司每位同事对每个级别所代表的相对价值都是十分熟悉的。

从面试时的谈话开始，公司自始至终地将抱负、核心价值观、业绩标准清楚地展现给每位同事。公司所采用的、费用高达数百万美元的培训体系包含着许多模块，其中每一个模块都清楚地向员工表述着什么对于公司来说最为重要，以及一名同事必须怎样做才能在公司独特的以价值为导向的文化中取得成功。

公司每年都会传达不计其数的正式或是非正式的文件，以强化企业的价值观、抱负和对业绩的期望。每位同事都有一个年度总结的机会，借此他们可以与自己的导师和正规的小组领导者进行讨论，而这些人的工作就是向那些要在公司得到晋升的员工解释其个人的发展需要。

当被问及公司的核心抱负和价值观的时候，每一位同事都能够清楚、一致地表述出在麦肯锡什么最为重要。多数同事还会坦率地告诉你他们觉得公司在什么地方还存在着不足，需要进一步提高。如同海军陆战队一样，麦肯锡公司的同事和合伙人会对任何不符合其核心价值观的事物进行公开地批判（通常是具有建设性的）。

提供有意义的认可和回报。钱在麦肯锡公司是重要的，甚至重要得有些过头。然而，这并不一种“把钱给我”的文化。公司同事和合伙人当然都对职业收入有着很高的预期，他们也都能享受到各种诱人的权力为他们带来的回报，他们还同时体验着别的企业为了得到其所代表的才干而在他们身上所开展的愈演愈烈的竞争。所以，公司定期对其报酬水平进行仔细地审查，并经常加以调整，以便保持明显的竞争优势。

与此同时，公司并不试图在这个方面与高端的投资银行家或企业家相比拼。麦肯锡公司对非经济回报措施的重视程度一点也不少。从认可员工的快速晋升到为员工安排特别任务和尽早对其提升等，公司采取的措施一应俱全。表现最优秀的人显然比水平一般或碌碌无为的人更受公司关注。在对于业绩和广大员工的价值的认可方面，公司的所作所为绝不亚于本书前面提到的任何一家出类拔萃的公司。

然而，公司最出众的地方在于推动潜力更大、节节高升的咨询师不断前进的步伐。自然，其中的重点是员工个人的潜力和业绩表现。公司所有的人事体制和标准都是为了清楚地分辨和奖励表现最佳的个人而设计的。近些年来，公司对集体或合作的成果进行了更多的关注，但是公司的认可和奖励体制却依然钟爱个人成就。因此，在公司里，真正的团队表现依然是凤毛麟角，而且特别难以实现。

整合麦肯锡公司和家得宝公司的路径

正像许多最善于激励员工的公司一样，麦肯锡公司和家得宝公司利用不止一条平衡路径，即任务、价值观和自豪感路径和个人成就路径。这两条路径能够自然地结合在一起，从而创造一个超越所有竞争对手的、具有巅峰绩效的员工。而个人成就路径是这两家独特的企业最能调动和激励其员工的手段。

两家公司的员工个人之间都存在着健康、向上的竞争，尽管家得宝公司历来能够将其员工的集体荣誉感化为团队的业绩表现，而麦肯锡公司在此方面还有很多路要走。两家公司过去都受益于真正出众的领导者，并且一直依靠公司的快速增长来提升员工业绩。然而，将来他们或许都需要更加注意培养其他的力量源泉来维持一线员工的责任感。

两家公司的整合员工力量的理论也很相似，尽管麦肯锡公司更多地依靠其有目的的招募和选择人员的方法，而家得宝公司强调其主人翁哲学和广泛分配的领导活动。两家公司都是用在外人看来毫无理性的方法在其员工身上进行投资的典范。然而，麦肯锡公司主要关注专业同事和合伙人这部分员工，而家得宝公司的目标是全部员工。两家公司在追寻各自独特的员工过人力量源泉和其精挑细选的员工力量整合方法两个方面，都有着让人难以置信的规范性。

第7章

认可和赞赏路径

大多数表现良好的公司都会用出钱办宴会、有意识地采用现金或红利以外等方法，来奖励和赞赏员工所取得的成就。这些公司所采取的举措，从义务性的圣诞晚会和公司野炊，到员工月度明星奖、组织有特定成就的团体（例如，百万美元销售俱乐部）、固定车位、桌面或者墙面上的奖状、图钉、徽章、私人电邮以及老板亲笔书写的条子，等等。可以罗列的项目似乎无穷无尽，采用这类做法的公司也遍及五湖四海。

此类对员工的认可或许让人赏心悦目，也令人不胜钦佩，但是它既不能解释，又不能引发员工创造出巅峰绩效。而在本章所描述的平衡的认可和赞赏路径中，此类活动却与企业的经营目的有着不可或缺的联系，同时它们也能够比其他公司的类似行为更能有条不紊地满足关键部门的员工的自我实现需要。既然几乎所有的公司都采用一些非经济的手段进行奖励和庆祝，那么找出这些一般的做法与那些真正出色的执行认可和赞赏路径少数公司的做法之间的差别，就十分重要了。表7－1总结了一些关键性的差别。

表7－1　认可和赞赏做法方面的区别

主要特点	普通公司	采用平衡的认可和赞赏路径的公司
活动类型	大型年度庆典和假期	利用一切可以想像的理由赞赏员工的成就
活动数量	每年几十次	每年几百次
发起人	人力资源部门	各部门,各层次的生产线经理加上员工本身
员工的反映	"哎,难道还得再来一次吗?"	"喔！太有趣了！"
资金来源	公司承担全部费用,且活动一般安排在上班时间	员工经常自理费用,一般利用员工的个人时间

然而，最重要的是，认可和赞赏路径很少单独成为绩效超群的员工所关注的焦点。我们研究过的公司中没有一家唯一，甚至主要地依靠认可和赞赏路径。另一方面，在三分之二的案例中，该路径却是一条重要的伙伴路径。它似乎可以与流程和度量路径以及任务、价值观和自豪感路径结合得很好。此类结合最著名的例子当属肯德基和万豪集团，当然还有西南航空公司、家得宝公司、雅芳、西尔斯宠物营养公司，以及美国海军陆战队。本章着重关注肯德基公司如何发挥出了该路径的特点，并且还用万豪国际集团所采用的方法与之进行了比较。

KFC：上校的馈赠

肯德基的家庭鸡肉晚餐已经享誉整个世界。公司正式的名字是山德士上校（Colonel Sander's）的肯德基炸鸡。它现在是新创建的百胜企业（Tricon enterprise）的一部分。而百胜企业是百事公司（Pepsi）的衍生企业（spin-off），它拥有肯德基、必胜客（Pizza Hut）和塔克·贝尔（Taco Bell）三个品牌。过去的十年，肯德基的业绩有一定的波动，但是大卫·诺瓦克（David Novak）于1994年重拾认可和赞赏路径之后力挽狂澜所实现的业绩大逆转最值得让人称道。

肯德基有着深厚的表扬、庆祝员工成就的传统。该传统可以追溯到1955年，山德士上校开着旅行车售卖其神秘配方的特许经营权的时候。到了1996年，肯德基的5000多家店铺所创造的销售额达到了近80亿美元。这样的业务水平每年需要雇用近5万人次来维持4万名一线公司员工的运营需要——反映出快餐店中普遍存在的高人员流失率。要在这样的高人员流失率的环境中保持员工的巅峰绩效，这对于行业内任何一家企业来说都是一项真正的挑战，肯德基当然也不例外。

历史回顾：不死的神秘配方

然而，虽然面临着上述挑战，在创建之初的头几十年的时间里，公司在其特许权经营业务和其自有店铺当中却保持着一只业绩出众的员工队伍。在大型母公司（休伯莱恩公司 Heublein Inc）、百事公司（Pepsi-

Co)、纳贝斯克公司（RJR Nabisco）接管肯德基之后，员工业绩表现开始下滑。好心的职业经理们决策执行的业绩重点、管理控制以及激励机制破坏了员工，尤其是餐厅经理（RGMs，restaurant general managers）和特许权所有者，的士气和动机。他们破坏了员工自我实现和企业业绩之间应有的平衡。

当百事公司任命大卫·诺瓦克为接任 CEO 的时候，肯德基面临着彻底逆转公司业绩的挑战，因为，公司销售额已经连续 5 年下滑而且公司店铺的利润率已经跌破了 10%（而特许权经营者是 20%）。诺瓦克还不得不应对关键特许权经营者的信任危机，他们在地域保护问题上已经与公司打了七年的冗长而艰苦的诉讼官司。与其他的业绩杠杆相比，员工的表现也一落千丈。再回过头来看，这种情况与公司所从事的一线服务业务是不相称的。诺瓦克的对策却多少让人有些吃惊。虽然他在“只认数字”的体系（百事公司）中得到了更好地武装，但是他却决定重塑上校形象，从而重新建立一线员工对公司的信心和责任感。

山德士上校的晚年形象在日本依然是人们的偶像。在美国的许多地方这一形象也仍然具有传奇性。那个身着白色西装、留着经典的山羊胡子的友善的南方绅士形象，在半个多世纪的时间里象征着地道的家庭风格的炸鸡。这一形象可谓世界上最为知名的品牌形象之一。虽然上校及其夫人现在已经离开了人世，但是他们原有的产品理念和为顾客服务的价值观依然保持着公司的活力。这些理念和价值观也注定能够在下个世纪里继续得到发扬光大。山德士上校这对朴素的夫妇能够创造这样一个能够以其餐厅经理为依托，保持员工有着巅峰表现的价值 80 亿美元的企业，的确让人难以置信。

尽管公司仍旧在“不断发展之中”，在肯德基中有很多人相信他们已经创造了那种使得山德士上校在世的时候成为传奇人物的有着出众表现的员工。管理人员也承认公司现有的领导方法解释了公司五年多来业绩回升的原因，同时也帮助公司找出了在经济困难时期保持公司业绩的方法。无独有偶，肯德基在其发展过程中有着西南航空公司的印记，对此诺瓦克并不避讳。

“白宫”之行

肯德基的总部位于美国肯塔基州北部的路易斯维尔。在总部的各栋建筑之中矗立着一座经过改动的南方宅邸。人们把它称作“白宫”，象征着山德士上校丰厚的历史和馈赠。它同时还是个十分显眼的地方，其中展示着员工个人和集体所得的荣誉，并且还是对员工的当前成就进行认可的地方。一条富丽堂皇的名叫“领导之路”的地下通道，将一个技术中心与白宫连接起来。这个名字传达着公司的信念：各级领导者负责实现肯德基的使命。通道中摆放着几十个有象征意义的，并且能够激励员工的事物，表现出肯德基在调动员工活力，执行公司战略方面所做的许多努力。通道给人的整体感觉是温馨的，反映着公司友善的热情和活力。员工走路的速度很快，几乎看不到谁踱着方步，而且经常可以看到员工停下来亲密地交谈。走廊当中一片繁忙景象，大家在此碰面、交谈然后分头工作。即便我们是陌生人，几乎所有我们经过的人都跟我们客气地打招呼。

我们首先要见的人是公司运营副总裁兼首席运营官查克·罗力。查克的下属根据公司 CEO 对他的评价而把他称作斗牛犬（Bulldog），因为公司 CEO 曾戏谑地说他“像个斗牛犬”。随着我们之间交谈的深入，我们发现这个称呼更加适合他的意志而不是外型。实际上，他看起来更像一名自己曾经供职过的伯·詹葛斯连锁店（Bo Jangles chain，位于肯塔基州的路易斯维尔）的餐厅经理。

查克在 1985 年以“特定项目人员”的身份加入肯德基。换句话说，尽管公司没有给他指派真正的任务，但是当时雇用他的人认为他日后是有用之才。罗力亲历了肯德基的三个朝代，这或许也算一个长处吧。领地风波在他看来是百事公司 20 世纪 80 年代的一个错误的举措。当时，百事公司试图更改特许权经营者的合约，取消以前给予他们的地域保护。对于特许权经营者来说，取消地域保护无异于丧失了决定谁可以踏进家门的权力。就像查克所回忆的，那个时候，特许权经营组织的信心受到了极大的破坏。再加上当时公司备受争议的对反抗的特许权经营者进行收购的战略：“我们要全部拥有!! 这个过程在特许权经营者看来就是让他们破产的武器。”

另外，从1988~1995年的六年之间，公司还做出了其他几项令人惋惜的举动。多数这些举动被视为是不尊重山德士上校的例证，并且严重损害了公司的早期发展所倚仗的上校的肖像和品牌形象。当1994年夏天大卫·诺瓦克作为新一任的CEO上任的时候，特许权经营者清楚地向他传递了这样一个信息："你得好好干，小伙子——否则你呆不了多久。"

查克和大卫两人都把他们的变革措施分为战略、组织和文化三个层次。公司通过一个将各级经理以及特许权经营者全部包括在内的高度互动的机制来制定其商业战略。战略的制定过程实际上也是新的企业文化的启动过程。查克把这种企业文化总结为："公司提供的服务如此之好，以至于它能够促进销售。餐厅内外的清洁卫生是一切的开始——餐厅脏乱是不可饶恕的罪行。"

公司的口号是在价格有竞争力的基础上保证清洁、友善和质量。这看起来似乎显而易见，但是肯德基要在严格一致的前提下坚持这些标准，因而这仍是个有待实现的抱负。

肯德基的管理方法主要依靠深入细致的双向沟通机制，其中包括每年几次的论坛和研讨会。公司人力资源高级副总裁葛勒格·德里克讲起话来似乎更像一个销售和营销方面的狂热分子。他的话语里充满了口号，但是其中更引人注目的是他会提出这样一个问题："你为什么不想去别的地方工作。"葛勒格会经常留意员工在这个问题上的反映，因为这代表着他要处理的问题。公司总部的心智状态看起来是要消灭一切可能让人更换工作的理由和一切没有取得业绩的借口。这是一个令人敬畏的挑战，但是它却更加坚定了葛勒格将其实现的决心。当我们与葛勒格一起走过"领导之路"的时候，他毫不掩饰对于每个展品所表现出的热情——从查克的斗牛犬奖的"犬舍"一直到近几年来值得回忆的讨论会和演讲的一些影像资料，等等。

认可和赞赏路径的意义何在

大卫·诺瓦克一心要活生生地并且恰当地保持山德士上校的形象，因为他认为不这样做，公司同时所采用的流程和度量路径就会扼杀掉一线员工的活力和责任心。诺瓦克的形象和说话的方式与山德士上校有着很大的区别，但从山德士上校的夫人到特许权经营者似乎都深信上校绝对会对大卫十分满意。诺瓦克还是西南航空公司 CEO 赫布·凯莱赫的公开仰慕者。他力图把肯德基的员工放在至少与顾客同等重要的地位上。“员工首先要相信你在乎他们，”诺瓦克说，“在他们取得这种信念之前，谁也没有机会让他们多为你走一步路。”

诺瓦克还把他的辐射领导力（Shadow Leadership）的概念提升到了很重要的位置。这个概念的意思是员工会按照领导者的行为行事。也就是说，领导者在员工中有着不可忽略的模范效用。诺瓦克所使用的领导者这个词有着非常宽泛的意义——其意思几乎是每一名员工都有着能够扮演而且必需扮演的领导角色。

不过，诺瓦克的主题依然是“餐厅总经理是第一位的领导者”。所有其他事务都是为了支持和增强餐厅经理的绩效而存在的。他认为一名成功的餐厅经理将真正起到其下属餐厅工作人员的团队领导的作用。诺瓦克的认可和赞赏路径的主要侧重点就是餐厅团队这部分员工。

要理解为什么重塑上校的形象是有意义的，我们必须从业绩重点、市场动态和现实、员工自我实现的需要和内部文化因素等方面来考察肯德基所面临的情况。我们在下面几个段落里仔细讨论肯德基所面临的这些挑战。

业绩重点。通过重新塑造一套新的抱负和目标，借此重新定义肯德基的核心经营价值观念（即肯德基会用何种价格给顾客带来什么好处）；通过更加严格、坚持不懈地实现这种价值观念，通过清楚有力地向员工和顾客传达这种观念，诺瓦克开始动手扭转肯德基公司的业绩。下面的座右铭就抓住了公司价值观念的本质。他们在组织之中得到了广泛的接受和采纳：

- 做方便食品的首屈一指的供应商。这个抱负与过去的提法十分接近，它延续了上校的“周日晚餐”的传统。因此，它给予了肯德基公司一线员工和特许权经营组织显著的、积极的影响。这个座右铭还在顾客的眼中将肯德基的产品和服务定位成了一顿晚餐，而不是“可以狼吞虎咽的”快餐食品。

- 每周至少为每一个家庭带来一顿美味的膳食。这个新的抱负是肯德基公司整个价值链（产品和菜单设计、营销、运营还有一线员工和特许权经营者的表现）的一个显著的延伸。如果公司能够让老主顾每年多造访一次公司的店铺，那么公司现有的盈利水平将会得到显著的提高。

为了强化每个人对这些业绩重点的重要性的认识，公司一开始就有效地强制执行了几项命令性的举措（相对于团队集体性的行为举措而言）。这些措施中的一部分对公司的价值观念产生了影响，我们从餐厅菜单的变化方面就不难看出这一点。例如，公司原有的神秘配方得到了恢复和加强，一些“失败的”产品被从菜单上删掉了，而一些大受欢迎的产品，像鸡肉馅饼（Pot Pies）和上校鸡块（Crispy Strips）被加了进来。剩下的措施为公司带来了新的价值观念。公司现有的地域组织结构得到了进一步地加强，这样公司就可以更为直接地把握各个店铺的运营情况，同时餐厅经理的重要性也得到了进一步地加强。而且，让人心烦意乱的特许权诉讼问题也最终得到了解决。这为公司恢复和重建与所有特许权经营者之间的稳固关系打开了方便之门。这些决策是非常重要的战略和结构举措，它们为公司进一步进行取得更好的业绩水平所必需的更为严格、更为宽泛的行为变革铺平了道路。

上述行为变革所关心的主要是如何在料理食品、接待订餐和餐厅环境与气氛等方面向顾客传递公司的价值观念。让顾客的每次光临都成为非常好的体验，即，“让顾客乐意不断再次光临”是公司显而易见却有困难重重的挑战。

不幸的是，没有任何简单的决定和措施能够确保员工拥有必要的行为，从而使得回头客数量不断增加。所有店铺内的食品料理准备过程必须确保产品拥有统一的高品质（“用顾客的要求来满足所有顾客”），接待顾客的订餐应该积极地响应顾客并且保持友善的态度（“用如此好的服务来招揽顾客，以至于可以促进销售”）。每家餐厅必须比以前更加整洁明亮（“根除污点这类不可饶恕的罪过”）。

简而言之，要提高顾客对餐厅的“支持”程度，就需要全体员工提高个人和集体的表现。这其中既包括公司自有的3000个餐厅，也包括6000多个特许权经营店中的所有职位。这种针对全体员工表现的要求的确是令人敬畏的。

市场动态和现实。要在快餐行业中使得员工的行为发生这样的变化，绝非易事。大多数竞争对手从不进行这样的尝试。首先，行业收益本身就无法提供高额工资来雇用高级人才，也无法给予客观的经济回报来换取更好的员工业绩表现。实际上，公司的财务负担常常使得公司不断裁员来增加短期收益。

另外，现实员工来源的人口统计数据（年龄、才智、教育和劳动道德）加上员工市场上的低失业率，决定了公司按照市场环境所允许的速度找到出众的，甚至可以接受的员工都是非常困难的，更不要提把他们留住了。一句话，快餐供应商之间争夺现有的员工的竞争是非常激烈的，这也造成了行业内所特有的高员工流失率。考虑到快餐工作节奏快、要求苛刻、容易发生不愉快的工作性质，高员工流失率的确是该行业中的一个通病。同时，由于快餐业是许多员工所体验的第一份工作，因此他们对其他工作的相对吸引力抱有天真的幻想，这也就更加使得快餐业的员工流失率雪上加霜。

结果，行业内绝大多数竞争者选择了通过员工自治、改进技术和运用紧密的系统控制方法等手段来设计并且安排员工的工作。他们认为能够从员工身上所期望的不过是勉强可以接受的劳动道德水平和短视的心智状态。而肯德基公司却作出了截然不同的反映。公司决定通过有纪律地使用非货币激励方法，通过在现有员工身上进行进一步投资，通过创造一个多数愿意留下的团队性的工作环境（哪怕相对于竞争对手来说能够多呆一会儿），来使得员工成为自己的竞争优势。尽管现在就宣称大功告成对肯德基公司来说还为时尚早，但是公司员工流失率和生产率的统计数字却发生着喜人的变化。餐厅经理的流失率已经从 27% 降到了 17% 。

员工自我实现的需要。在一定的水平上，我们可以轻松地描述员工的自我实现需要，因为它们与本书前面章节中所描述的人类一般的需要是类似的。通过下面的列表，我们可以发现每一个人类的需要都能在工作场所得到满足：

- 方向、结构和秩序：一个让人感到安全的工作场所。
- 身份、目的和自我价值的感觉：身在其位的人的所作所为对公司和对其个人都真正重要的那种职位。
- 归属感：成为自己所尊重并愿意为之工作的集体的一分子。
- 拥有对切身利益的发言权：一种对自己在公司中的命运的发言权。
- 个人发展和提高的机会：迎接日渐增加的挑战、学习新的技能和与时俱进的机遇。

在肯德基公司，以及在许多其他公司，根据员工的任期、职位和履历的不同，上述需求的重要性也有所不同。例如，从正式的工作等级来看，从新来的餐厅员工升到市场督导员（Market Coach）的职位代表着四五个不同层次的工作责任和员工自我实现的需要。刚刚当上班次主管的新员工考虑的主要是在工作相对稳定的前提下实现自己的基本员工需求（报酬和利益）。由于这样的员工在其生活的其他方面（家庭、社区等），经常缺乏秩序、纪律和方向感，所以在工作中就要满足他这方面的需要。

当员工升任助理单位经理和餐厅经理的时候，其他方面的需要就占了上风。许多人寻求加入一个能够使得自己感到荣耀的圈子并且获得晋升的机会，尽管他们都缺乏正规教育和基本的经营技能。最后，业绩更好的餐厅经理和市场督导员都希望得到去引导他人，取得一定的成就和在更大的程度上把握自己事业的机会。然而，不论哪个层次，员工都希望个人和工作两方面的能力都能够得到认可，他们寻求自己在一些重要的方面的办事能力能够得到别人的肯定。

文化因素。每个公司的文化都会对公司采用什么样的路径来营造绩效出众的员工产生影响。从山德士上校早期开着房车造访店铺、激励员工，一直到促使百胜公司于1997年成立的一系列收购活动，这样的文化在肯德基公司经历了无数的压力、排挤和变革。

解读肯德基公司的文化的最好时期是20世纪90年代的早期。这时诺瓦克在公司业已确立的流程和度量路径的基础上着力塑造并整合一条有力的认可和赞赏路径。在那个时候，公司近来才不断强调的通过良好的营销和产品创新来促进销售的做法遭到了彻底地遗弃。公司并不是一个供应套餐的企业，而公司总部之中却弥漫着典型的套餐企业的工作态度。公司总部一味地盲信市场分析人员的结论，并据此颁布命令、强制执行、核定绩效，强行推行了成果管理方法。

不幸的是，上面这些做法在市场中根本不起作用。销售和利润降到了难以接受的水平、优秀的员工纷纷离职、特许权经营者也到了几近造反的境地。然而，从某种意义上说公司在市场上遭受的这种打击也有其有利之处，至少它创造了一个“火烧眉毛”的状态，迫使公司进行变革。它在公司上下创造的绝望情绪如此强烈，以至于不论什么方法员工都愿意尝试。

幸运的是，新任 CEO 深深地相信只有通过人，尤其是公司底层的广大员工，才能获得成功。不论是在大型团体中进行个人接触，还是在小的、面对面的场合与各个层次的人员进行讨论，他似乎有着无比旺盛的精力，时刻强调他的信念。尽管他既不穿白色的套装，也没有刻意修饰的山羊胡子，但是他不断在自己身上体现出那些几十年前山德士上校所强调的价值观念。不仅如此，诺瓦克还唤醒了山德士上校在员工身上所推行的对质量和服务的责任心。这一传统显然是公司“亟待重建”的东西。

换句话说，公司上下新产生的力量的主要源泉是一个意外的组合：上校留给公司的价值观以及所有他在人们心目之中所代表的东西，再加上一位新任领导者，他认为管理的真正职责在于激励员工，愿意在员工所取得的丁点成就上投入巨大的精力。随着更高程度的活力从这两个源泉之中不断迸发出来，这些活力迅速得到了强化和整合。现在，这些经过整合的力量在公司中创造了一个崭新的环境，它与诺瓦克重建上校的传统之前公司中盛行的情况截然不同。

肯德基公司的精选路径

肯德基的有着巅峰绩效的员工是公司将两条互补的平衡路径融合在

一起使用的结果（见图 7－1）。单凭认可和赞赏路径一个方面可能达不到现有的效果。就像单凭百事公司所代表的流程和度量路径这种强有力的成果管理方法也无法达到现有的效果一样。而将二者结合在一起，肯德基公司在相对较短的时间里取得了显著的成就。两条路径相互起到了强有力的互补作用。

图 7－1　整合肯德基公司的两条平衡路径

力量源泉和整合方法

显然，肯德基公司几乎均等地利用两个源泉来调动和激励员工的活力。这两个源泉分别是诺瓦克和山德士上校。诺瓦克是个有魅力的领导者，而山德士上校代表着公司丰厚的传统。将这两个源泉完美地结合在一起来调动组织上下的所有员工的活力绝非偶然之事。

诺瓦克或许不是第二个上校，但是在新的上校出现之前他依然在公司里扮演着山德士上校的角色。所有人都因为他在延续上校的传统的工作中所表现出的力量、激情和决心而对他表示尊敬。他所做的一切，从不断地访问和利用其他方式与员工进行交流，到他独具匠心地设立“橡皮鸡肉奖”（Rubber Chicken Awards）和坚决的主张“餐厅经理最为重要!”，都让员工把过去与现在联系在了一起。这种情感上的联系是十分有力的。

诺瓦克的智慧使他能够辨识上校在市场中给人留下的不可磨灭的印象。他对于质量、客户服务以及尊重员工等简单原则的不懈追求，现在已经固化在了公司的品牌形象之中了。这种形象不断地让人回想起上校给公司留下的传统文化。公司现有的领导力活动就是严格地利用这种传统文化，不断提醒和调动公司上下所有员工的情感力量和自豪感。

毫无疑问，在提高肯德基公司员工表现的种种努力中最具挑战性的，是利用能够支持两条平衡路径的一套互补的整合方法来保持公司原有的特点。公司使用的认可和赞赏路径是建立在四种方法之上的，其中的前两种也支持流程和度量路径。下面我们来讨论这四种方法。

向员工展示其真正价值。向员工展示其真正价值的一切工作，都始自高层领导者的这个深深的信条：没有多数人付出特别的努力，公司就无法持续地保持成功。或许公司 CEO 斩钉截铁地宣布餐厅经理是公司最重要的职位，是这种方法的最重要的成功因素。凭借这个业绩重点，公司全体员工转变成了一个致力于为餐厅经理及其一线团队提供服务的餐厅支持性集体。公司所强调的管理重心从接受高高在上的人员流失率变成了集中精力留住更多的员工。在这个方面，任期现在已是公司进行庆祝的方面之一，而且公司现在的重点是轮换员工的工作而不再是行业中典型的雇用－辞退－替换的用人“综合征”。尽管这场游戏依然有着高人员流失率的特点，但是在肯德基公司许多人发现自己越来越难以割舍那种看起来真正关心员工个人的工作环境。流程和度量路径也通过严格地度量和汇报店内环境调查的结果，通过在坚持员工成本预算（绝不低于预算）的基础上努力实现全员雇用的方法，有力地支持着这个方法。

业绩透明。多数有效地实施流程和度量路径的关键因素是业绩透明。让业绩透明意味着公司允许每一个员工看到自己跟其他人的业绩水平。肯德基公司同样也依靠这个方法来确保公司在认可和赞赏员工成就上所做的努力能够增强员工的业绩。在取得这种透明性的过程中，肯德基公司的做法并不让人感到专横傲慢。每隔 28 天，公司就在销售、利润和“友善、质量、服务和清洁”（HQSC，Hospitality，Quality，Service and Cleanliness）等方面对各家店铺进行强制排名。这些排名指标为各家店铺对“上校十二条”店铺准则（与上校几十年前亲自推出的准则完全一样）的执行情况提供了定点的、实时的评估。这些准则构成了每位餐厅经理与其市场教导员隔周进行的教导训练的不可缺少的一部分。另外，肯德基公司还安插人员使用购物者的身份每月为每一家店铺打两次 HQSC 分数。显然，这些过程和方法为公司提供了重要的度量标准，时刻可以用来作为认可、奖励员工成就的依据。

提供有意义的认可和奖励。公司创立了一种所向披靡的、完整的认可文化。不可否认，在认可员工成就方面，肯德基公司的确可以重新改写本书。不妨看看公司所设立的奖项：从 CEO 奖给别人的橡皮鸡肉，首席运营官的授予别人的斗牛犬称号，还有负责公司运营和奖励的经理设立的“上路奖”（Road-Runner Awards）。这些看似无聊至极的奖项的获得者却骄傲地把他们摆放在自己的工作场所——写字台上、餐厅的柜台上或者窗台上，等等。要将领导之路两旁展示的特别奖项和引用的各种话语一一列举出来几乎是不可能的，这是因为这些奖项经常得到增加和改善。公司上下各级领导者的主要责任之一就是“寻找乐趣、认可员工并且将他们发动起来”。更为重要的是这种丰富的奖励机会让人觉得依然是可信的，因为管理人员同样及时公平地对待那些表现不尽人意的员工。像美国西南航空公司所做的表率一样，在肯德基公司的员工中也找不出对上述举措抱有忽视、抱怨或蔑视态度的严重怀疑论者。

创造集体力量。认可和赞赏路径就是要扩大集体力量，肯德基公司的经理们十分注重他们的所作所为中涉及集体或团体的各个方面。这个清楚明确而又与众不同的方法受到了他们的高度重视。公司安排了许多欢乐嬉闹的场合，在这些场合中受过训练的教导员（公司内部和外部的）都是帮助各个小组调动其成员，使得成员之间互相激发各自的积极性方面的专家。诸如“奖励乐队”（一个员工组成的乐队，利用各种场合进行表演）和其他不断提高员工之间善意的竞争水平的做法，都为的是保持员工高昂的情绪，让他们相互促进。公司之中所洋溢的工作态度是“伙计们，我们都有份儿!”。

虽然本章所讲的是认可和赞赏路径，但是值得注意的是肯德基公司的另一条平衡路径，它通过另外两种方法得以维持（在上面所描述的两个方法之外）。其中第一个是广泛地分配领导活动。这一点在前面强调餐厅经理的角色的时候已经做了说明。按上文所述，公司为在其内部开展的领导活动开发了一套共有的模式、语言和工具。从 CEO 到餐厅的大厨之间有着 10 个不同层级的工作会议。这样做的目的就是不断教育和强化公司的领导原则，使得它在各级领导者和潜在的领导者脑海里时刻保持鲜明的位置。肯德基公司将地区经理的角色换成了市场督导员，由他们来支持餐厅经理的工作并且清除任何业绩欠佳的借口。此外，公司最近还降低了市场督导员的管理幅度（即餐厅经理的人数），以便让他们有更多的时间进行教导工作。在肯德基公司，分配领导活动的内容远比一个主题任务要丰富得多，它是公司领导哲学的一个基本的组成部分。

支持流程和度量路径的第二个方法是清楚地表述什么最为重要。这种方法始自上校的十二条运营守则和度量方法，它们是在所有特许权经营者早期的良好实践的基础上建立起来的。这十二条还被应用到其他的管理领域，并且是前面提到的关键度量方法（例如，在销售、利润和人员流失率的趋势等方面使业绩透明化）的真实反映。另外，公司还花费了大量的精力来培训和教育餐厅的员工，让他们理解并掌握上校十二条的使用方法。例如，公司训练员工如何预计食品的供应量以及如何评估劳动时间表等。

长时间地保持平衡

公司业绩和员工自我实现之间的关键性平衡在肯德基公司得到了良好的实现，但是要长时间的维持这种平衡绝非易事。公司首席财务官提醒我们“这些庆祝活动看起来十分昂贵”，需要真正的勇气来开展这项工作。“你可以试着计算一下一个庆祝活动的内部回报率。”他这样给我们解释。用诺瓦克的话说：“要花很大的力气来创造很大的活力。”例如，一天巡视 10 家店铺、在每一个店铺吃一个鸡翅、与所有的员工进行交谈、颁发奖励、构思新的奖励、同时不断地创造乐趣——所有这些绝非易事。

当然，公司的业绩表现也受益于非人事的因素。外部趋势对肯德基公司十分有利。例如，鸡肉已经成为了人们摄取蛋白质的首选食品，“可口食品”（Comfort foods）（肯德基公司进行了良好定位的一类烹调方法）正在回归人们的视线。与员工无关的一些内部举措也为肯德基公司可观的销售额、利润率和人员流失率做出了贡献。其中的例子包括来自特许权经营者的新菜谱、投资对餐厅硬件进行改造、还有设计二合一的塔科·贝尔（Taco Bell）套餐来应对中午和晚上的高峰顾客流，等等。

总的来说，公司的业绩表现与员工的自我实现之间的动态平衡，能够保持肯德基公司在游戏中常胜不衰。相应地，公司也在有力地整合流程和度量与认可和赞赏路径。将二者结合起来可以带来极其强大的绩效。

万豪集团的认可和赞赏路径

与肯德基公司非常相似，万豪集团也把认可和赞赏路径与强有力的流程和度量路径结合在一起使用。而且，从某些方面来看，两家公司的历史也是相似的。它们都拥有可以追溯到公司起源的丰厚传统，各自公司的创始人——威拉德·万豪（J. Willard Marriot）和山德士上校——所开创的价值观也都有着持久的活力。两位创始人也都是各自公司员工的活力的重要源泉。尽管万豪集团的老创始人威拉德·万豪没有像山德士上校那样将个人形象化为公司的全球品牌形象，但是他的形象和眼界依然十分受欢迎。通过他的儿子比尔的管理活动，这些形象和眼界还得到了进一步地加强。万豪家族父子两代人在所推行的抱负和价值观上的连贯性是非常惊人的。

1993 年，原来的万豪集团拆分成了两个独立的公司：万豪服务（Host Marriott，负责持有和开发房地产）和万豪国际（Marriott International，负责管理公司资产）。两家公司通过战略联盟结合在一起。本书所研究的万豪国际公司有两家分公司，共有 19.2 万名员工，总收入达 102 亿美元。万豪品牌保持着优于对手 10% 的占有率，并且一直被认为是有亲情的十佳雇主之一。在本书之中，我们主要描述两家员工有着巅峰绩效的酒店，它们都隶属于万豪酒店集团的度假村分部。这两家酒店分别是盐湖城万豪酒店和圣安东尼奥河畔酒店。

历史回顾：丰厚的家族传统

1927 年，约翰和艾丽斯·万豪夫妇在华盛顿特区创办了一个卖乐啤露（root beer）的货摊。以这个小小的货摊为起点，在短短的几年里，夫妇二人便发展起了一家地区性的连锁酒店。该酒店于 1967 年变成了万豪集团。现在，万豪国际已跻身于世界最大的酒店运营者之列。公司的领导者仍然坚信公司的基本战略是做行业中受人推崇的雇主。万豪集团公司出自一个特殊的家庭，公司也让大多数员工觉得自己是一个大家庭的一部分。

与美国西南航空公司一样，万豪集团把员工摆在了公司价值链的首位。因此，毫无疑问，公司也力求员工能够发挥出巅峰的绩效。为了维持自己在员工方面的优势，公司利用流程和度量路径和认可和赞赏路径为其任务、价值观和自豪感路径提供有力的支援。

由于万豪集团在追寻任务、价值观和自豪感路径和流程和度量路径方面表现得如此突出，它在认可和赞赏员工的成就方面所付出的努力非常容易被人忽略。万豪的认可和赞赏路径始自公司要做行业内首选雇主的远大抱负。公司也因此极为重视对员工个人的褒奖。“让感谢的话语多得说也说不完”，是公司内部的一种行为习惯。公司要求经理人员要有这样的认识：在不能完全依靠物质奖励的工作环境中，简单的感谢话语和向员工表达自己的感激之情也发挥着不可或缺的作用。领导者对员工个人的这种关注能够引发员工永无止境的被人认可的需要，能够增加他们为顾客进行服务所得到的自我满足感，还能够培养同事之间自然而然的认同感。

公司内部还有许多活动来认可和赞赏员工在客户服务方面的成就。让员工了解顾客对他的评价如何是公司内部广泛使用的一种奖励员工个人的方法。例如，万豪发起了名叫“自立之路”的活动，旨在帮助享受社会福利的人成为能干的工作者。结业者能够得到一张装裱好的证书、一个永久印有自己名字的牌子和一份工作。结业大会对于毕业者及其亲友来说是一个非常感人的时刻——泪水和欢笑随处可见。这种庆祝活动是与能够反映员工的客户服务水平的度量方法和标准紧密联系在一起的。

认可和赞赏路径的意义何在

公司的业绩重点、市场动态、员工的自我实现需要还有其他一些文化因素，反映了万豪集团必须采用多重复合路径的原因。下面我们来说明万豪集团是如何从这些方面将员工的身心整合在一起的。

业绩重点。万豪集团所从事的业务需要对住宿市场进行理性地划分。公司必须为市场的每个部分提供独特的产品组合。对于每一家酒店来说，首要的任务就是为每一位客人的每一次光临创造最好的体验。这个任务的实现要求从工程师到管家的许多职能部门的大量同事（员工）协同地付出努力。尽管公司的价值主张中许多内容不是通过对企业的整体水平进行定义，就是"固化"在了酒店设施的物理特性之中，但是只有一线的员工才是决定每家酒店日常表现的有生力量。

由于万豪必需关注不只一种的酒店服务和不只一种的餐饮服务，所以在业绩方面，它所接受的挑战或许比肯德基公司要复杂得多。虽然如此，他们面对的行业状况却是相似的：

- 行业的盈利情况不允许为出众的业务表现支付高额的工资或提供大量的经济奖励，因此非货币的激励手段是非常重要的。
- 员工的人口特性和市场上的低失业率使得搜寻和吸引合适的员工的工作变得非常困难。市场上住宿企业之间的竞争非常激烈。
- 许多员工都是初出茅庐的新手，而且有着多达30多种的种族背景。员工流失率居高不下一直是一个问题。

市场动态和现实。市场之中有着各种各样的连锁或独立的竞争对手——每一家都追寻着各自的市场和经济利益。市场上没有支配性的敌人，也没有简简单单的竞争点。在以决策为基础的、与员工不相干的方面保持竞争性是必要的，但是让每个员工付出更多的努力却可以成为公司在生产力和质量方面的一大优势。

在万豪集团，每一位同事都十分清楚自己在顾客满意度方面所扮演的角色。顾客调查的结果在公司人手可得，同时对任何个人的称赞或是批评都被直接送到相关人员的手中。集团不断地重新设计大多数岗位的职责，让更多的员工能够更经常与更多的客人进行直接的接触。集团还对一切事务进行了度量和评判，从顾客走下车门到进入房间的时间（在圣安东尼奥通常低达 3 分钟，而原来体系下却至少要 10 分钟），到餐厅服务生有多少时间没有在桌边提供服务，等等。所有员工都懂得什么是良好的表现以及自己的行为会怎样影响这些度量标准。

员工自我实现的需要。万豪集团中各位同事的自我实现需要与肯德基公司的一线员工非常相似。首先，许多人只不过需要一份能够满足基本家庭需要的工作。鉴于员工的人口特性，为员工提供秩序、纪律和方向感能够起到意想不到的效果。员工需要一种隶属于某种结构的感觉，以获得工作和生活的稳定性与一致性，而这又使得他们能够在生活的其他方面实现自我。

万豪集团内部随处可见的家庭式的工作环境，直接反映了员工的归属感需要。他们希望自己能够归属于某个集体，它不仅稳定，而且其成员都是自己所尊敬崇拜的偶像。成为这样的集体中的一分子能够给他们带来美好的感觉。在员工心中根深蒂固的任务和价值观念能够自然地让员工在雇主那里产生自豪感。这是一种有力的实现自我的组合，它在公司上下各个级别和部门中都发挥着作用。公司为那些缺乏正规教育和培训的员工提供了两类机会：能够让其进一步得到教育的助理工作和不受其教育程度限制的晋升机会。想获得领导别人的机会，爬到更高的管理职位的同事在万豪集团能够实现自己的愿望。然而，大部分万豪集团的员工不过是想让别人认可自己的价值和办事能力。他们都能在集团中获得这种认可。

万豪集团各位员工的背景甚至比海军新兵都复杂和麻烦。虽然他们往往缺乏经验、受教育程度不高、职业道德水平不高，但是集团对每一个员工都有着充分的信心。实际上，选聘人员过程的本身就是向这些人员展示其真正价值的起点。换句话说，集团向这些新同事传递着这样的信息：他们都是因为非常特殊（在态度、行为举止和目的）才能够首先获得在公司工作的机会。从被雇用的第一天起，公司利用一切机会让员工感觉到他们是有用的，而且是公司必不可少的一分子。商业周刊的一篇文章为我们提供了一个万豪集团关爱员工的例子，这种关爱能够让员工一生一世地都效忠公司。

> “每天我穿上制服，就像 NBA 球员穿上球衫的感觉一样。”李松骄傲地说。他在西雅图万豪的酒吧里做了16年的服务生。李松永远也无法忘记自己的老板桑迪·奥森。为了让全体员工都能够参加李松母亲的葬礼，桑迪下令关闭了李松通常要为之工作一整天的洗衣房。这一举动赢得了李松对公司一生的忠诚。

公司的员工彼此之间的差别是如此之大，员工自我实现的需要自然也是包罗万象了。这些需要根据员工的级别和职责的不同，从组织结构和安全感，到个人机遇和团队认可方面等等无所不包。既然处于不同层次的员工是万豪集团完成其使命的关键所在，公司能够成功的使用三条平衡路径就显得既与众不同又在情理之中了。

文化因素。万豪集团的企业文化反映了其长久的领导哲学：将员工放在首位同时决不放弃让顾客彻底满意。公司深深地关爱着自己的员工，努力给他们营造一个家庭式的工作环境。从比尔·万豪的十二条成功原则（见表7－2）之中我们可见一斑。

表7－2　比尔·万豪的十二条成功原则

1. 不断挑战自己的队伍，让它做得更好。
2. 照顾好你的员工，他们就会照顾好你的顾客，这样顾客就会再次光临。
3. 赞赏下属的成就，而不是你自己的。
4. 了解自己的长处，为了自己而不断发掘自己的长处。
5. 脚踏实地，立即执行。宁可放手去做，而不谨言慎行。
6. 交流。倾听顾客、同事和竞争对手的声音。
7. 密切联系群众。走出办公室，让大家能够看到你，接近你。
8. 成功在于细节。
9. 雇用有着合适的素质的员工比雇用有着特定经历的员工更为重要。
10. 顾客的需要可能多种多样，但是他们对质量的苛求恒久不变。
11. 不要为错误找借口。不要仅仅改正自己所犯的错误。
12. 把各种问题看作成长的机会。

来源：安东尼·法奥拉（Anthony Faiola），*On the Road with a Hands-On Manager*，华盛顿出版社，1996年8月19日。

与肯德基公司一样，万豪集团通过使用非货币的激励因素，通过在现有员工身上进行投资，通过在不太可能或者素质不高的地方找寻能力出众的员工，通过创造能够培养员工忠心的家庭式的工作环境等方法，让自己的一线员工成为公司最主要的竞争优势。然而，最重要的是能够让每一个员工都能发挥出比竞争对手更高的业绩水平。

作为良好业绩的回报，公司同事在为顾客提供良好服务；在得到公司的信任的同时，可以“为所欲为”；在受到各级经理尊重的同时也获得了真正有意义的个人满足感。他们在一个友善、互相支持并且积极向上的环境中工作，时刻都有一种家的感觉。如果业绩表现良好，他们都能够感受到工作和职业上的安全感和稳定性。很多员工都相信他们在公司中的职业生涯是长期的和多姿多彩的，在获得合理工资的同时还会得到许多小奖励和其他好处作为补充。兼顾员工的自我实现和企业的业绩表现听起来十分简单，但是真正做起来，两方面的要求都十分苛刻。不过，这样做的确是有效的！用公司服务经理昂文的话说：“这是一种非常简单的文化：我们关心同事，同时照顾顾客。如果你的人心情愉快，那么顾客也会高兴。”正如昂文指出，这种理念直接来自万豪家族，它不仅反映出了万豪所强调的始终如一为顾客提供良好服务的信条，而且还体现了万豪公司中深得人心的信念：员工应该得到诚挚的尊重。

万豪集团的复合路径

万豪集团重视有责任心的员工的价值的信条，使得公司同样严格地遵循认可和赞赏路径以及任务、价值观和自豪感路径这两条平衡路径。虽然公司追寻任务、价值观和自豪感路径更广为人知，但是公司更多地利用认可和赞赏路径来激发员工的忠诚度和获取客户服务方面的成就。认可和赞赏路径在员工中创造出了这样一种感觉：“我是某项有价值的事物中的不可缺少的一分子。”万豪集团所采用的复合路径能够良好地相互补充，从而发挥出强有力的效果。显然，任务、价值观和自豪感路径发挥着主要作用，其他路径进行补充，使它能够将其他路径结合在一起（见图7-2）。

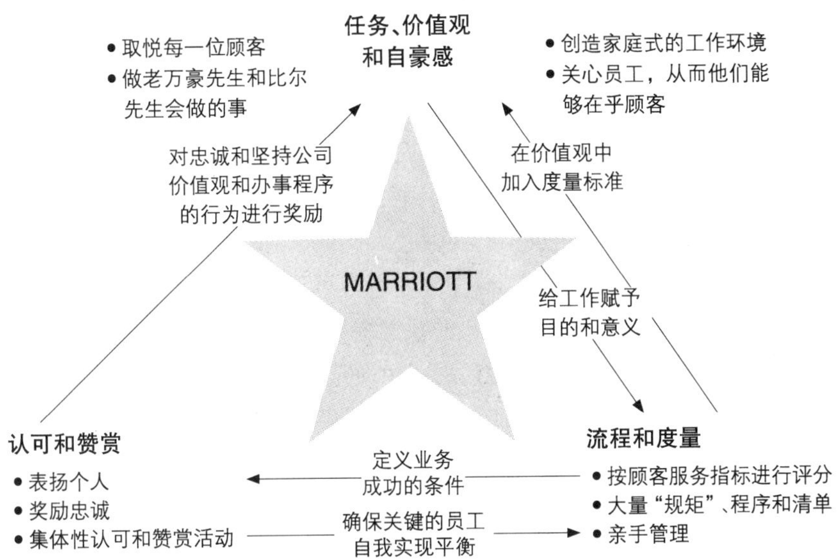

图7-2　万豪集团的三条平衡路径

力量源泉和整合方法

万豪的企业文化是以顾客的娱乐消闲需要为导向的。它在各个层次都得到了严格的度量和回报。让顾客满意是公司的首要的力量源泉。从管家到客房经理，每位同事每个月至少可以获得一份（有时候每周都可以获得一份）顾客意见的反馈报告。通过这种方法，同事们可以了解到顾客对酒店职员集体或个人提供的服务的看法。根据顾客的这些看法，集团对各地的万豪酒店进行排名。任何不良的趋势都会立即得到关注。

在这样的报告中，顾客服务指数（GSI，Guest Service Index），是一个被人重点关注的对象。它是一个建立在顾客对服务的直接反映和意见反馈的基础上的月度衡量指标，是各级员工力量和动力的主要源泉。此外，一种“平衡计分卡”还在度量着三类不同的指标：各单位损益情况、员工满意度和顾客服务指数。在这三类指标中，顾客服务指数当然是最重要的！对于员工来说，这项指标的重要性比任何财务指标都大得多。盐湖城万豪酒店的前台主管贝兹·盖茨是这样说的：“顾客服务指数是件大事，因为如果前台表现不错，那么我就表现不错。”

公司另外一个关键的力量源泉当然还是来自万豪家族两代人的管理活动。公司创始人，老万豪先生的形象和价值观依然是企业文化的核心，没有员工不延续和利用这种传统，并以此为荣。比尔·万豪或许是继承父亲传统的理想领导者，这不仅是因为家庭的血缘关系，还他个人付出了不懈的努力向每一名同事强调关注客户服务的每一个细节。他对各类酒店的巡视成了员工心目之中的一种传奇。员工总是经年累月地记得他对地毯磨损、食物摆放不合理，以及着装不当等小问题是如何察觉、如何评论又是如何引起别人的注意的。在不断盘问管理人员顾客服务指数方面的问题的同时，他还通过这种巡视来直接收集一线员工的反馈意见。他带给员工的信息非常明确："如果万豪先生注意到了这些问题，那么我们务必要确保不让顾客有机会发现这些问题。"万豪先生自己是这样说的："这种巡视的大部分工作是考察员工的士气。如果员工们以我为榜样，那么这就能帮助他们把自己融入公司。最后，好的士气就意味着高效的生产力。"

对万豪集团所采用的各种认可和赞赏的形式起着支持作用的整合方法，是展示公司如何有效地将多条平衡路径结合在一起的最好方法。我们在下面对真正体现公司特点的整合方法进行总结，这些方法都是服务于上述三条平衡路径的。

向员工展示他们的真正价值。与大量的员工有着巅峰绩效情形一样，这一点始自"每位员工都至关紧要"这个管理层普遍接受的领导理念。公司让所有的同事都相信他们的努力，不论是集体的还是个人的，都非常有价值，同时他们作为个人对公司来说也是重要的。在万豪，这种整合方法反映在家庭般的关爱和强调忠诚的价值观念、一线领导者在其员工身上所投入的个人时间的多少，以及他们与员工建立的私人关系等方面。工程主管拉里·里昂这样告诉我们：

> 世界上少不了刨坑挖路的人。你必须爱他们，接受他们。你需要让他们了解事情的来龙去脉并忠于公司。需要认可他们，不能把他们甩在一边……因为有人每周干满40个小时，这个世界才不断向前发展。他们不愿意加班学习预算方面的知识，也没有在组织中节节高升的远大抱负。

尽管没有远大的志向，但是这些普普通通的员工的确是创造万豪超群业绩的主要力量。由于公司立志保持有助于发挥巅峰绩效的那种员工责任感，所以公司的领导者懂得需要在员工的身份和付出的努力两个方面对他们进行认可和赞赏。

清楚地表述什么最为重要。在这个方面，万豪毫无侥幸的心理。让顾客满意的“万豪模式”清楚地蕴含在许多原则、规矩和守则之中。在为期90天的集中职业定向过程中，这些内容被源源不断地灌输到新员工的脑海之中。同时，在以后的日常工作中，同事、顾客和管理人员也会不断地强化这些内容。更重要的是，万豪模式能够在经理和主管人员的心中生根发芽。尽管万豪模式显然是流程和度量路径的核心，它同时还决定着什么应该受到公司的认可、奖励和赞赏（主要是非货币性的奖励形式）。餐厅经理玛尼·哈维知道自己在别处可以赚更多的钱。他曾经仔细研究过管理另一家餐馆可能性，在那里他每年可以多赚几千美元，但是他不喜欢那里的经营方式或管理风格。他选择了仍然呆在万豪，因为“这更像个大家庭。我有更多的主人翁的感觉……但我谈论家庭的话语和甘愿少获取报酬的做法，肯定会让我的母亲觉得我是中了什么邪了”。

毫无疑问，在钱的方面万豪不能吸引，甚至会丧失一部分人。但是，许多同事在公司对什么最为重要的明确表述中获得了真正的实现自我的感觉。特别是当他们因为“使用万豪先生希望我们采取的方法”照顾顾客而获得公司的认可的时候，这种感觉更加强烈。这恰恰就是员工的直线领导致力于保持和发扬的东西。

保持业绩透明。万豪定期对员工满意度进行的调查与顾客服务指数有着紧密的联系。这一点不足为奇，因为顾客服务指数的等级水平在公司上下得到了定期的汇报、广泛的了解和显著的认可。顾客服务指数把顾客的体验分解到了与个人和集体工作表现直接联系在一起的一些分散的因素当中。它是员工获得正确的行为和不断完善自我的关键。

这种业绩透明化的做法不仅让每个人都清楚地了解顾客如何看待万豪员工的所作所为，而且还使得各种认可、奖励和赞赏活动变得高度地真实可信。实际上，将这些评比结果公布于众的做法本身就是认可表现良好的员工的主要机制。人们懂得这些调查结果的意义，他们还懂得只要实现了万豪模式的价值，他们就会得到公司的认可。他们为推动顾客服务指数向着正确的方向发展而感到自豪。

进行有目的地选择。员工市场的风云变换为万豪和行业内其他企业带来了巨大的挑战。工资普遍较低，员工流失率居高不下（管家和餐饮服务生等职位通常都在80%～100%之间），反应迟缓、经常旷工是各企业所面临的主要问题。公司员工来源的素质普遍不高。因此，公司的雇用和选聘标准也十分明确。一位领班将这种标准的重点描述为找出真正的“友善动物”——那些易于与各类顾客打交道，能够迅速应对顾客的要求并乐于此道的人。公司需要的是一种积极的态度、热情友善的性格、幽默感和要让顾客微笑的愿望。这些特点都不易分辨，但是万豪有一套标准、问题和过程能够找出应该了解的东西。另外，随着公司对顾客服务体系的调整，公司对员工的要求也相应的发生了变化。一位人力资源部经理这样说：“我们以前常雇用那些会用电脑、善于处理信息的人。现在我们需要公司同事能够进行目光交流、能够推进谈话和应对压力。”

选聘过程有着高度的纪律性，对于员工自我选择和公司挑选两个方面都给予同等的关注。不仅如此，在被公司雇用之后，这种人员筛选工作还远没有结束。任何不称职的人都能及时地被公司发现并受到恰当的处理。

提供有意义的认可和奖励。万豪努力让其认可和奖励活动变得有意义，尽管业务的性质决定了公司拿不出很多钱从事这方面的工作。在这一点上，最为人们关注的是组织各个部门普遍存在的教导、表扬和培养员工个人的做法。“让感谢的话语多得说也说不完”，万豪的这个座右铭是千真万确的。同时，在万豪谁也永远拿不出足够的时间教育员工个人，确保他们懂得自己所作所为背后的“理由”。

公司坚持不断地对员工的忠诚和业绩进行强调、认可和奖励。一位主管这样说：“在公司里，你要为自己挺起脊梁。”这句话的意思是完成工作职责是受到公司尊重的事情，通过持久的个人努力，每个人都能获得丰厚的回报。公司不但把几乎所有的晋升机会都给予了内部员工，而且还把工作调动的机会和特别的任务安排给那些受员工尊敬的人。这些人通过坚持不懈地为顾客的利益服务的过程中表现出良好的成绩而获得他人的尊重。

各种各样的奖金、福利和报酬被用来奖励那些在工作中始终如一地把顾客放在第一位的人，即所谓的“顾客迷”。公司使用返还学费的办法来吸引最好的员工。公司设立的体质健康奖是用来吸引和留住那些有家有室的人。在不断感谢和表扬之外，公司各级领导还十分强调适时地用各种各样的小奖金来激励员工。

广泛地创造机会。万豪集团所实行的认可和赞赏路径中有很大一部分建立在为公司全体同事提供各种各样的机会的基础之上。对那些在为顾客服务方面的业绩始终出色的人来说，这些机会就是对他们的工作的认可。这其中最重要的机会就是能够在公司长期任职，这一点在当今动荡的劳动力市场上所体现的价值越来越高。公司能够良好地实现自己的诺言：“挑选积极的年轻人，给他们机会，帮助他们在万豪干一番事业。”这个诺言包括从内部提拔员工和在不同的酒店和职位之间为员工轮换工作。

另外，广泛地分配领导活动也是广泛创造机会的一个方面。然而，在万豪，调动员工主动性的理念远不止是一个被公司采用的方法。它是公司领导哲学的基本组成部分。要做到这一点，需要在公司各级领导层树立许多卓越的领导者。许多公司的同事经常主动地做出这样的评论：“我的老板是个了不起的人——与他一起工作让我无比满足。”老板是万豪员工的一个错误的用词，因为他们的主要任务是关心和培养员工发挥其全部的潜力。各级主管和经理在员工看来都是用心而又脚踏实地的人。自以为是的“清高派”在管理职位上呆不了多久。公司里员工个人所扮演的模范和顾问的角色多如牛毛。而且，公司坚决执行亲手管理的准则（Hands-on management）。领导者必须直接与员工打交道。如果他们想要培养真正的团队水平业绩，那么他们就不能把自己凌驾于工作之上。

一线主管或许是组织中最有价值的管理层次。用一位经理的话讲，“你不能欺骗和敷衍一线主管。”在公司同事中培养取悦顾客的工作重心需要一线主管对员工进行大量的日常教育和指导。不身临其境是无法做到这一点的。一位主管有这样的认识："在一天之中保证与同事充分地交换意见，能够让他们良好地保持为顾客服务的观念，可以帮助他们分解一天的工作，还能向他们展示管理层也同样看重顾客服务。"

有责任感的万豪员工十分看重领导者为员工做出的角色榜样、给予员工的亲手指导和个人关注。这些有能力的领导者是奖励和认可员工、让他们得以蓬勃发展的主要源泉。他们同时也是流程和度量路径的主要推动者。没有这些领导者的努力，公司的认可和赞赏路径与流程和度量路径都不会像现在这样表现出众。我们选择用万豪作为最后一个案例，不仅是因为它在认可和赞赏路径上做得非常出色，还是因为它将三条不同的路径结合在一起的独特的能力。

关键性的辅助性路径

通过我们对万豪公司、肯德基公司和其他公司的调研，认可和赞赏路径无疑是一个必要的辅助性路径。但是单凭这条路径，员工很少能够实现巅峰绩效。从某些方面来看，这条路径与当前流行的信念和广为采用的做法有很大的出入，因为大家普遍相信在组织中注入过多的"杂音"不仅成本昂贵，而且总会不尽人意。正如本章开头我们所说明的那样，我们找不出一家机构完全或者主要依靠认可和赞赏路径就取得了员工的巅峰绩效。这条路径上的杰出代表——西南航空公司、家得宝公司、肯德基和万豪——都是把认可和赞赏路径与其他一条或两条路径结合在一起使用的。

作为一条完整的辅助路径，认可和赞赏路径能够提供不寻常的平衡力量。在与流程和度量路径结合在一起的时候，尤其如此。由于多数组织将精力主要放在某种流程和度量的方法上，所以同时运用认可和赞赏路径的潜在价值的确是非常大的。我们从肯德基的例子中看到了此类结合的价值，并且认为这就是该公司近年来扭转业绩的关键之所在。因为有着久远和丰厚的传统，万豪的首要路径是任务、价值观和自豪感路径。公司一直通过流程和度量路径来辅助和强化这条路径。然而，要达到必要的平衡，万豪就不得不严格地实施认可和赞赏路径来体现自己的特点。

发现无法平衡员工的自我实现需要或者有着完善的流程和度量路径的企业，应该考虑同时运用认可和赞赏机制来重新调整自己的平衡。另外，采用任务、价值观和自豪感路径的历史悠久的公司，也同样能够通过严格的执行认可和赞赏路径获得效益，因为后者能够强化前者并且帮助公司实现长期的动态平衡。

第三部分

应用所学的理论

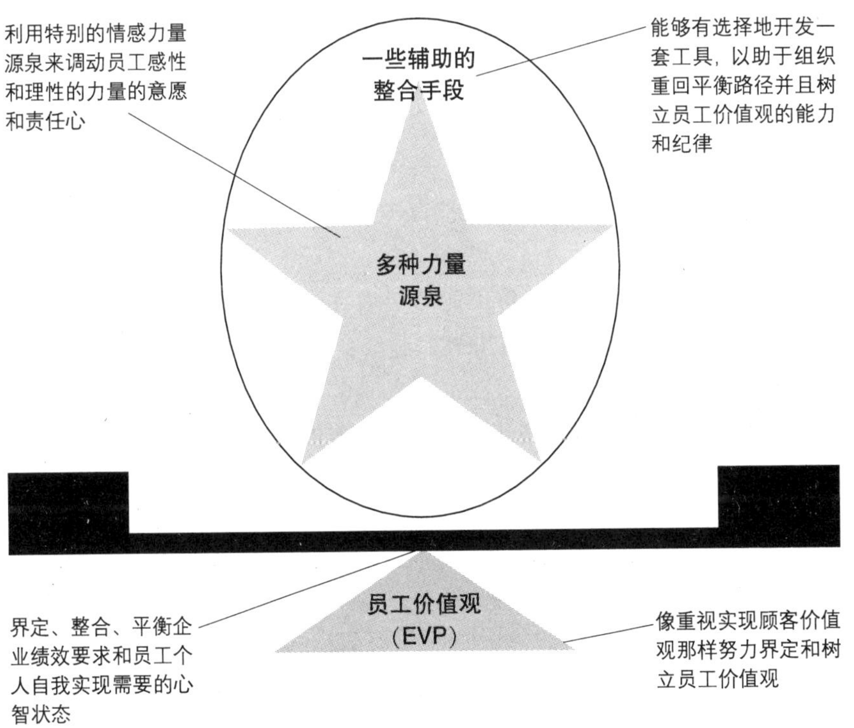

图表 3－1　识别寻求平衡路径的影响因素

并不是每个企业都需要或想要建立本书第二部分所描述的种种表现出众的员工团队。虽然员工表现平平，但通过运用成果管理的原则，很多成功的企业还是保持了各自的竞争优势。然而，还是有更多的企业在为关键部门的员工树立强烈的责任感的过程之中，切身感受到了这种做法的长期价值。在开始行动之前，首先下定决心是否有必要运用一条平衡路径无疑是十分重要的。

本书的第三部分总结了运用平衡路径的经验。它们会对那些急欲寻找适合各自情形的合理路径的人有所帮助。企业的经营状况，以及企业文化和管理哲学的基本特点对路径的选择都在很大程度上决定着这一选择的过程。不管你选择哪一条路径，最重要的都是要保持企业绩效和员工自我实现需要之间的关键平衡。要实现这一点，不仅需要一种以上的情感力量，而且需要企业能够规范地不断将这种力量转化成工作业绩。

显然，选择合适的力量之源和整合方法是很重要的。有目的、规范地运用这些辅助性的整合方法能够为员工带来深远的影响（见图表3－1）。尽管不论哪条路径运用起来都绝非易事，但是正确地选择恰当的平衡路径为我们实现股东、消费者和员工均满意的绩效奠定了基础。

本书的前两部分分别阐述了各类企业如何开发和运用各自的力量源泉，以及怎样应用不同的整合方法使自己出色地运用了各条综合的平衡路径。第三部分总结了五种路径的特点并对它们进行了直接地比较，以便大家构筑适合于自己的路径组合。

第 8 章

创造和整合员工动力

美国海军陆战队和西南航空公司都是在组织内部推崇勇士精神这一做法的坚定支持者。许多其他表现出众的员工也都表现出了同样的活力、勇气和奉献精神。勇士精神（Warrior Spirit）这个词就体现出了员工深刻的责任感，这种责任感能够让关键部门的员工变成企业最主要的竞争优势。创造这种责任感需要企业拥有不断创造情感力量的动力源泉和能够整合这些力量的传导机制，或者说是管理方法。本章对支撑着五种路径的上述两个关键支柱进行了总结。

创造员工动力

许多人都熟悉乔治·卢卡斯的《星球大战》三部曲。它们吸引了两代电影爱好者的目光。天行者卢克、欧比王·肯诺比和达斯·维德挥动着他们神秘的权杖，召来“神力”赢得本来必输无疑的战斗，挫败了无数的敌人。这种“神力”是一种神秘的力量之源，只有绝地大师尤达，这个矮小但可爱的法师在其生命的第 889 年才能将其传给年轻的天行者卢克。该“神力”在尤达体内非常强大，他告诉卢克“神力”的秘密在于去做，而非去试。只有卢克战胜了这一挑战，学会了利用神力来行侠仗义，他才能领导善良的人们战胜“邪恶势力”（不幸的是他们也可以利用该神力进行邪恶的活动）。这个阴谋迭起的太空探险故事充满了想像力，具有高度的娱乐性。我发现它与一个公司为了创造绩效出众的员工付出的努力多少有些相似。有意识、有规律地利用有力的力量源泉，显然是那些员工表现出众的企业的看家本领。这些力量源泉并不像《星球大战》中的“神力”那样可望不可及，但它们在创造多数员工的凝聚力、责任心和为工作付出的过人努力等方面的作用，却丝毫不容小视。没有这些力量源泉，员工就不可能成为公司竞争优势的决定因素。

有着巅峰绩效的员工的最明显特征是表现出的活力水平。走进这样的劳动场所，你就会感觉到其中洋溢着与众不同的活力，它与那些绩效平平的单位就有着明显的差别。员工的工作强度更大，工作态度更加积极，相互之间的交流也更加不受限制，同时行政职位之间的等级差异也就不是那么明显。员工都在努力工作，但是这些员工却乐在其中，经常表现的幽默感为大家带来了无穷无尽的工作乐趣。这说明员工个人和集体的情商（Quotient）绝非常人能及，他们也因此而发挥着过人的动力。下面的三个类别是我们所观察到的几种强有力的力量源泉的代表：

1. 拥有常人无法想像的梦想的充满魅力的领导者（能够捕获群众想像力的富有传奇色彩的个人）。
2. 动态的市场环境（好斗的竞争者和挑剔的顾客造成的市场环境的不可预测性）。
3. 非凡的历史和成就（不朽的传说、英雄和烈士）。

我们不想用这三个类别概括所有的力量源泉，不过它们却是我们在第二部分之中所列举的大多数力量源泉的代表。这些激发员工力量的源泉，大多超出了目前企业的领导力活动控制的范围。然而，在管理者不断地、有意识地开发利用的过程之中，它们却能够成为强有力的潜在的力量源泉。不幸的是，只有当它们独特的激励作用得到了大家全面的认可并且被当前各级领导者有意识地应用的时候，这些力量源泉才能真正地发挥作用。

没有一家公司能够同时利用所有的力量源泉。但是，在我们所深入调研的表现出众的员工之中，也没有一家满足于凭借一种力量源泉来调动员工的活力——在长期中更是如此。目前最普遍的模式是同时利用两种力量源泉，这样便于应对公司所面临的不断变化的内部和外部环境。

拥有常人无法想像的梦想的、充满魅力的领导者

富有传奇色彩的领导者确实能够调动大批员工，这已不是什么秘密。不幸的是，在《星际迷航记》中的科克上尉看来，如果企业高层当中并没有这样一个现成的人物，员工就很难被调动起来。诸如威拉德·万豪（万豪国际）、大卫·帕克特（惠普）、艾尔·葛雷将军（美国海军陆战队）、马文·鲍尔（麦肯锡公司），以及伯纳德·马库斯（家得宝公司）这样的领导者，不仅吸引了大量的追随者，而且他们还能调动这些人的情感。他们用感人的传奇故事树立了自己的光辉形象。一提到他们，人们就会联想到这些故事。因此，他们构成了一种强有力的力量源泉。

在霍华德·加德纳的重要著作《领导思维：领导艺术解析》(*Leading Minds*: *An Anatomy of Leadership*) 一书中，他引导读者对各行各业的一些被世人推崇的领导者的领导方法展开了一场饶有趣味的探索（例如，马格丽特·米德），罗伯特·奥本海默、阿尔佛雷德·斯隆、乔治·马歇尔、埃莉诺·罗斯福和马丁·路德金。他选择的例子都满足其对领导力所下的定义。该定义的核心是对大众的影响力，也就是说："这些人通过其言行对大批下属的行为、思想和感情造成了深刻的影响。"从加德纳的引论中，我们可以看到这些人最显著的特征："他们主要利用与其紧密相连的故事来实现领导效果。"几乎所有企业的老总都符合加德纳所制定的标准（书中唯一的例外就是通用汽车的阿尔佛雷德·斯隆），在我们研究的几个有着巅峰绩效的员工当中，发挥着主要力量源泉作用的有魅力的领导者也用同样的方式利用着自己的传奇故事。西南航空公司的凯勒赫，不断讲述着自己下属实现自己的价值观的故事；海军陆战队中的葛雷，喜欢谈论"勇士"（荣誉奖章获得者）的故事；家得宝的马库斯，是卡茨基尔（Catskills）的一位出名的喜剧演员。在那里，讲故事是一项养家糊口的技能。

当然，从直觉上看，当我们提及一大群的活力四射的员工的时候，我们通常将其看作执行高层领导者意旨的一种工具。在有些情况下这是正确的。然而，在《缔造永恒》一书中，詹姆斯·科林斯和杰瑞·波拉斯提出了令人信服的证据，证明那些所谓的前途光明的公司并不是依

靠某一位有魅力的领导者或者组织内少数高层人物取得了各自的成功。相反，一个内涵丰富的领导和组织体系从长期来说要比任何高层的小圈子重要得多："前途光明的公司中不必然存在一位有着远见卓识的领导者，事实上，这样的人对公司的长远未来有着负面的影响。"

这并不是说当组织中确实存在这样一位领导者时，他不能作为强有力的力量源泉起到激发员工发挥巅峰绩效的作用。从长期来看，我们发现这样的领导者，不是公司唯一的或主要的过人力量的源泉。其他的力量源泉迟早会发挥其应有的作用。在《坚果》（*Nuts*）（讲述西南航空公司为民航产业带来的翻天覆地的变化）之中，凯文和杰琪・弗莱宝形象地描绘了赫布・凯莱赫在公司中发挥的独特的激励作用。他创立了西南航空公司从事其事业的"理由"，他代表着员工深信不疑的梦想和价值观，他还是公司关爱员工的企业文化的象征。然而，我们发现西南航空公司中很少有人认为凯莱赫必须成为企业未来的主要力量源泉，也没有人认为需要对他进行"克隆"以维持公司的继续运营。

公司内涵丰富的、协作性的领导力模式早已开始利用其他的力量源泉，例如日渐为人瞩目的传统以及动态市场中强有力的竞争对手等。此外，即使当赫布及其伙伴柯林・巴瑞特（执行副主席）不亲自在公司坐镇指挥，他们的精神和代表的价值观仍然会在公司中发挥巨大的作用。在他们退休之后，西南航空公司的领导力体系很可能会在很长的一段时间内继续运用赫布和柯林的光辉形象激励公司特有的富有责任心的员工。

像这样的英雄形象，经过积极地培养和利用，保持其活力，就会转化为人们心目中的某种价值观的象征。英雄及其"看似无法实现的梦想"会驻留在他人的心中，这些人会坚持下去，创建基业长青的事业。我们用下面的章节来说明这一现象。

继续发挥作用的领导形象。让我们考察一下肯德基的山德士上校的案例。开始的时候，上校似乎不像是一个有魅力的领导者，也没有发挥员工的力量源泉的作用。他利用自己研制的炸鸡秘方（该公司目前还在小心翼翼地保护着）在全国开办或特许经营了数以百计的连锁店。他开着车不断地造访新的城市，而他的妻子克劳迪娅却在家中的车库里帮他一张张地履行顾客寄来的风味炸鸡粉的订单。他与客户的许多面对面的接触主要是帮助和鼓励特许权经营者遵循几条简单的规则和价值观。因此，上校自始至终都是好客、品质和价值的持久象征。他的传奇形象在现在和将来依然是公司所代表的价值的象征：有亲朋好友提供的，一顿全家享用的简单、实惠的鸡肉餐。

在上校将公司出售给规模更大、管理更加专业的公司（纳贝斯克和百事）之后的一段时间里，他的传统遭到了遗弃。精明的新管理层相信有许多更有效的方法将炸鸡奉献给大众。然而，就像他们备受争议、独断专行的做法一样，管理层几乎丧失了公司最好的员工和特许权经营者的支持，几乎毁掉了整个公司。幸运的是，当百事任命大卫·诺瓦克掌管公司大权之后，他很明智地重拾上校的传统，重新把上校的形象树立为公司优异的产品质量、友善的服务以及便利的就餐条件的象征。诺瓦克紧密地依靠上校的传统，将其作为激励公司重新建立的管理重心——餐厅经理——的强有力的力量源泉。诺瓦克甚至重新启用了“外带全家桶”这种包装形式。桶装食品由于过时、笨重而且给予越来越多的关注健康的人们热量过高的感觉，而一度停止了使用。现在“全家桶”已经成为高品质、适合与家人分享、与朋友共度美好时光的一种象征。

每当肯德基领导们高喊：“餐厅经理是最重要的！”这个口号的时候，他们的意思是餐厅经理是肯德基领导层中最重要的一员，专门负责建立伟大的餐厅工作团队。显然，餐厅经理团队担负着实现上校提出的为顾客提供优质产品和服务的承诺的任务。因此，上校的象征性力量不仅代表着过去人们对他的崇拜，他现在还是每个餐厅经理的楷模。

坚持“不可能”梦想。有魅力的领导者经常拥有和散布看似不可能的梦想，这也是许多人梦寐以求的目标。在此，我们仅举两个例子：马尔科姆·麦克林创建海陆服务公司（Sea-Land Service，集装箱式运输的前身），固执地坚持利用这个区域性货车运输公司来改造三个全球性产业（铁路、货车运输和海洋运输）；麦克尔·戴尔的大胆预想：认为自己能够避开个人电脑销售的整个分销渠道，直接向用户销售电脑。企业家式的梦想家的思想不受常规条框的限制，虽然常人认为他们的尝试是徒劳的，但是这些危言耸听也阻挡不住他们前进的脚步。不过，这些看似不可能的梦想并不是少数勇气可嘉企业家的专利。一些军官、政客、科学家和艺术家也在追求同样难以置信的梦想。对于梦想的不懈追求，而非梦想本身，产生了奋斗的力量。那些不知疲倦地对风车挑战的堂·吉诃德，总是在不断吸引着人们的目光。

创立一个看似不可实现的梦想，不是理性的思想家和职业经理们有意而为之的事情。然而，如果具备一定的眼光，他们就能从纷杂的市场环境中找出那个冉冉升起的梦想。赫布·凯莱赫不是一开始就有向所有其航线可及的大众开放天空的梦想——但是他最终找出了这个梦想。这在很大程度上都是因为西南航空公司要在价格战中获得生存。前海军陆战队总司令艾尔·葛雷将军并不是凭借理性思维而创立了勇士精神的梦想，是越战后士兵士气下滑所造成的军纪沦丧、价值观尽失的客观条件决定了这一梦想的产生。

持久发挥作用的东西。在这样或那样的场合下，大部分人在所做的事情和做事的方法方面，都曾经有过创立一些有持久价值的东西的强烈欲望——我们都希望留下自己的印记并且控制自己的命运。企业家（Entrepreneurship）这个概念就是以企业家如何利用上述欲望来为下属创造价值，并从中直接按比例得到回报为基础的。而且，建立成功的企业和长久的组织机构是刺激真正的企业家的最重要的因素之一。它在企业家心目中的地位往往高于任何赚大钱的欲望。这肯定会让外人觉得不可思议。

“价值持久的东西”是一句妙语，它说起来容易做起来难。几乎每个企业家式的冒险中都有一些敢想敢做的领导者，他们把自己的想法当作救命的稻草：不仅可以带他们走出创业的泥沼，而且还可以在其扬帆起航的商业之海中为他们指明方向。

创业阶段的人们往往在高强度下卖命工作，这不足为奇。他们是切实的所有者，这不仅是因为他们在企业中投入了大量的资金，而且还因为他们真的希望创建一家基业长青的企业。对他们来说，这种梦想有着与企业的财务前景一样的激励作用。创建价值持久的东西这个承诺一旦在人们大脑中成为现实，就构成了强大的力量源泉。至今不忘创业艰辛的企业能够轻易把这些记忆转化成过人的动力——特别是在那些经历了企业创业过程的员工仍然在世的时候，更是这样。我们所研究的几个公司（即西南航空公司、家得宝公司、BMC 软件公司、汉鼎投资公司和 i2 技术公司）仍然在利用这一力量源泉。

西南航空公司早期在看似不可逾越的困难中拼搏奋斗的经历，在企业员工之中产生了一股强大的凝聚力。这种凝聚力至今在公司中仍然随处可见。这种拼搏的经历变成了公司存在的理由："赫布·凯莱赫善于找出事物背后的缘由。任何了解西南航空的人都十分清楚公司早期在困难中求生存的经历是凯莱赫自 1971 年以来不断为之奋斗的理由。"

家得宝公司是一个更好的例子。它把创始人的企业家式的梦想转化成了企业的核心意识形态。两位创始人，伯纳德·马库斯和亚瑟·布兰克，将一种特殊的主人翁精神灌输到了整个企业之中。他们还将自己创建企业的梦想转变成了某种员工不可实现的梦想。例如，每个家得宝公司的店铺经理的心目中都有着活生生的主人翁精神。或许更让人感到吃惊的是，这种主人翁精神在店铺经理之下的组织层级中依然也是存在的，因为公司同事认为他们是某个部门或者某个产品陈列通道的"主人"。精确地讲，这些都是不可能实现的梦想，但是它们却成了公司中催人上进的力量。

动态、无序的市场环境

瞬息万变的市场环境也可以提供令人瞩目的力量源泉。事实上，领导者受到市场否定的公司（例如，"我不管你们听到些什么——我们的产品仍然和竞争者的一样好！"），无一例外地都被那些总是积极探寻真正顾客心理的公司远远地甩在了后边。

约翰逊自动控制系统集团（JCS，Johnson Controls Automotive System Group）是市场现实发挥激励作用的一个很好的例子。该公司是一家向汽车装备生产商提供汽车坐椅的供应商。一直以来，约翰逊控制集团将其顾客视为大的汽车制造商。与其直接接洽的顾客是为这些制造商服务的工程师和采购代理——这并不让人感到兴奋也没有什么激励作用。当约翰逊控制集团首次对其终端客户（那些坐在集团提供的座椅上的人）进行了一些研究的时候，情况就大为不同了。首先，约翰逊控制集团获得了提高产品质量的很多方法，而且同样重要的是，公司在与那些亲身体验了产品改良措施的人面对面的接触中得到了激励。没有什么比让顾客满意更令人兴奋的了。

简单地说，瞬息万变的市场就是一种强大的力量源泉。它在许多层次上创造了大量的机会，孕育着可以调动员工情感力量的激烈竞争，而且应对着那些需要给予特别关注的挑剔的顾客。

机会的快速增加。快速的增长本身具有激励作用。而进一步的更快的增长的激励作用就更加强大了——这仅仅是因为它带来了更多的机会。像戴尔和微软这样处于高速增长中的企业，没有时间或者说没有必要去寻找其他的力量源泉来激励其表现出众的员工。快速的增长也同样在西南航空公司、家得宝公司和惠普公司这样的企业中发挥着力量源泉的作用。

美国第一银行（FUSA）是一家非常成功的信用卡发卡银行。公司激励其员工的力量源泉是两位有魅力的强势领导者与公司的快速增长之间的有力组合。持卡人服务公司（Cardmember Service）的执行副总裁凯瑟琳·韦斯特，抓住了美国第一银行的高级领导者的个人魅力与公司的快速增长一样对员工具有激励作用的本质：

> 跟约翰·托尔森（公司主席）和迪克·魏格（首席执行官）谈话时，他们谈论的事情常令我更加兴奋。
>
> 我认为他们是我所遇到过的两位最尽职尽责、最有个人魅力和远见的领导者。面对面地和他们一起工作，对我确实有很大的吸引力，因为他们对自己要实现的目标有着清楚明确的认识，并且专注于自己的工作。我很喜欢与正直诚信又有责任心的领导者一起工作，我希望把自己的事业与这样的公司联系在一起。

增长的激励作用何时会被耗尽是一个值得关注的问题。不幸的是，任何宏伟想法的激励作用都不会持续很长的时间。因此，那些依靠增长激励员工创造巅峰业绩的公司经常必须寻找其他的力量源泉。

激烈的竞争。许多决策者相信竞争带来的威胁（与人们希望获胜的本性相对应），是保持公司竞争优势的关键因素。尽管今天其作用已不如其他力量源泉那么重要了，但是在西南航空公司创立的初期，竞争威胁是该公司一个很重要的力量源泉。那时，市场的竞争环境似乎有意要与西南航空公司作对。在公司作为行业新手于 1973 年与布拉尼夫航空公司（Braniff Airlines）展开的价格战中，布拉尼夫公司通过推出“熟悉布拉尼夫公司”活动，将达拉斯与休斯敦之间的机票价格几乎降到了现行价格的一半。这给西南航空公司带来了“致命的打击”。布拉尼夫公司的策略惹怒了西南航空公司，因为西南航空是这一行业的新生力量。而且，达拉斯－休斯敦航线是西南航空收入的主要来源，而它对于布拉尼夫公司来说却不是那么重要。将这块业务输给布拉尼夫公司就意味着西南航空公司的终结。这一威胁带来的背水一战激起了西南航空的斗志。公司历史上最有名的广告也由此而生：“没有人为了污秽的 13 美元就可以将西南航空公司赶出这片天空！”此次竞争还引起了西南航空公司的航班和飞机周转能力（降落、等待乘客上下飞机以及再次起飞所花费的时间）的根本性变革，而这一点至今仍然是其竞争优势的核心。

诚然，形神兼备的敌人可以使人兴奋亢进。在具体找出竞争对手、利用其威胁调动员工的活力方面，我们不乏优秀的案例。在面对面直接展开竞争的公司中，我们更能体会到这一点。例如，可口可乐与百事可乐，通用电气和爱默生电气，摩托罗拉和“日本货”等。

显然，这些案例有其适用的环境，但是它们却说明了一个重要的问题。好斗的竞争对手能为公司带来显著的紧迫感，而这种感觉是调动员工活力的源泉。在现实生活中，好斗的竞争对手并不总是存在的。如果一个企业没有竞争对手，它当然也不想为自己树立一个。因此，激烈的竞争激励员工发挥巅峰绩效作用也就无从实现了。

挑剔的顾客。与竞争威胁这一概念密切相关的是顾客压力。尽管在实践中很难将两者分开。在理解它们各自作为员工的力量源泉发挥作用的同时，将两者区分开来是有所裨益的。在业绩出众的员工之中，顾客满意度这一概念已经被发挥到了极致。员工实际上比其他任何人都更想要利用一切手段更好地为目标客户服务。尽管我们可以在西南航空公司和万豪集团（两者都在价值链中将员工放在顾客之上）这样的企业中看到员工对顾客的这种沉迷，但是在家得宝这样的公司中，这一情况显得格外明显——在这里，让顾客高兴和微笑是员工主要的目标。家得宝公司喜欢用“前所未有”这个词语来描述自己在顾客服务方面提出的目标。

顾客至上的理念同样也构成了万豪国际集团的一个主要的力量源泉。在访问盐湖城和圣安东尼奥期间，我们与大量的管家、门童、服务生和厨师以及他们的主管和经理们进行了多次交谈。他们工作的重心无一例外地都是酒店的顾客。顾客给予酒店的各种反映都在员工中得到了广泛地传播。当这种反馈信息是肯定的时候，员工们就欣喜不已；而当反馈是否定的时候，员工们就会立即动手纠正错误，力争扭转顾客的消极印象。对于万豪集团的一线员工来说，没有什么比顾客的一番真诚的赞赏和鼓励的话语更令人兴奋的了。

那些利用顾客的力量来激励员工的公司最好遵循万豪集团提出的顾客至上这一领导哲学。这一理念也代表着西南航空公司、家得宝公司和肯德基公司这样的企业的特征。它们都努力确保顾客是激励员工的主要力量源泉。

真正引人注目的传统

自豪感一直是一种强大的活力剂。它来自企业以往的成就、目前的价值观以及员工的信仰。公司未来的梦想和抱负也可以起到同样的作用。自豪感使得运动员努力挑战自己的潜能。它解释了富有传奇色彩的亚戴尔（Red Adair）带领自己的灭火队深入危险重重的起火油田进行灭火工作的那份毫无理性可言的激情。它诱导着大批的惠普员工遵循一套相同的公司价值观。在业绩表现出众的员工之中，个人的自豪感是和团体的自豪感紧密联系在一起的——不论是在整个公司中，还是在个别的工作小组中，都是这样。当自豪感随着时间的推移能够长久地在员工心目中保持活生生的地位的时候，它就能在员工中发挥真正的激励作用。尽管以往的成就只代表过去，但是身处表现出众的员工当中的领导者不会仅仅停留在这个层次。他们会确保这些成就继续在员工心目中发挥活生生的作用，并转变成公司强调的价值观和“核心意识形态”。此外，他们还以与公司的传统相一致的使命和集体的抱负为基础，努力在公司和特定的工作集体要实现的事物中营造员工的自豪感。

企业成就中的自豪感。在美国海军陆战队、美国宇航局的约翰逊航天中心、万豪集团以及家得宝公司等组织之中，以往的和现在的英雄都为员工提供了一种强大的力量源泉。这些公司有意识地不断引用英雄们的成功事迹来鼓励和保持其他模范行为。

3M 公司是这类自豪感的另一个例子。在 20 世纪之初创建于明尼苏达州的 3M 公司实际上在“起步时就几乎破产成为一家倒闭的矿厂”。这一世人皆知的传奇机构现在已经是创新产品的开发和营销领域中的佼佼者。其产品领域从放射性物质处理和微观互联系统到粘性塑料胶带无所不包，远远超出了公司最初从事的采矿业。1996 年初，我接受 3M 英国公司主席兼总裁约翰·缪勒的邀请，在其公司在西班牙召开的国际领导会议上做演讲。在那里，我和公司的一些高级经理和执行官们度过了愉快的时光。当我与一位高级国际业务经理谈论自己对表现出众的员工背后的激励因素的研究兴趣时，他说：“我不知道你在其他的地方可以得到些什么，我相信对于 3M 来说，这个问题的核心是公司超越时间和地理上的限制所做出的成就，为我们带来的一种朴素却又深入人心的自豪感。”

同样，在位于休斯敦的约翰逊航天中心（JSC，John Space Center）里面有一个特别的展厅。它向来访者展示了公司是如何利用航天员的英雄事迹来激励组织的其他成员的。作为肯尼迪政府倡导的载人登月计划的一部分，该中心建于 20 世纪 50 年代早期。像美国宇航局的其他航天中心一样，约翰逊航天中心集中力量研究擅长的特定领域——载人航天飞行。约翰逊航天中心的工程师负责建造了首次载人进入太空的水星号和阿波罗号飞船，而且约翰逊航天中心一直是美国所有载人太空飞行的任务控制中心。今天，约翰逊航天中心管理着美国的太空飞行器和空间站计划，以及各种各样的小型航宇计划和生命科学试验。是约翰逊航天中心的科学家和斯坦福的研究者一起在源于火星的陨石中最先发现了可能存在生命的征兆。

对于海军陆战队、3M 公司和美国宇航局来说，一系列记载详实、激动人心的昔日成就能够自动地产生强烈的自豪感。这种自豪感又进一步增强了组织在目前的成就中所获取的自豪感。此外，它还为上述组织所从事的事业提供了一份额外的奖励。正如约翰逊中心的一位管理者在交谈中提到的：

> 在鸡尾酒晚会上，我和夫人的确喜欢让别人询问我的职业。我

> 的回答往往能够激起对方积极的反映。大部分人都记得登月以及太空旅行是为国家带来巨大的自豪感的时刻。各式各样的家庭围坐在电视机旁共同目睹这一绝无仅有的事件，那一刻会让所有人记忆犹新。这种自豪感至今仍然是我在此供职的一个重要的理由。

但是，作为力量源泉，如果想让自豪感不断地在员工心目中发挥积极的作用，就需要定期地对其补充和修订。

个人和集体成就中的自豪感。前人树立的意义明确的传统对员工有着激励和促进作用。然而，一家机构没有必要追求与美国宇航局的太空探索同样伟大崇高的目标。像西南航空公司、万豪集团和3M公司这样的历史悠久的商业企业，也能严格地利用自己的经营任务来调动员工的自豪感和责任心。

3M公司的自豪感是建在其以往的成就之上的。它反映在公司当今的地位这个问题上，公司员工所做的各种各样的评论对此有一定的启示。就拿公司氟化部门的研究专家和团队领导者约翰·欧文斯来说，他先是在大学期间在3M公司实习，1984年毕业后，他加入公司，而后全职工作。他说，由于公司在其家乡——双子城中有着良好、持久的声誉，所以“他一直想为3M公司工作”。他许多的邻居以为3M公司工作而感到自豪，并给予了公司崇高的评价。在他们看来，3M公司允许研究者“探询自己的科学兴趣”，不受不合理的干预或者细枝末节的管理的影响。

领导一个为了既定的宏伟目标而努力奋斗的团队让约翰感到非常自豪。显然，团队取得的成就能够像公司以往的成就一样给他带来自豪感。尽管公司管理层在决定项目的时间表和目标时有一定的发言权，但是约翰的团队成员大都负责制定自己的工作计划。他说，团队成员不是为了赶工而额外增加工作时间，相反，成员都是自己促进自己，更加努力地工作。员工在各自的工作内容和办事能力中所获得的自豪感激励着他们设立自己的宏伟目标。“人们因为能够继续从事他们的工作而感到自豪……团队成员想要做得尽善尽美，发挥自己最大的潜力。”

在1996年的一次采访中，3M公司的主席将公司四种关键价值观的一种列为：让公司继续成为“一家能让归属其中的员工感到自豪的公司”。然而，员工的这种自豪感以遍布企业的各种工作小组所感受到企业整体的自豪感和抱负为基础。更好地调动和整合一线员工的活力的方法是广泛地发挥团队的作用，因为团队的特点在于有着清晰明确的整体目标和抱负。团队所取得的成就以及归属于能够达到和超过业绩目标的团队的感觉，能够让其成员深深地感到自豪。在目前 3M 公司所处的财务和经济困难的时期，这类的自豪感无疑有助于维持员工的责任心。

培育多个力量源泉

要保持员工的巅峰绩效，需要给予其特别的、持续的关注。尽管在动态的组织环境中存在着很多这样的力量源泉，但是其中最有效的体现了对几类人类最基本的需要的关注（见第 2 章表 2 - 1）。

人们倾向于相信一种力量源泉，例如高速的增长或有魅力的领导者，就能够提供表现出众的员工所需的活力。然而，我们所考查的公司却都积极地培育了多种力量源泉，目的是尽可能地满足人类的那些基本的需要。

同时，我们也没有必要刻意以同等程度去营造本章所列的所有力量源泉。我们所研究的这些表现出众的组织总是有选择地对业绩和投资重点进行关注。例如，西南航空公司的历史向我们揭示了该公司在不同时期所培育和强调的不同的力量源泉。在创建初期，生存是企业主要的目标，它的主要力量源泉包括一位有魅力的领导和一些想把它“踢出局”的凶悍的竞争对手。经历了生存的考验，西南航空公司开始系统地开发其他的力量源泉，例如提供每个人都可以负担得起的空中旅行。如今，主要的力量源泉依然在继续转移，从有魅力的领导者变成公司创造非凡传统为员工带来的自豪感，这种自豪感在员工中普遍存在，并且有着日渐增加的趋势。长期保持员工的自豪感是一个内容不断变化的目标，而且在公司发展的历史过程中，西南航空公司肯定会利用不同的力量源泉——只不过随着时间的推移，其重点会不断变化罢了。

不幸的是，并不是所有能够利用这些力量源泉的公司都能成功地造就出表现出众的员工。即使最强大的力量源泉也不足以确保人们行动和决策的一致性。力量源泉能够在员工中创造过人的动力，但是它们却不一定能够充分地整合和积聚这种动力以确保公司的巅峰业绩。因此，那些业绩出众的公司既重视寻找力量源泉，也重视建立整合员工过人力量的方法和机制。所以，本章中所论述的整合方法和机制也值得那些正在构建合适的平衡路径的公司关注，就像它们关注员工的力量源泉一样。

整合方法和工具

找出创造情感力量的源泉只是任务的一半。这一力量也必须加以传导，以使得员工的行为和企业成功所需业绩要求紧密地联系在一起。在很多情况下，善意的整合员工行为的努力也会使得员工泄气，降低他们的忠诚度，削弱他们的活力。整合情感力量往往说起来容易、做起来难。

本章的后半部分对我们进行了深入研究的 20 多种情形中的主要整合方法进行了总结。我们发现每种方法或者机制都强化了员工的需要（成就感）和企业的需要（绩效），这都取决于员工的行为。同时，平衡企业业绩要求和员工的自我实现需要，要求公司有一套完整的整合机制来确保这种平衡的长期性。

这一概念看似简单，但它却能解答为什么这种整合能够造就表现出众的员工。我们不是要求企业精通这里所总结的全部整合方法，虽然这些手段对多数公司来说并不陌生，仍然只有少数公司能够真正出色地运用它们。此外，每个案例中被用来整合员工行为和领导决策的工具都有特定的业务、市场和文化环境。因此，要实现的目标不同，每种特定整合方法的相对重要性也有所不同。

我们研究过的这些机制和工具可以模糊地被分成三类基本的整合方法，即：树立员工个人的信心和自我形象、坚持明确地关注业绩以及为员工创造有吸引力的机遇。下面我们详细讨论这三种方法。

树立员工个人的自我形象

毫无疑问，员工有着巅峰绩效的公司高度重视为员工创造一个更能实现自我的组织和工作环境。对员工这一需要的满足不仅能够让他们对自己的工作机会感到更加满意，而且还能树立他们自己的个人形象和自信心。公司不断地提醒员工：他们及其工作小组所从事的工作不论对公司还是对顾客来说都是非常重要的；公司非常关心他们的健康和幸福；他们可以积极地改变自己的命运。不管他们的日常工作是多么琐碎或机械，公司都让他们感到自己很特别。尽管其他的公司也经常有类似的想法，但员工绩效出众的公司的不同之处，在于它强调员工的自我形象。与满足于员工的一般表现的公司相比，这些公司更加认真和执著地树立员工的自我形象。我们所考查的企业都加倍关注员工如何看待自己、同事以及他们的工作。

向人们展示其真正的价值。向人们展示其真正的价值这一概念是树立员工的积极形象的基础。它意味着公司不断地向员工清楚地表示，他们是受尊敬的个人，并且他们的个人安危是领导者主要关心的事情。结果，所有的员工都相信自己的工作是有价值的，而且能够得到领导的信任，并且被鼓励着去独立开展工作。虽然错误不值得鼓励，但能得到理解和接受，善意的个人主动性会受到公司的奖励。因此，员工所抱有的态度是：“在这里我与众不同，我的努力受人关注、被人推崇，我不必在乎犯一些诚实的错误。”

要使这种态度长久保持下去就要求：（1）在任何时期都尊重所有个人；（2）看重每一种工作；（3）创造相互之间的信任感和行动的信心。实现这些特征要比单纯描述它们困难得多，这需要在员工培训、技能开发和机会创造等方面进行大量（或许有些非理性）的投资。从本质上说，这样的公司更加愿意依靠于自己的员工。

职位头衔和工作关系弱化了组织层级的重要性。美国海军陆战队坚持给予一线将士最高的关注。陆战队把自己当作一个家庭，而且这一感觉广泛地存在于组织的各个层次。海军军官后备学校的毕业生最关心的是“怎样做才能获得手下的尊敬”。在认识到了下属的价值之后，陆战队的做法或许就是我们的“金科玉律”。长官和入伍新兵之间的相互尊敬和真正的关怀是惊人的。正如不止一个的新兵所说：“上校及其夫人把我当作他们的家人。”

口头上说尊重员工的价值或者只是宣称“员工是我们最宝贵的资产”与“像家人一样”对待员工有着显著的差别。那些保持着员工的巅峰绩效的公司坚持认为，向员工展示其价值准确地反映了高层领导的真诚信仰。别的方法绝不会实现这一点。

创造和分享更宏伟的蓝图。运用这种方法的公司的所有员工清楚地了解工作的内容、环境以及应该怎样做才能出人头地。这有助于他们树立自我形象，因为这种做法让他们相信公司信任他们，并且想让他们成为这一宏伟蓝图的一部分。而这一蓝图决定了公司能否获得成功。当员工是其中的一部分时，他们就能了解公司的内部和外部环境。员工可以通过“碰头会”、追踪竞争者，以及与顾客直接进行接触的方法来定期澄清和更新这方面的信息。那些强调这种方法的公司在业务的内部和外部要素等方面对员工保持极大的透明性，公司中也存在着异常宽泛的非正式网络和交流工具，例如：

- 在美国宇航局，组织上下所有人可以定期与过去和现在的航天员进行接触：这种做法对各级员工的激励作用是显著的。
- 在通用电气公司的发动机和工业控制系统业务中，员工会议定期在每个工厂举行。而且每周一早晨举行例行的电话会议，目的是在组织中分享最新的顾客和竞争对手的信息。
- 西南航空不断地提醒其员工，公司任务和价值观的核心的实现更加宏伟的蓝图。人们为西南航空公司感到自豪，因为它的存在导致了航空运输市场的变革，使得那些潜在的旅行者都可以买得起机票。西南航空公司员工或许不相信他们“替代了汽车”，但是他们肯定可以无拘无束说这句话。

创造集体力量。表现出众的员工最明显的特点是能依靠集体力量。如果将这种氛围与大多数组织相比较，你可以切身感受到这种力量的差异。由于工作的环境将其带入了超出个人境界的领域，所以员工个人和工作小组就能超越个人兴趣和能力的限制，发挥自己的作用。这种做法有助于员工自我形象的建立，因为这种积极向上的感觉具有感染性，人们不断地试图使其他人也变得积极起来。那些重视这种方法的公司也一直备受外人的关注。

创造集体力量的实质是基础广泛的团队协作、多元化的真实团队、广泛的相互支持和协助，再加上正式或非正式的帮助他人和让他人对工作感到满意的动机，各方面形成协同效应。令人瞩目并且得到反复强调的组织任务、员工共享的价值观念，还有员工中普遍存在的创建伟大而长久事业的愿望，这三个方面交织在一起，为员工树立了强烈的使命感。而这种感觉驱使着组织创造集体力量。

员工经常希望在其工作小组或更大的集体当中保持自己的印记。由此产生的集体自豪感在较大的群体中更加明显。工作之中、之余的妙趣横生的活动，合理地强化着工作的独特性。员工对公司的历史非常熟悉，他们个人也担负起了保持公司独特传统的责任。

保持对绩效的关注

如果员工清楚地懂得什么样的业绩对企业来说最为关键，那么这种业绩就很可能得以实现。那些敏锐地关注业绩的公司通过确保不同的职能和组织层次之间的一致性以及每个职位的特殊性做到这一点。这些公司具有显著的与众不同的能力，能够将职位和业绩的清晰性转化为员工的自我实现要求，通常是通过帮助员工实现那些“真正有意义的”成就，获得自豪感而实现的。有意思的是，这种能力的产生始自公司的招聘和雇用过程，并且在评估、认可和奖励等整个人力资源管理过程中持续地发挥作用。它对企业的领导体系具有很好的调节作用，使之直接或间接利用以下四种工具与员工进行交流，让员工能够轻而易举地了解企业的管理意图。

进行有目的的决策。利用这种方法确保员工的出众绩效的企业将会永久地成为组织的一个部分这个问题视为一个关键性的决策。决定他们会长期在组织内的什么位置工作也被认为是同等重要的。这些公司努力确保它们让“合适的人选发挥了最大的潜力”。公司严格细致地将人格和价值观与他们的技能、态度和经验结合在一起，对候选人进行考察。对什么类型的人适合留下为企业工作这个问题，企业中存在普遍的共识。

领导们非常清楚“自己需要什么人”。他们同样清楚公司的招聘策略、雇用/培养方案以及某项工作所要求的技能和态度。与其他大部分公司相比，这些公司的招募和选择过程都更加严格。一线经理而非人事经理主导着整个人员挑选过程，公司现有员工的积极介绍和多重面试的方法都对整个过程有所帮助。事实上，雇用决策是一个独特的双向选择过程。在公司的招募过程中，以及在员工被公司录用之后，员工的自我选择都是公司人事流程中的一个重要的、不可分离的因素。

不间断地重新雇用员工（continuous rehiring）这一理念在企业中得到了普遍地贯彻执行。这意味着公司希望员工懂得保持与市场相适应的技术能力。美国第一银行的营销和信贷部执行副总裁加里·马里诺的说法提供了一个极端的例子："在所有关键职位上，我们都寻求员工具有世界级的工作能力，那些达不到这一水平的员工将被别人取代。在这个方面，公司CEO理查德·维格从不妥协。"马里诺被维格追寻了两年才同意到公司上任，他这样描述了维格在人员招募上所采用的集约方式：

> 维格在招聘方面所表现出的责任心可圈可点。为了招募一名关键人员，他可谓是费尽心机。他敞开自己的家门会客，有时甚至不得不在最后一分钟改变自己的行程。他向主妇们献上鲜花，为孩子们购买玩具，而且用他的私人飞机将候选人带到公司参观。为了找到合适的人选，他可谓呕心沥血。

实际上，维格认为那些开诚布公地表示不愿意来公司工作的人为他带来了极大的挑战，他也对此特别感兴趣。他告诉我们："你真正应该招募的是那些本不想来你公司工作的人。真正杰出的人在其原有的岗位上是很受欢迎的，而且他们也乐此不疲。他们并不主动地寻觅工作。我对那些急于谋得某个职位的人会表示怀疑。"因此，他对那些放在其办公桌上的不请自来的简历采取回避态度："就好像它们有传染性一样。"

清楚地表述最为重要。我们有理由相信，当员工普遍对公司至关重要的事情有着明确认识的时候，员工的决策和行为将会更加协调。大多数公司的高层管理者肯定都尝试着让员工有这种认识。在那些利用这种方法保持员工的出众表现的公司中，几乎所有员工都对自己应该做什么、怎样做才对公司有意义这个问题有着清楚的认识。对每个员工来说，这一认识能够转化为员工务实的工作行为。

这样做首先要让员工明确公司的业绩重点。在所有的层次上，员工都能够回答关键和晦涩的业绩方面的问题，即，哪些员工需要重点关注哪些顾客和哪些产品和服务的特性；哪些数字需要由哪些人来密切监视（以及采取哪些行动加以优化或纠正）；哪些非数字性指标需要监督。在组织各个层次上，员工都十分清楚各自每天的工作重点，他们对应该先做什么不会产生任何疑问。

大家对如何在组织中工作这个问题有着共识。只有新员工才会短暂地产生“我们的做事方式是怎样的？”这样的疑惑。企业不仅有着明确的价值观，而且企业表述这些价值观的方式也让各级员工感到它们与自己息息相关，能够得到他们的身体力行。在公司中存在着大量的行为模范和良师益友，员工们能够方便地与他们接触，向他们学习。公司的历史在员工中广为传播，受到大家不断地推崇。人们为保持公司传统而感到自豪。多重源泉不断地向员工传达着什么最为重要这个命题。这种交流在招聘和选择的过程中就开始发挥作用，并且在新员工的上岗培训、年度绩效评估、职位和技能的培训以及正式和非正式员工沟通等各个方面都有用武之地。

不同的组织对哪些事情最为重要有着不同的看法，同时也使用不同的方式来强化这种看法。例如：

- 在美国宇航局，员工力求顺利完成任务，这包括让宇航员安全地重返家园。每个人都非常关心宇航员的安危。
- 万豪集团非常看重顾客的反应。任何事情都不如顾客的评论和抱怨更能引起员工的注意。
- 在雅芳位于芝加哥工厂里，“你不应该缺货”是任何员工谨记的首要事情。员工会做出最大的努力来避免缺货（没有完全履行或者没有及时完成顾客的订单）。

业绩透明。业绩透明意味着员工清楚地了解业绩的度量方法和公司各个单位目前的业绩状况。当然，要让员工了解这些事项首先要在公司中建立一套的明确的业绩目标和度量方法。越来越多的业绩较好的公司试图从三个方面来度量企业的业绩：股东收益、顾客满意度和员工福利。这种业绩平衡的概念或目标认为这三个组成部分的重要性几乎相同。由于通常的度量方法和度量指标不能反映员工的福利和顾客的满意度的状况，将三者放在一起度量无疑增大了工作的挑战性。

为了实现业绩透明，公司必须采取一些重点突出的度量方法，并且还必须能够在不同的岗位上将它们细化分解。这种整合方法的另一个重要的特点是信息反馈清楚、快速而且直接。为了达到这一目的，公司需要采用各种各样的机制，其中包括规范的反馈循环、醒目地张贴度量结果以及让多位评估人对员工做出的有意义的评价等等。对员工进行 360 度的评估和竞争性的评比是这方面典型的做法（即，所有相关的人员多对某位员工进行评估，不论这些人是主管、下属还是同事）。虽然公司强调事实的客观性（公司中存在“事实是友好的”的观念）和责任的明确性，但是在评估过程中经常有一些创造性的无形的东西在起作用。

例如，通用电气公司的发动机和工业控制系统部门就对这些不可测量的东西进行了测量。吉姆·罗杰斯（前 CEO）发明了一种简单的季度调查方法，用以调查员工对工作场所的意见和反应以及他们在其中扮演的角色。调查的结果可以让他对每个营业单位以及职能部门的员工“满意”率进行评估。换句话说，他将那些相信“形势一片大好，我喜欢我的工作，而且这里是一个工作的好地方”的人数与那些相信“处处倒霉，我讨厌我的工作，而且在这里工作真是令人恶心”的人数进行比较。对于一个处于这种环境的经理来说，该比率必须提高，否则财务和运营的数字指标就不能得以实现。使用这一比率是罗杰斯实施著名的 GE 哲学的一种途径，“数字指标不再是救命的稻草”。

使认可和奖励充满意义。每个人都知道对员工业绩进行认可和奖励是有效的。表现出众的员工的过人之处就是公司的认可和奖励水平明确地将他们与业绩平平的员工区别开来，而且公司还想尽一切办法，探索执行各种认可员工突出业绩的方法。

为宝贵的东西奖励员工是这类企业的典型做法，奖品的形式可以多种多样：从人人渴求的人造玩意（例如，大卫·诺瓦克在肯德基设立的“橡皮鸡肉奖”）到用公司股权进行的回报等等。与个人成就一样，集体成就也得到了公司严格、公平的奖励，业绩不同得到的奖励也自然不同。公司认真地调整其奖励和认可的方法，使其能够与在不同的角色和工作环境中工作的员工的动机相适应。

威尔胜地滑雪辅导学校（Vail Resorts Ski School）是一个很好的例子，在其奖励体系中，员工成就与金钱奖励之间有着明确的因果关系。学校的衡量标准简洁明确，易于操作，得到的反馈也直接迅速。滑雪学校为辅导教师树立的工作动机鼓励他们采用企业家式的工作方式。他们变得精通“软销售”而且都有一批忠实的客户，这些客户可能连续几个季度经常光顾。学校从不干预教师的工作方式，同时教师可以在很宽泛的范围内通过自己的努力，获得想要的报酬。此外，向其他教师介绍生意也能给他们带来报酬。这种做法强调了回头客对学校和教师个人的重要性。

显然，在企业家精神路径上表现突出的威尔滑雪学校同样也是运用业绩透明这个整合方法的典范。1400 多位滑雪教师在学校这个倡导营造个人企业家的管理体系中创造着行业领先的生产力。教师们非常清楚他们的业绩目标（回头客的数量和推荐自己的教师数量），他们从学生、同事以及主管那里时刻收集着关于自己的工作表现的反馈信息。业绩透明与有意义的认可和奖励两种方法总是共同发挥作用。最终看来，非金钱的奖励和认可在创造表现出众的员工方面要比金钱奖励的作用深远得多。

向员工敞开机遇的大门

这一类的方法旨在给予员工一种挑战自我的压力和充足的机遇，从而培养和提高他们的工作能力。虽然每个公司都宣称在这么做，但是它们与案例中这些精于此道的企业之间存在着显著的差异。例如，他们不满足于只利用“企业增长”来激励员工，也不满足于把“升职”作为员工机遇的主要来源。相反，他们寻求各种机会来丰富现有工作的内容，向员工提供常规的工作和升迁机会之外的其他选择。美国第一银行的迪克·维格简洁朴素地将工作重心放在“有效授权”方面。他相信那些能够凭借被授予的权利出色的完成任务的个人，不仅能够在其下属中创造新的领导方案和能力，而且还能够拓展自己的能力以迎接新的挑战。

广泛地创造机会。在这种方法盛行的业绩出众的工作环境中，公司创造各种机会，充分调动员工全部的技能、洞察力和经验。当然，在高速增长的情况下，大量的机会可以自动地得以涌现。我们甚至倾向于相信，对员工来说，企业的高速增长总是比不增长的情况更加具有吸引力和激励作用。由于在过去的 20 年里，公司一直以每年超过 20% 的速度增长，所以在家得宝公司和西南航空公司中，机会从不缺乏。然而，在一个成熟或者缓慢增长的情况下，挑战就变得更加严峻了。例如，美国海军陆战队的规模在二战后一直稳中有降，因此，海军必须充分利用每一个可以想像到的机会。从新兵在巴厘岛结束他们为期三个月的艰苦训练，正是被授予海军陆战队员的称号开始，他们的每次正式升职和非正式的技能提高都被部队加以认可和庆祝。海军在其环境中所创造的机会的数量远胜过其他组织。

强调使用这种方法的公司有意识地开创各种各样的机会，让更多的员工参与进来。这样的机会既存在于员工的职责范围之内又存在于职责范围之外。西尔斯宠物营养公司是让员工在工作中同时扮演多种角色的典型。例如，斯科特·雷希在罐装食品包装线上工作。这个工作听起来单调乏味，但是正式的职位描述根本没有涵盖他在工厂中扮演的所有角色：

- 机修工。他维护包装设备——修理机器出现的各种毛病。
- 预算员、采购代理以及仓库保管员。雷希负责保管和采购其设备使用的所有的机油、油脂以及滑润剂；因此，他与工厂中所有的人都有接触。此外，他保管并采购了其领域中使用的各种各样的溶剂和化学用品——年经手的金额高达 23.4 万美元。
- 配方管理。对于公司 40 多种宠物营养配方之中的一个，雷希负责从生产线中采样试验；监督颜色、味道以及粘性；决定该批食品是否上市；同时解决各种出现的问题。
- 导游。雷希带领各种团体在工厂中参观学习。访客的身份多种多样，从高露洁公司的高级经理到当地的学生一应俱全。

充实职位晋升的范围是公司创造机会的另一种途径。当组织致力于员工的发展时，通常的做法是强调职位的提升，即，在职位的阶梯上一层层的向上爬。然而，业绩出众的企业向员工提供大量的职业和个人发展方案，其中包括平级调动机会、分派兼职任务、职业管理指导以及才能和机会的梳理等。管理层不断地寻求各种创新性方法，改变和提升员工现有状况。

创造机会这个方法所包含的最后一个元素是鼓励个人发挥能动性和承担个人风险。大多数公司总是抱怨组织内部缺少真正的有能动性以及敢冒风险的人。但是敢冒风险是风险资本的特征，它在一个成熟的公司中早已不复存在了。然而，我们却在许多表现出众的员工中，发现了在组织一线岗位上重新树立个人能动性的做法。

广泛地分配领导活动。当前，大多数组织理论家认为广泛分配领导活动的体系对组织的未来发展有着至关重要的作用。当然，我们对于绩效出众的员工的研究也支持这一论断。然而，在一个广泛分配领导活动的体系中，最有价值的领导力显然与基层员工有着紧密的联系。

分配领导活动意味着组织中许多层次上的许多个人，可以按照需要有效地扮演领导的角色。因此，让员工“付出更多”的有效领导力杠杆，就在组织中广泛发挥作用。那些依靠广泛分配领导活动这一方法的组织对领导权的真正意义有着共同的认识。在这样的组织中，从高层到基层各级领导者都一致地发挥着自己的模范作用。这就创造了一种新的领导力，使得下属也参与到领导活动中来，因而其作用远远大于单个领导力的总和。广泛分配的领导活动也可以帮助“追随者”了解领导者的眼界和他们在组织中所处的位置。在这样的组织里，高层管理者的一个普遍的看法是：“我们认为每个人都可以用某种重要的方式进行领导。”换句话说，大多数人在能力所及的条件下，的确能够做出令人服从的举动。

简而言之，学会领导不仅仅是高层管理者的事情。它是组织中每个人的责任和机会，因此，领导力拓展机会在组织内一直深入到基层。组织希望各个层次的员工都能抓住这一机会。在肯德基，广泛分配的领导权在组织内无处不在。下面这段一位肯德基的高级经理向一群餐厅经理的讲话反映了该公司的领导哲学：“好的领导者并不是凭空出现的。我们希望把诸位培训成为更好的领导者，然后回到自己管理的餐厅，为我们培养未来的领导者。这样，我们的领导力链条就可以不断地延伸和生长。”

市场督导员的职责是对餐厅经理进行直接地指导。为了让这种指导更加有效，肯德基有意识地减少每位市场督导员所负责的餐厅经理的数量（有时高达13个）。下面这些来自肯德基市场督导员的话语体现了他们对组织未来领导者的全面发展的关心：

首先应该让餐厅经理们确信，你是来帮助他们成功的。

既然我们有时间真正地指导他们，告诉他们“该怎么做”，我们同样也有时间坐下来与餐厅经理喝一杯咖啡，一起探讨一下个人和家庭事物。

他们其实与我们一样，我了解这些人，我看见他们走进来会跟他们打招呼“喂，你好！”

以前，老板打电话过来就意味着麻烦来了。现在好了。感觉好像他们就是来帮你的，而且他们在一定程度上是真的关心你。

改善工作本身。改善工作意味着我们应该给予特定的工作或活动大量的关注，让它们变得令人愉快、意义深远并且令人满意的。人们努力完成各自的工作，因为他们从工作中得到了极大的个人满足感。当一家公司招募了那些兴趣和技能符合任务要求的人的时候，当管理层竭尽所能地提高工作本身给员工带来的满足感的时候，上述情况就能得以实现。

改善工作这种方法显然注重员工的基本技能和经验。在许多情况下，组织鼓励各级员工亲自动手展开工作，而且经理们也愿意——并且乐在其中——从事实际的工作，给予产品和顾客直接的影响。例如，能够拆卸检修步枪让海军军官自豪不已，这种自豪感在他们不再需要这项技能之后，还能保持很长时间。在美国宇航局减少外包的工作数量，使得局内的工程师们手头的实际工作增加的时候，他们都会感到非常满足。正如一位工程师所说：“做手头的设计工作要比分派任务、领导管理或指挥决策更能给人带来满足感。”

问题的核心在于在个人创造的实际产品中树立一种真正的主人翁的自豪感。让员工自始至终地参加整个任务，以及让每位员工创造的产品都是带有明显的价值，这两种做法通常有助于树立员工的自豪感。当组织鼓励各级员工直接与顾客进行接触的时候，这种自豪感也能够产生。在万豪国际或家得宝这样的公司中，没有什么能够比得上顾客对员工的努力所做的评论那么令人信服和意义深远的了。

精明的选择带来出色的表现

不足为奇，员工持续创造出众业绩表现的公司都有一套密集使用的力量源泉和整合方法。通过强调一些明确而有意义的源泉和方法，一个组织可以将大量员工的活动和决策整合在一起。衡量绩效是否出众的关键因素在于“员工能够确定哪些是必须立即动手执行的事情，哪些是必须住手不做的事情”。我们可以运用一些简易的方法向员工传达这些做与不做的事项。类似的方法还能帮助员工明确组织要实现的目标是什么，这些目标的重要性何在以及“我们的做事方式是什么”等问题。

尽管有些方法和工具更加强调员工的自我实现需要，而有些却更加强调企业的业绩，这两个方面在每种整合方法中都有着不同程度地体现。事实上，我们研究得出的最为重要的结论之一是，良好地运用某种整合机制能够推动企业绩效和员工自我实现程度同步提高。然而，每个表现出众的员工都有自己的一套工具和方法来确保二者长期保持平衡。有一段时间，我们曾以为有些工具在所有我们研究过的几十种情形中受到了更多的关注。然而，当我们用更加严格的标准进行衡量时发现，事实并非如此。虽然有些整合工具更为常见，但是没有一种拥有压倒一切的力量。

然而，这里所总结的每种方法，的确在不同的情形中都有所出现。保持关键性平衡的要求是决定使用那种方法的关键因素。不能保持员工的自我实现需要与组织绩效之间的良好均衡，就不可能在长期里保持员工的巅峰绩效。当然，通过替换不合格的员工，组织在较短的时期内就可获得较高的绩效。然而，除非有能力的员工的供给是无限的，否则这种“炒与雇”的想法最终会使得那些最优秀的人离开公司、到更加关注他们的福利与工作能力发挥的环境中工作。相反，过分依赖授权和让员工实现自我的方法也非长久之计，因为组织的业绩最终也会受到影响。

第9章

强化规范的行为

虽然力量源泉和整合方法可能因地制宜地发生变化，但是一个不变的因素一直在我们研究的所有机构中发挥作用：在关键的地方创建纪律。原因或许很明显：实施规范行为是企业平衡整体业绩和员工自我实现这两个方面的要求的唯一途径。查尔斯·施瓦布认为自律是平衡方程中的最重要的一部分：“大多数关于‘超级天才’的谈论都是胡扯。当‘明星’陨落下去的时候，他所在的部门很少会受到损失。他的继任者也不过是从实践和自律中获取了经验，能够调动普通的人付出最大的努力的个人。”然而，自律不可能在一大群人中产生，除非某些关键领域的高层领导者有意识地加以实施。

坦白地说，我们没有想到强调纪律对于员工的出众表现如此重要。一些人或许认为它是激发员工活力的授权行为的对立面。在我们研究表现出众的员工规范行为的时候，通常将其归结为一套强有力的核心价值观所带来的好处（尽管它与规范行为多少有些不同）。不过，拥有表现出众的员工的企业总不满足于仅仅依靠其价值观来确保关键领域的行为规范性。

然而，直到我们看到巴利斯岛的陆战队士兵的规范化行为为他们带来的成就感，我们才开始意识到纪律在五种平衡路径中的重要性。美国海军陆战队真正掌握了运用组织纪律来培养成员广泛的自律性的艺术，这种自律不仅具有激励作用而且还能给予员工成就感。组织纪律、同事之间的纪律和自我约束的纪律，三者合为一体是我们研究的所有表现出众的员工的典型特点。没有它，管理层的努力很容易就会被大量良好人事管理手段消耗殆尽，从而不能集中在少数几个可以被出色执行的整合方法上。

对于那些渴望树立员工的责任感的企业来说，纪律和授权必须结合在一起使用。在强调授权的人看来，这无疑是异端邪说，但是这就是我们研究所得出的结论。《韦氏词典》将纪律定义为“起到纠正、塑造或完善的作用的一套准则和训练活动”。当然，你可以认为规范的行为是任何军事组织的核心内容。大量的案例研究报告和书籍告诉我们，纪律的涣散导致了许多重要战争中的溃败和灾难。不过，我们从中也能发现那个一成不变的难题：到底什么时候能够为了更崇高的目的而违反命令？这里，我们对军事纪律的强制性都深有体会。

然而，在商业和非营利性机构里，纪律没有得到足够的认识和理解。有时它被视为命令和控制的邪恶伙伴。该词本身就暗示着一些束缚，令人感到消极并且被认为限制了能动性、创新力以及授权活动的实现。以人为本的组织中没有纪律部门或者掌管纪律的首脑，它们也不会利用这个词语来招募和激励有天赋的人。如果要实现规范的行为，大多数公司喜欢用更加宽泛的词语来进行掩饰“分享核心价值观”、“遵守基本政策”以及“运用商业规则”。虽然这些委婉的说法听起来可能更加舒服，因为它们强调信仰和价值观，但是每一个上述命题的实现都需要一套规范的行为。

规范的行为暗示着一套规则的存在。每个人都了解这些规则——尽管他们没有明文书写。这些规则得到了无条件的执行，除非它们与人们共享的最高价值观或更高的权威发生抵触。那些破坏某种特定规则的人应该受到惩罚，那些一直以来忽视规则的人也很快会被组织抛弃。

比较而言，一套共享的价值观意味着一些强烈的信仰（通常没有明确的法则），可以以多种方式对它们加以利用。每个信仰这些价值观的人都不需要用完全相同的个人的行为来诠释他们。因为共享的价值观（像诚信或人道）通常没有一个明确的正确与错误的分界点，违反这些价值观通常比“违反规则”更加隐蔽模糊。因此，只有那些极端或过分的违反行为才会遭到惩罚。此外，在一套共享的价值观之中也经常存在着冲突（例如，员工的自我实现需要经常与将顾客的需求放在第一位的要求相冲突）。一个组织需要运用智慧和判断力来分辩这些冲突。虽然如此，那些不能拥护组织价值观的人都会离开，这要么出于他们的自愿要么出于企业的决策。

将共享的价值观与规范的行为混为一谈，会在关键领域诱发不规范的行为，这也会破坏员工的自我实现和企业业绩之间的必要平衡。那些员工表现出众的企业决不会让这种事情发生。为了说明这一点，本章以三个不同的机构——海军陆战队、西南航空公司和万豪集团——为代表，来讲述它们如何超越宣传价值观的层次，在关键的地方树立了规范的员工行为。

纪律的主人

显然，美国海军陆战队需要规范的行为。除此之外，有什么能够保证在战争的状态下，在生命受到威胁时，困难的命令能够得以执行？虽然不那么明显，不过陆战队在成员的自我实现和企业业绩两个方面有着同样的纪律性。

黄色脚印：纪律生效的地方

正如前面提到的，为了本书而进行的研究引领我们来到了南卡罗莱纳州的巴利斯岛。在这里我们可以研究美国海军陆战队训练新兵的各种方法。我们对巴利斯岛的访问正好与新兵入伍同步——在接待站下车，列队站在停机坪上早已画好的黄色脚印上。接待我们来访的詹姆斯准将和基斯准将决定让我们好好体验此次访问，所以我们乘坐与新兵相同巴士客车来到了训练营。我们的汽车刚一停下，一位身高 6.5 英尺、重 210 磅的训练教官就跳上车，像对待新兵一样威严地盯着我们。新兵对训练教官的第一个印象也许就像一个噩梦，正如我们所感受到的一样。他大声地吼着：“赶快下车，迅速把你的脚放在画好的黄色脚印上。”只有在下车后，我们才完全地感受到马辛涛上士的存在。他豪气冲天的外表以及精干强壮的体形对我们这些“新兵”产生了深刻的印象。几乎没有经过思考，我们就发现自己已经开始大声回应他刺耳的提问，“是，长官！”和“不是，长官！”。因为没有人事先提醒我们会出现这样的见面方式，所以它给我们留下了深刻印象——主要是因为我们意识到一旦新兵踏上巴利斯岛，他们就会领悟纪律和良好秩序的重要性。

在这五分钟的初次会面之后，我们得以转换回复普通人的心智状态。但是，该过程为我们树立了这样的观点：在巴利斯岛，每个士兵都必须拥有规范的行为。巴利斯岛的经历与新兵的任何经历都大不相同，他们会对此永生难忘。接下来，我们被赶进一个“预演室”里，在这里我们接受与新兵相同的诚信教育。在发给我们的一份表格上面列举了 10 类事件（教育情况、抚养者、医疗、以前的服役情况、前科、吸毒史……乃至刺青等等），所有过去的违禁行为都必须加以汇报。那些有事情汇报的新兵必须站到“舞台”上（屋子前面的一个一英尺高的台子）告诉大家真相，否则他就有可能被开除。对于美国海军陆战队来说，当提及新兵过去的违禁行为时，不存在“由于历史问题而被淘汰”的事情。陆战队采取的态度是：“我们不管其他人（比如政府）怎样评价你。如果你确实犯过错，我们就会知道！但是我们不会以此为由惩罚你，除非你刻意隐瞒或者再次犯错。”

当然，对于这些士兵来说，站在台上当众承认自己过去的错误是非常困难的。但是训练教官们知道每一个小组中都有人过去犯过错误，他们不断强调军队的纪律，直到有人鼓足勇气登上讲台，当众承认自己过去所犯的错误。之后，其他人就会随之而上，出现基斯准将所说的“爆米花效应”。讲实话的纪律由此在新兵中建立了起来。

即将毕业的受训新兵所讲的实话

接下来，我们与 8 位即将毕业的新兵进行了交谈。交谈的目的主要是考察他们的自我意识的存在性。8 个人中有 4 个将参加次日的毕业典礼，并且他们已经正是成为了陆战队士兵。他们身穿制服并且可以使用第一人称称呼自己。其他四人是女兵，她们还有两个星期的训练课程。她们身着训练迷彩服，并且仍然需要使用第三人称。在巴利斯岛受训的整个过程中，士兵不可以用第一人称称呼自己：“在一个团队中不存在我。”这个 8 人小组是根据当天谁有家人来访而随机抽取的。正当我们将要进入房间时，詹姆斯准将小声地告诉我：“这或许对他们来说有一些混乱，因为一半的人可以说‘我’，而另一半人必须用第三人称‘这个士兵’来称呼自己。我们已经告诉他们不要紧张拘束，因此看看会发生什么将会很有趣。”

詹姆斯准将大可不必担心。除了一个例外之外，小组的自律性很高。男兵们运用了他们刚刚获得的权力，使用第一人称称呼自己；而女兵们仍然需要使用第三人称“这个士兵”，就好像本来她们就是这么称呼自己一样。唯一的例外是一位来自亚利桑那州的聪明的美籍西班牙裔女兵，她在执行特殊的任务，受训完成后就会返回校园上学。她不时地冒出“我”（第一人称）来。尽管其他士兵基本没有受到她的错误的影响，基斯准将在会谈结束后立即指示，她的训练教官本应该当场纠正她。语言纪律在巴利斯岛得到了严格的贯彻执行。

当我们走进房间时，他们立正站好并且一直保持这一姿势，直到詹姆斯准将让他们稍息，并告诉他们可以自由、公开而且坦诚地讲话。起初，我想：“当然——有两位将军和四位陌生的民众呆在屋子里，这些孩子也许紧张地只会说‘是的，长官！不是，长官’这些词汇。”

但我的第一个问题“你为什么加入海军?”过后，就证明了我的想法是错误的。每个人都向我们讲述了致使他们参军的个人背景和客观环境。理由从“我的父亲曾是海军”到“我想走出贫穷的环境”，多种多样。来自多米尼加共和国的士兵雷米兹在讲述他怎样一直坚信海军陆战队是最棒的这个理由的时候，显得滔滔不绝和充满激情——他只想与最棒的人在一起。你可以看到他的自豪感溢于言表。

士兵们都讲述了自身发生的巨大变化。变化因人而异，但是都出自个人取得的成就或团队带来的自豪感。下面这些话就可见一斑：

> 我一生中第一次找到了自信……
>
> 懂得了团队纪律的真正含意，而且在心态上抛弃了“我”……
>
> 减了40磅体重，并且感到不管身体、精神还是情感上都很健康……
>
> 找到了责任感——我以前从未完成过什么事情……

当被问及哪些训练项目最好，哪些最坏时，他们的回答也都清楚明确：

> 严酷考验项目……在严酷考验中，每个人都必须提升自己并且

展示学到了什么。

这个士兵喜欢各项测试——喜欢每天都接受测试。

这个士兵喜欢行进队列训练。它向这个士兵传授纪律的重要性，我们的训练教官使整个排都喜欢上它了。

这个士兵（女兵）认为女性训练教官应该更加严厉和苛刻。女兵应该接受像男兵一样的挑战。

这是我生命中最精彩又是最糟糕的三个月。

毒气室的确很残酷。在如此恐惧的状态下，仍能完成任务，这令这个士兵感到非常自豪。

训练鼓励你麻烦自己的训练教官。

抱有怀疑态度的人可能认为我们是在帮人做秀。毕竟，这些士兵是被挑选出来的，而且两位将军一直坐在屋子里。然而，作为一名研究者，我经历过很多做秀的场面。我从中学会了辨别的方法，不论它们伪装得多么好，我都能一眼看穿——但这次绝不是在做秀。这些士兵真诚地回答了我的问题——吐露了大多数人都不会吐露的个人感受。对于任何问题，他们都毫无保留地给予批评或加以赞扬。

此外，这群士兵的话语与其他我们在采访中随机遇见的士兵是一致的。不论长官在不在场，我们一直可以询问任何人、任何事情。我们的确这样做了。值得赞扬的是，美国海军陆战队坚持对自己的行为保持公开性和诚实性。他们严格地进行自我批评，任何海军公报的读者都可以证实这一点。他们或许憎恨像我这样幼稚的外来者的批评，但是他们希望得到战友建设性的批评，而且自己也愿意给出这样的批评。

隐藏在西南航空公司中的纪律

因为不想迟到，所以我们决定比平常提前 20 分钟出发去跟西南航空公司的利比 · 萨坦和丽塔 · 贝利会面。在本周早些时候我与利比谈论我们研究的问题时，她明确地告诉我在其公司敏捷守时是十分重要的。

像海军陆战队一样，西南航空公司的人员有着严格的时间观念，你在不知不觉中就能体会到这一点。

尽管我们在8点15分就来到了公司，但是利比的助手直到8点30分才来迎接我们——非常准时。敏捷守时在西南航空公司起着两方面的作用。它是一套规范行为的副产品，该套行为要求员工在18分钟内完成飞机的地面周转（大多数其他航空公司至少要用30分钟以上的时间）；它还反映在公司员工迅速装卸行李的能力上，他们能在10分钟之内将所有检查过的行李箱运到行李传送带上，这几乎和大多数乘客离开飞机到达行李传送带的时间完全一致。规范的行为使得西南航空公司的每个员工可以为2400位顾客提供服务（最有竞争力的对手是1200个），而且飞机每天可以飞行11.5个小时（而行业平均时间是8.6个小时）。创造这种绩效的纪律和规范还能够在员工中创造自豪感和工作动力，使他们更好地遵守这些纪律，实现更高的业绩。

在等待的时间里，我们突然注意到有很多牌匾、照片、纪念品以及感谢信挂在墙上。这些事物是西南航空的员工过去的和现在所取得的成就的有形代表。当然，这并不让人吃惊。它使我们想起了访问过的每个海军军事基地的大门和办公室、肯德基总部中的领导之路以及家得宝公司家居产品的吉祥物："霍默"的雕像。当我们紧随萨坦的高级助理，凯西·理查德穿过走廊的时候，我们的眼前不时地出现体现着员工的重要性和巨大价值的事物。

然而，直到我们与萨坦和贝利谈过之后我们才认识到的是，这些象征性事物实际上在强调和提醒人们公司内部的关键纪律。例如，很多创新性的活动和奖励体现了公司的低成本原则，"低成本或没有成本"是这些活动的特点。事实上，大多数庆祝活动都是员工自己筹备的。在展现员工付出的过人努力的图片中，在张贴在墙上的感谢信中，以及在公司因为服务最为及时、行李处理最为妥当、顾客投诉最少而获得的"三星奖"（公司已经连续五年获得此殊荣）中，我们可以看到公司在客户服务方面的原则。然而，粗心的来访者会轻易地把这些归功于公司的授权活动，从而忽视了支撑着公司的抱负和价值观的严格纪律和规范。除了低成本原则之外，还有三个领域中的规范行为可圈可点：客户服务、招聘和培训以及共同语言。

成本纪律

驱车前往西南航空公司总部让我们首次感受到了该组织内部处处严格执行的“低成本或无成本”纪律。公司总部位于得克萨斯州达拉斯市的城郊，靠近拉夫菲尔德。这里是公司业务的发源地和运营中心。当我们穿过公司大门时，总部大楼的修缮工作仍在进行。这多少反映了该公司十年以来坚持不懈的自我完善过程。这里的环境与公司高速增长的步伐似乎有些不太协调。通向西南航空公司的登顿大道（Denton Drive）经过拉夫菲尔德以西的地区，这里竖立着各式各样的摇摇欲坠的住宅和商业建筑，例如吉来多超市、蒙娜丽莎俱乐部、斯比克食品仓库以及 Pupuseria 酒吧等等。这里乱七八糟地聚集着是各类小生意、年久失修的仓库和成本低廉的工业基地——根本不是什么黄金地段。

低成本是公司实现提供老百姓坐得起的航班这个目标当中的核心的一环。它也是公司力争服务成本行业最低的经营战略的关键因素。它构成了公司特征的主要内容。尽管这一战略让对手感到惊慌失措，但它的确扩大了西南航空运营的航线的整体市场容量。萨坦喜欢将其称之为“西南航空效应”。换句话说，因为西南航空公司迫使其他航空公司降低票价，更多的人坐得起飞机了！

低成本也是公司员工所遵守的规范化行为所带来的成果。这些纪律在企业、同事之间以及员工个人三个层次上都得到了贯彻执行。在节俭方面，西南航空公司可谓登峰造极。有些人将其称之为一种核心价值观，其他人把它看作公司战略中的核心因素。不论怎么称呼，严格执行规范化行为都是降低成本的关键。员工不能单凭个人的是非观来决定自己的行为。总是对低成本原则视而不见的人不会在公司里呆很久。正如贝利所说：“我们告诉员工，‘只要开销不大，你们可以随意地尝试任何想到的点子！’事实上，公司所有举措都开销不大。”

如果说需要是创新之母，那么西南航空公司的做法恰好为我们验证了这句古老谚语。利比和丽塔告诉我们，公司首创的对纪律的价值认同（公司目前高度倚赖这种价值观）是过去的业务需要所决定的。公司能够在 18 分钟内完成飞机的地面周转，因为它必须这么做——当时公司飞机数量不足。

客户服务纪律

与西南航空公司降低成本所使用的规范化行为相对应的是公司同样明确强调的客户服务纪律。公司在这方面的认识远远超过了我们对客户服务价值的认识。每个人都懂得客户服务对西南航空公司的重要性。尽管赫布·凯莱赫（CEO）和柯林·巴瑞特（客户部执行副总裁）一直强调员工第一，但是员工们懂得顾客的地位与其不相上下。员工的基本责任是“提供非凡的优质服务”，但是这并不妨碍公司制定明确的行为纪律，从而确保公司的各项成就。公司拥有明确的标准来处理各种客户服务方面的突发事件，同时也为反映服务水平的各种要素制订了标准（例如检验合格的行李送达传送带的时间）。当然，客户服务的“价值构成”远不能用这些标准进行衡量，但是它们都得到了坚决地贯彻执行。

人员招募和培训纪律

虽然人员最为重要——但是，西南航空公司在雇用方面也不是来者不拒。例如，1997 年，约有 10.5 万人申请公司的 3000 个职位。公司有实力对候选人精挑细选，这也一贯是它的做法。为了保证从大量的应聘者之中优中选优，公司明确公布了自己的录用标准，并且规范地对每一个候选人进行筛选。因为态度是最重要的评判标准，西南航空公司的招聘人员对此有着详尽的认识，并且懂得如何判断一个人的态度。他们善于判断和把握温和友善、积极向上、坦诚直接、幽默风趣的性格特点。*Fast Company* 杂志援引西南航空公司的高级招聘人员约瑟·科门奈瑞斯的话，回答了公司在候选人身上所找寻的品质：“真诚——成为我们中的一员所必须具有的品质”。为了找出这种抽象的品质，公司要求候选人大声宣读自己的“个人特征”——公司以此命名的一份调查问卷，应聘者需要回答如下问题“一次我的幽默感帮我……”，“我最出色的表现是……”和“我的座右铭是……”。

尽管多数答案都没有什么特色，但是还是有少数人脱颖而出，成为西南航空公司所要找的人。例如，一位女士将自己描述为“敏捷活泼的”，一般应聘者可能觉得这个词太过喧闹了，但是科门奈瑞斯却觉得它很吸引人。在上岗培训过程之中，公司也对员工的行为提出了严格的要求。乘务员的候选人不仅必须无薪接受培训，而且还必须遵守衣着、外表和敏捷度等方面的各项明细条例。上课迟到会被公司开除，装束不妥也会被公司开除。虽然多少给人以军事条例的感觉，但是萨坦还是强调：“我们在西南航空公司不会使用条例这个词；我们更喜欢说指导方针和标准。请不要把条例和西南航空公司相提并论。”

在挑选飞行员方面，公司可以接受的候选人必须具备驾驶 737 型飞机的资格。这需要 5000 到 1 万美元的个人投资，不过西南航空公司不会支付这笔费用。与任何大型航空公司一样，西南航空公司对飞行员有着明确严格的指导方针和标准，但是公司客户交往和服务方面的指导方针和标准却比多数同行明确和宽泛的多。安全是各航空公司职责中的重中之重。然而，对西南航空公司而言，普通的安全标准只是一切工作的起点。例如，“态度”标准和指导方针对飞行员和乘务员有着同样的重要性。我同事的妻子是西南航空公司的常客。她讲了一个故事，让我们对此深信不疑。在一次航班延误中，一个男乘务员行动有些慌张，对她的服务也有些不周到。当她开玩笑地说“你的态度有问题，孩子”的时候，他的脸刷地变白了。着陆后，他找到我同事的妻子，询问自己哪儿不对并道歉。一句玩笑似的话语可能意味着他违反了公司为确保与顾客的友善交流而制定的方针政策，他不愿意冒这个风险。

公司为客户服务代表、舷梯司乘人员、维修工乃至保洁员都制订了工作标准和要求。当然，这样的规则在其他航空公司也是有的，但是西南航空公司的规则要严格得多，而且员工甚至比经理人员更加身体力行。另外，公司大量职位都有试用期，在这一阶段，受训者必须证明自己能严格遵照工作要求办事，符合公司的标准。对乘务员来说，试用期是 6 个月。如果在此期间违反了规则，就表明该受训者不能适应公司的文化。当然，他还会有第二次机会，但是他必须证明自己违反规则的缘由是令人信服的。萨坦说“我们不会过早地对员工失去信心”，但是一旦公司管理层判定某个人不能适应公司的文化，他立即就会被辞退。西南航空公司以其鼓励员工主动、创新的领导哲学而闻名于世——但是其前提是员工必须关键领域严格照章办事。

大多数西南航空公司的员工认为这些标准、规则和企业文化是催人上进的，他们不觉得自己受到了约束，也不感到灰心丧气。而且，公司在培训过程中就让员工明确了这些价值观、纪律规范和各种企业文化中的要素。通过让候选人决定是否愿意成为公司文化的一部分，公司希望每个候选人自行决定是否愿意加入公司。显然，不是每个人都能适应这种文化，但是大多数认真尝试过的人都相信公司的文化能够让他们在人性上更加完美。

像西南航空公司和家得宝公司这样的企业，经常会奖励那些有正确的理由打破公司规则的员工，这点是很重要的。西南航空公司对善意的错误表现得非常大度，尤其是当它们体现出公司期望其员工具有的主动性、创新性和自律精神的时候，更是如此。公司的成本纪律在推动员工创新性和主动性上有实质作用。因为员工不能铺张浪费，所以他们在处理新的问题和机遇的时候具有高度的创新性。例如，七年前公司成立了文化委员会（Culture Committee），以防止公司规模的上升会对员工的个人自由产生负面影响。按萨坦的话讲，该委员会的任务是：

> 在需要的地方协助建立西南航空公司的精神和文化；继续丰富和发扬光大现有的企业文化；同时，唤醒那些逐渐消亡的文化。这个组织就是要“不惜一切代价”创造、加强和丰富独特的西南航空精神和企业文化，让公司成为令人羡慕的“家庭”。

该委员会创立了一个下属团队，名叫“自由卫士”。该组织的目的是提高公司员工对其享有的许多特殊的自由的认识程度（例如，随意的装束、工作安全性、和大量“有求必应”的人一起工作、许多展现个性的机会以及在工作中享受乐趣，等等）。自由卫士还努力提高大家对维护这些自由所应承担的个人责任的认识程度。该组织推行了名为“自由之旅”的活动，以此向公司每位员工强化这些信息。

共同语言的纪律

每个强大文化都有自己的语言，西南航空公司也不例外。然而，像海军一样，这种语言的使用构成了一种间接而非直接执行的纪律。西南航空公司的这种语言随着公司的成长而兴起，其中的某些方面得到了公司各级员工的不断强化。就其本身而言，西南航空公司的语言构成了一种纪律，它创造着对企业业绩和员工的自我实现都有价值的行为。

首先，一些词语，如规则条例和正式战略规划，在公司内部是有意被禁止使用的。后者是“大无畏的领导者和时而的猫王化身”（CEO，赫布·凯莱赫）最忌讳的事。他说：“现实是无序的；计划是有序和充满逻辑的，两者并不相符。多数战略规划过程中所采取的小心谨慎、吹毛求疵的态度为我们的思想带上了枷锁。”

员工付出的每一份特殊的努力都被授予了一个独特的名字或者标签，例如，探索（Quest）、再探索（Re-Quest）、工具时间（Tool Time）、自由卫士以及用体验他人工作（Walk a Mile in My Shoes）。像心胸宽阔、不服输的精神和“西南航空大家庭”这样的说法对公司员工都有着特殊的意义。例如员工部和职员大学等头衔都在强调什么在公司中最为重要。缩略语，诸如 POS（非凡的优质服务）和有意拼错的 LUV 等，为公司重要的价值观树立了形象，规范了员工的行为。公司的共同语言中充满了简单易记的短语，像“线外的颜色”（Color outside the lines），“雇用的是精神、勇气和热情”，“遵循黄金规则”，“消费者第二”和“勇士精神”。柯林·巴瑞特为我们讲述了为什么最后一个短语在公司文化中有着深厚根基，它与被美国海军陆战队的领导体系奉为核心的勇士精神有着异曲同工之妙：“勇士精神，以抗争而求生存，是我们企业文化的产生之源。”

共同的语言总是对表现出众的员工之中的规范化的行为起着辅助作用。几乎所有我们研究过的组织都有一套对员工有着特殊意义的词汇、短语和缩略语。这样的共同语言提醒员工规范自己的行为，因为这是平衡企业业绩和个人自我实现需要的关键。规范化的语言和行为所发挥的力量在西南航空公司的业绩出众的员工中表现得尤为突出，它同时也是决定公司所取得的非凡成就的关键因素。凯文和杰琪·弗莱宝对此的总结最为恰当：“西南航空公司成功的真正秘诀在于拥有世界上最具士气和战斗力的员工。这样一种理念所带来的公平感将他们调动起来：‘我们要把你们的安康与公司的盛衰联系在一起，因为，毕竟你们就是公司的全部。”

万豪集团的纪律规范

当我们到达位于圣安东尼奥的河畔中心的时候，我们一下子就明白了为什么它在万豪的资产中排名如此之高了。酒店就坐落在五光十色的圣安东尼奥河边，气候是温和宜人的华氏 75 度，同时这里的设施完备，能够举办各种类型的会议。酒店内部以“现代的万豪”为主题，装饰很有品味，服务生和前台接待穿着整洁，打扮得体并且面带微笑。这里的整体感觉颇让人动心。我私下也决定选个时间，带上夫人来这里度周末。

当我们在经理办公室等待与罗伯特·格莱莫琼斯见面时，我们情不自禁地注意到墙上有很多奖状。尽管这些奖状被分类摆放的位置要比西南航空公司的做法更加正式，也更有品位，但是无疑这家公司也是个大赢家。这些奖状中，有“Pinnacle 杂志奖”（Pinnacle Magazine Award，由读者调查评出的最成功的会议），“杰出成就奖”（the Award of Excellence），“金钥匙奖”（the Gold Key award），“价值和声望医学会议奖”（M&D Medical Meeting award）和“四星奖”（the Four Diamond Award）。无论什么类型的顾客服务奖，这个酒店在过去的五年里都可能拿过。

我们的访问恰好与首席执行官比尔·万豪的一个事先定好的接待活动相冲突，所以我们满以为会遇见员工四处奔波，为总裁的到来做准备的情形。但是事实却与我们的想像大相径庭。我们只听到了几句介绍来访的要人的轻松的话语，每位员工都非常放松、愉快和随和。“您需要什么，尽管吩咐。我们会尽一切所能满足您的要求。”你也许会认为我们中了圈套，但事情绝非如此，因为万豪希望每一位客人都能受到这样的礼遇。我们在此的访问和讨论毫无拘束——可以与任何员工或经理谈论任何事情。当然，万豪先生肯定本来就想让我们这样做。

完美的登记入住纪律

来自罗德岛（Rhode）的普罗维登斯的汤姆·特科特在河畔中心已经做了 7 年领班了。15 年前，他作为一名夏季服务生，在佛罗里达州的福特劳德戴尔（Fort Lauderdale）开始了他的万豪职业生涯。正如他所说："我高中毕业就干了这份工作，并且从没想过离开。"

他负责管理 35 个员工，其中包括服务生、门卫和所有搬运工。按照顾客服务指数（该指标每月对顾客反馈意见进行总结汇报）排名，他的团队在全部万豪侍应人员中排名第二。团队整体的人员流动率低于 5%，就像汤姆所说："这份工作报酬很好，福利也很好，并且工作环境也很棒。与这里的友善的顾客打交道让我感到非常有趣。我爱这个城市！"

尽管汤姆的话语让这份工作听起来很有趣，但是实际上它绝非简单的差事。由于万豪认为客人决定是否入住的关键是他们步入酒店的头 10 分钟，所以汤姆和他的团队严格规范自己的行为，确保这 10 分钟内不会让客人有任何不满意的地方。首先，团队拥有自己的工作"基本原则"。在没有直接后果的前提下，不论什么原因都不能打破这些原则。这些原则包括：诚实（最重要）、干净整洁、打扮得体、没有性骚扰和不侵犯侮辱顾客。遵照这些原则工作，不仅顾客满意，而且员工的工作情绪也十分积极，他们以达到了这些标准、能够获得顾客的表扬而感到光荣。公司制定纪律，同事遵照执行并且将其转化为自律行为，这种三位一体的组合在此又发挥了作用，它使得员工因为公司的成就和自己的自我实现程度而感到自豪。

"完美的入住流程"本身需要一套规范的行为。在门口帮你拿行礼的服务生也帮你办登记手续，获取你的客房信息并将你送到房间。他们必须按照一套详细的工作程序将客人尽快地、满意地送到他们的客房。因此，所有的服务生都必须接受前台登记、邮件发送和电脑系统的使用等方面的培训。而且，公司严格按照工作需要筛选在技能和态度方面都合适的工作人员。

招募和培训纪律

公司的员工雇用过程也以一套规范化的行为为基础。公司首先遵循一套广为人知的标准对人员进行选择，其中包括着装（公司认为可以接受的便装是什么样子）、打扮（修剪整齐的发型）、简明（说出你想要表达的意思）、友善（温和友好的说话态度）和对当地的了解（河岸两旁有什么），等等。

按照这些标准，公司首先进行集体面试，然后由几个人组成小组（通常是四五个）对候选人进行单独面试。考官严格按照事先制定的程序进行面试，以便把握每位候选人的天生的态度、行为和举止。

然后，候选人要参加一个斯坦福研究院（SRI，Stanford Research Institute）的考试，它是一个由盖洛普（Gallup）民意调查公司用电话进行的测试。万豪将其视为一个对人性特点（自我、骄傲、多样性）或个人倾向的测试。它为公司筛选真正符合实际工作需要的人才提供有价值的意见。按照客户经理沃尔特·肯尼迪的说法，该测试还有助于判断“员工在某个岗位上的供职时间长短”。该测试是公司雇用过程中重要的一环，但是它只是一个门槛性的测试，而不是一锤定音的方法。得分较低的人会被刷掉，但是高分者也不必然会被录取。它的好处是可以帮助公司识别那些爱社交的、外向的和主动性强的人——这些人很有可能是具有高度的自我约束力，能够为顾客提供满意的服务的人。

总的来说，万豪寻找的是友善诚实的候选人，用汤姆的话说，是“那些真正把取悦顾客放在心上的好客动物”。一踏入公司的大门，每个员工就必须学会并坚持万豪集团在好客方面制订的基本原则。与第7章提到的“比尔·万豪的十二条成功准则”相一致，公司发给所有员工一张可以放在钱包里的卡片，提醒他们不要违反以下六条行为准则：

1. 微笑并问候每位客人。
2. 温和、友善、有礼貌地与客人讲话。
3. 展示真诚的热情。
4. 想顾客之所需，灵活地回答他们的问题。
5. 对自己的工作要了如指掌。
6. 学会把客人的问题当成自己的问题来解决。

以上的六点尤为重要。万豪对它们进行拓展，制订了员工应该遵守的满意地为顾客解决问题的工作步骤。工作步骤十分简单：倾听、移情、道歉、动手解决问题或者向客人提供补偿、通知相关人员以确保同类问题不再发生。如果员工对此没有广泛的理解或者员工的责任心不强的话，那么这些步骤执行起来就不这么简单了。汤姆告诉我们，那些违背这些简单规则的人总会被给予置疑的权利——但是“三次违例就会被公司开除”。

培训过程同样也有严格的纪律。新员工在两天内要熟悉万豪的历史、规章制度、十条戒律（基本原则）以及最根本的价值观和工作原则。包括这一思想灌输过程在内的培训过程历时大约四个星期。接下来的一周，公司集中培训员工如何回应客人，同时让每位同事熟悉他们在工作中将要使用的电脑系统。再下面一周，公司培训员工前台工作程序和行李搬运流程。最后的几周，公司让合格的受训人员在实际工作中体验各种可能发生的情况。在工作过程中还有很多交互培训，公司坚持不懈地对员工进行此类培训，直到员工能够“抓住”顾客为止。

餐厅纪律

梅丽莎·艾斯坎努里亚让我们同样体验了餐厅工作人员所必须遵守的规范行为。梅丽莎是一个楚楚动人的黑发女士，她来自得克萨斯州的一个边境城镇，并且已经在万豪工作了大约 14 年。她起初的工作是在必胜客，但是三年半后由于紧缩成本，她不得不离开了那里。对此，她记忆犹新：“万豪永远不会那样对待她的员工。”

来公司做了四年收银员之后，她当上了餐厅主管，负责咖啡厅和 J. W. 牛排屋（主餐厅）。她与其他三位经理一起工作，而后者向酒店餐厅服务部的总经理汇报工作。她还是 TIP 资格获得者（怎么样处理醉酒客人）。此外，她充分利用万豪的员工教育政策，正在圣安东尼奥的圣菲利普丝社区大学攻读工商管理学位。当然，她还是在万豪每周正常工作 55 个小时的（5 个 11 小时的工作日），利用剩下的业余时间接受教育（公司为其支付最初的2000 美元）。她相信，获得学位后将会在万豪有更好的发展，她根本没想过离开。

河畔中心的各个餐厅拥有 50 ~ 60 名餐厅服务人员，他们在各自的岗位上接受交互培训，其中包括收银员、女服务员、巴士人员、服务人员和厨房工作人员等。尽管很少有人能胜任所有的这些职位，但是万豪相信对员工进行交互培训是确保他们提供在顾客看来有亲和力的服务的最佳途径。刚来餐厅工作的人员也必须学习那些汤姆·特科特所列举的好客性和解决顾客问题等方面的规则。

每天早晨6点15分和每天下午3点45分，将要交接班的人员集结在一起，梅丽莎称之为“整队”。在这15分钟的简短汇报中，主要探讨酒店发生了什么可能会影响餐厅工作的事情，如果可能的话，所有提出的问题都能得以讨论并加以解决。在清单（公开张贴的）中滞留超过一个星期的问题通常由小组出面解决。梅丽莎说：“这是一个很好的让人摆脱挫折感的方法。”其他部门（内务整理以及前台）也使用类似的方法。

尽管梅丽莎总的来说是公司各项规则的拥护者，但是她还是对万豪所使用的打分制度表示担忧。显然，该制度有点像军事学院中的记过制度，它决定什么时候有理由解雇某人。例如，那些迟到或者未经允许擅自离职的人会被公司记过（打分）。然而，除非因为违反纪律而积攒的分数达到了10分（在员工的90天的试用期内，界限是5点），否则，就算是员工的工作能力再差，也不能解雇他。这一纪律有好处也有坏处。梅丽莎明白这一制度的目的是确保公平地对待每一位员工，但是她认为那些不负责任的人很容易就可以“钻空子”利用制度为自己牟利。结果，她不得不长时间地保留一些不能胜任工作的人。

虽然如此，一旦违反了公司条例，员工就会被开除。在一次小组集中讨论中，我们了解到的公司近期的一次辞退事件就很好地说明了这一事实。一周以前，一位有经验的厨师，罗尼·奥帝兹，与同事发生了口角。激烈的争吵最终导致罗尼被对方推倒了。该事件闹得沸沸扬扬，一直传到总经理史蒂文·朗德根那里，由其解决。朗德根解释了他所面临的困境：

> 我确实想找一个好的方法留下这位同事，但是任何身体殴斗都是禁止的。我们不得不让他走人。罗尼其实是他的一位朋友，因此我想确保这不会影响他们之间的关系。不幸的是，我只能这么做，以维持纪律的严肃性。

酒店的客户经理沃特·肯尼迪进一步详细地阐述了纪律在公司管理体系中所扮演的角色。酒店的整体人员流失率约为40%左右（同业流失率在30%～65%之间），但是肯尼迪认为很多人离开是“出于自愿而非被迫，这在很大程度上是受纪律驱动的。我们没有因为工作表现差而裁掉那么多人，公司累进的打分制度主要针对那些工作能力不足的人——表现正常或出众的员工根本不会受影响”。

自律的重要性

我们与一组来自于朗德根的ACE项目（Associates Committed to Excellence，专门负责创造佳绩的同事）的同事进行了会面，这些人都是公司中那些最优秀的非正式领导者。公司特别指派他们协助执行关键的规章制度，确保员工按照万豪的价值观和原则办事。下面这些引用的话体现了万豪所制订的一系列基本的规范行为，如何变成了员工强烈的自我约束感。这些话语同样也反映了他们的自豪感以及成就感。

来到万豪，我们会像家人一样对待你。

我们尽量不用“我们不能这样做”之类的词语。

你不仅仅是这里的员工——你还是一名同事！这对我是很有意义。

我们可以作任何需要做的事情，以便解决顾客的问题。

第一还不够好——我们从不满足。

看到公司的要求，员工会忘掉自我。

我们在经营这家旅店，是我们使它变成了今天这个样子。

在这里，我们不随便花钱——但是，我们的确在会员身上投资。我们相信花在会员身上的钱是物有所值。

尽管ACE的家伙们很特别，但是他们并不特殊。他们让我们随意与公司员工进行讨论，以便证明他们的观点是正确的。我们确实这样做了，而且他们的观点也是正确的。事实上，ACE小组成员的角色之一就是确保自己不断接近公司其他员工，了解公司全部员工当中的问题、感受以及他们关心的事情。他们非常规范地对待自己的“接近”职责。

自立之路项目

梅丽莎还鼓励我们研究一下公司相对较新的自立之路项目，该项目面向靠政府救济度日的人，并且因为其质量和成效而受到了全国的好评。概括地说，该计划利用一个六星期的特别训练课程（免费的），使贫穷的人脱离政府救济。培训的内容包括教育他们自律和自尊以及遵守万豪其他方面的纪律。该课程设立于 1991 年，教授的规范行为包括如何在 24 分钟内清理一间客房，以及应该采用什么样的个人装束。从留置率上看，该项目获得了极大的成功。例如，在华盛顿特区，接受过培训的、工作期限超过一年的新同事所占的比例要比同一地区没接受过培训的可比员工高 10 个百分点。这也表现在员工的自我实现方面！正如梅丽莎所说：“这些人非常有责任心。在课程毕业时，很多人都非常感激地意识到他们已经能够通过努力来取得进步。他们都培养了一种以前从未有的目的感和自律感。”

两种纪律都起作用

在所有列举激励员工的方法的清单中，我们难寻纪律的踪影。但是，归根结底，没有它谁也达不到目的。在我们的案例分析中，没有一家员工表现出众的企业不要求某些关键领域的员工采用规范化的行为。此外，我们所说的纪律有两种类型：管理层推行的明确的行为准则以及员工自发的、强烈的自律感。要保持员工的出众表现，二者缺一不可。

或许纪律的重要性是显而易见的。回顾过去，好像的确如此。如果没有纪律，我们不可能在 18 分钟内完成客机的地面周转；如果没有纪律，我们不可能将那些接受救济的人转变成能干的酒店员工；如果没有纪律，我们也不可能在战场上保持沉着冷静和秩序井然。如果不能成功地进行自我约束，我们也不可能期望得到那种由此而生的自豪感、积极的个人形象以及员工的自我实现。一套强有力的价值观能够取代规范化的行为而发挥作用的假设在实践中毫无用武之地。那些力图完全依靠价值观激励员工的企业没有先例可寻。没有一只表现出众的员工队伍不拥有自己的规范化行为。要实现员工的巅峰绩效，单凭一套强有力的共享价值观是远远不够的。

另一方面，规范化的行为自身——不管是强制还是自发的——不能取代价值观或其他力量源泉存在的必要性。虽然如此，关键领域的规范行为不仅补充了而且有助于维持企业业绩和员工自我实现之间的动态平衡。随着企业对这一平衡点的接近，他们可以更少地利用强制性纪律，而是更多地依靠员工的自我约束——但是两者缺一不可。这样的规范化行为是我们所研究的每个表现出众的员工的基本支柱。

第 10 章

选择最优路径

“凯勒赫先生，我想与您握手。任何人能够像西南航空公司关爱自己的员工那样经营一个公司，都值得接受我深深的敬意。”

这段出人意料的颂词直接出自特洛伊·瑞克斯中士，这位服役 19 年的久经沙场的海军军官之口。瑞克斯是由六位领导者组成的讨论小组中的一员（其中三位来自美国西南航空公司，另三位来自美国海军陆战队）。这个小组最近与 36 位同仁一道开展了一次旨在提高领导力的讨论会。这两队人员可谓有着天壤之别，但他们的共同话题比大家所想像的要多得多。结果，由西南航空公司的高管组成的后续小组召集了一百多位公司的高级领导，其中包括公司 CEO 赫伯特·凯勒赫，来向他们总结传达这次讨论会的成果。

瑞克斯是讨论会上的第一个发言者。不管从哪个方面讲，他都是“海军精英里的精英”。他身高足有六英尺，修长、健壮的体格在合身的蓝色制服中一览无遗。他体现了全体海军所代表的荣耀、勇气和责任心。谁都希望让他站在自己一边。

瑞克斯来自阿肯色州的艾米提维勒（Amityville，Arkansas），说话的方式带着浓郁的家乡特色——生硬、谨慎和浓郁的南方口音。他的开场白带有着锐利的口气：“下午好，西南航空公司。”这句话如此出人意料，以至于台下所有听众马上就鸦雀无声了。这对于西南航空公司的任何一类员工团体来说都是不寻常的。然而，瑞克斯并不想让他们保持安静。他提高了一点嗓门，更具命令的口气重复了一遍自己的话语。

这一回，大家热情地回答“下午好，中士！”。这时，瑞克斯迅速打量了一下听众，问道：“赫伯特·凯勒赫先生在吗？”大厅后面一个大家十分熟悉的花白脑袋微微点了一下（就算在暴风雪中也能分辨出来），慢慢举起了自己的手。瑞克斯马上做了一个漂亮的向右转动作，快步走下讲台，穿过听众，一直来到大厅的后面。在这里，他与凯勒赫握了手，并且说出了本章开头的那段话语。凯勒赫与在场的所有人都相信瑞克斯所言非虚。而且当讨论结束的时候，凯勒赫把海军与会人员领到自己的办公室，用他广为人知的万灵药——烤火鸡，举办了一次私人酒会。

在这个两分钟的小插曲里，瑞克斯不仅俘虏了全体听众的注意力，而且还抓住了所有领导员工获得巅峰绩效的领导者所熟知的管理精髓：必须真正地关心每一个员工，坦诚地相信每一个员工对企业的业绩都至关重要。否则，本书讨论的五条路径都是一纸空文。

虽然有着显著的差别，美国海军陆战队与西南航空公司还是能够互相学习。这种学习的机会对于任何相信劳动者个人的独特价值，希望塑造一条路径来培养关键部门员工的责任感的领导集体来说，都是一样的。本书讲述的路径是“对待员工好些”这个简单做法的有力补充。它们不仅有着独一无二的地位，而且也是管理界最为流行的做法。书中谈到的力量源泉和相应的整合方法提供了多种技巧和工具，可以帮助大多数公司在员工个人实现与企业业绩表现两个方面取得正确的平衡。然而，最为关键的是找出一条适合你所处的环境，能够让你取得优异的成果的路径。你可以不使用五条路径中的任何一条，但是如果你力图使得关键部门的员工发挥巅峰绩效，那么对这五条路径嗤之以鼻的做法是非常危险的。世界上 20 多家业绩最出众的企业告诉我们，这五条路径是有效的。

要找出通往员工巅峰绩效的正确道路，单凭循规蹈矩的做法是远远不够的。各个企业的情况千差万别，而且富于变化，这些情况决定了员工的潜在价值和激励他们的最好方法。那么，企业的领导者应该如何判断自己在管理侧重点上所作的调整值不值得呢？从某种程度上讲，这取决于领导者的个人判断。许多领导者深信只要员工能够良好的服从命令就能够实现经营目标，他们也不认为值得对员工进行投资，让他们能够发挥更多的力量。另外一些领导者虽然觉得让员工发挥巅峰绩效意义重大，但是他们却对具体的做法迷惑不解。一个企业应该选择什么时机来动手培养一支活力四射、绩效出众的员工队伍？领导者应该如何决策使用不同的方案和选择？什么措施能够确保付出的努力能够最终获得成功？尽管各个企业的情况不同，这些问题的答案也莫衷一是，但是本章仍然提供一个两阶段的解决方法：

阶段一：找出调动员工积极性的真正令人信服的理由和方法。尽管没有一家本书提到的企业有意识地“找出”了这样的理由，但是他各自发展的过程中都经历了这一步。对于那些还没有走到这一步的企业来说，他们必须这样做。这个阶段决定了这样的理由所应该包含的内容。

阶段二：进行关键的决策，选择所需的平衡路径。我们所研究的每一条成功路径都建立在明确决策的基础之上。随意“充好人”不会带来好的结果。因此，本书的最后对这些决策进行总结，找出进行精明选择的方法。

本章所描述的几个分析评估的方法在管理极佳的公司中是司空见惯的事情。然而为了达到更好地培养绩效超群的员工的目的，有些地方采取了略有不同却是至关紧要的角度进行相关分析。

阶段一：寻找令人信服的理由

简而言之，为了员工的巅峰绩效而找出的理由应该回答下述问题：哪里需要一支责任感强烈的员工队伍？建立这样的队伍要付出怎样的代价？以及，这样的员工对公司股东有何价值？像其他重要的投资决策一样，找出这个理由应该首先认真地考察企业业绩的根本决定因素，即：业绩目标和经营战略、员工自我实现方面的预期，以及企业内部文化方面的限制等等。总而言之，我们的目的就是要把员工的绩效摆在合适的位置。换句话说，就是与决定企业成败的其他因素相比，它的重要性如何？问题简单至极，但是要找出以事实为依据的答案需要领导者在考虑不同员工情形的基础上进行深入的研究和判断。

像我们调研的几个企业的领导者一样，你可能天生就知道上述问题的答案。或者，根据以前的得失，你对这些问题也早已胸有成竹了。但如果不是这样，你就必须考虑如何对环境进行分析才能在员工绩效方面做出精明的选择。这种分析工作跟在决定企业业绩目标之前进行的调研如出一辙。唯一的差别在于做出任何员工方面的决定要兼顾员工和管理层两方面的要求。

业绩目标和经营战略

我们越来越多地发现优秀的公司在制订业绩目标和经营战略的时候，会兼顾顾客、员工以及公司股东的利益。其中的关键问题有：

- 你渴望在顾客、股东和员工这三类人员中实现什么样的业绩目标？如何将这些目标量化以便给予员工恰当的关注？
- 与决定企业业绩的其他因素相比，员工的重要性如何？员工的重要性在不同业务领域中的又有何差别？竞争对手在哪方面有着明显的员工优势，为什么？
- 哪些部分的员工对长期保持公司主要业务领域的竞争优势起着关键作用？

如今几乎所有的商业企业都尽心尽力地实现各自在业主和投资者预期财务回报方面所设定的目标。在优秀的企业中，衡量顾客绩效的方法几乎与衡量企业财务绩效的方法一样，得到了充分开发和认真执行。随着顾客对企业的要求越来越苛刻，有竞争力的产品的差别性越来越大，员工的重要性自然也与日俱增。

说实话，恰恰是因为顾客要求的不断变化才决定了企业拥有一支高绩效的员工队伍的重要性。一个企业越是能够有效地细分、研究和理解不断变化的顾客需要，它就越是能够准确地判断哪个部分的员工对于满足顾客的这些需要最为关键，以及在这些领域中培养一支出众的员工队伍的价值和意义。

因此，把员工的巅峰绩效视为命根子的企业在关键员工集体中投入的精力绝对不少于在顾客和股东身上所投入的精力。在少数情况下（最有名的是西南航空公司和万豪国际），员工集团被摆在了与公司有着利害关系的三类团体中的最重要的位置，其重要性明显超过股东，至少可以跟顾客平起平坐。案例研究表明，不论企业如何为三类利害相关的团体排座次，那些努力提高员工绩效的企业一定要严格制定目标、战略和度量方法。仅仅令人振奋的话语、积极的意愿和随意的评估方法是远远不够的，一个公司一定要以员工的成就作为手段来衡量公司本身的成绩。

一个企业无论如何都要权衡改善员工绩效与改善其他因素之间的相对重要性。例如，与在激励员工方面进行的同等规模的投资相比，在技术上进行投资可能会为企业绩效带来更大的改善。在产品品牌和企业市场地位也是一样：改善员工绩效为企业带来的收益或许根本无法与企业品牌形象的巨大变化所带来的效益同日而语。这种情况在消费品行业中尤为普遍。虽然这种比较和替换对于判断员工机遇十分重要，但他们绝非唯一的备选方案。

细分员工与细分市场一样重要。传统的用价值链分析员工绩效的办法只能从一个方面对员工进行细分。通过认真分析员工的自我实现需要，能够让我们从另一个角度来细分员工。我们可以使用很多细分顾客时所使用的标准（例如人口统计学、心理学以及生活方式上的变量），来进行这种以个人成就为基础的细分。例如，盐湖城万豪酒店就广泛地考虑到了不同员工群体的实现需要。这些群体包括，在校外兼职打工的大学生、初次获得一份真正工作的社保人员、把酒店行业作为职业生涯起点的高学历专业人员，以及正在努力适应环境的新移民等等。酒店力图为每一类人员提供一套有形和无形的价值观，帮助他们创造更高的生产力和更好地为顾客服务。要做到这一点就需要同时满足一般的和与特定群体相联系的两类员工自我实现需要。

在许多情况下，我们需要提高组织一线的业绩，例如生产率、质量、响应速度以及工作效率等等。然而，我们往往会有比提高员工的绩效表现更廉价、更有效的办法来实现这些目标。20 世纪是生产力日新月异的时代，员工并非唯一的提高生产力的途径。与 1905 年手工安装整部汽车的能工巧匠相比，1998 年在电脑辅助的生产线上工作的汽车产业工人受激励和在工作中的奉献的程度可能大不如从前，但是后者的工作效率远高于前者。这种“非以人为本”的改善生产力的方法在当前的经济生活中非常普遍。类似的例子还包括机械技术对自动化工作所起的作用、信息技术对强调速度的工作的影响、信息技术在质量管理中所发挥的作用以及为了提高工作效果而进行的工作和业务流程的再造等等。

很多公司依然有很多机会通过这些“非以人为本”的手段来改善组织绩效。而且这些方法实施起来更为简单、迅速，因为它们从本质上来说都是以组织计划、设备和决策为基础的。只有是在比这些备选措施更有效的条件下，对员工进行投资才是合理的。

员工的自我实现愿望

我们可以通过回答下面的问题来判断员工自我实现需要中各个因素的相对重要性：

- 企业在满足工作保障、家庭支持和个人安全等基本人类需求方面的成效如何？
- 关键员工群体所寻求和所获得的各是什么样的组织结构和控制方法？二者之间差别的显著程度如何？
- 什么时候个人身份、自我价值和个人目标会变成重要的细分员工的标准？企业在满足这些方面的员工需求上做得如何？
- 归属感、友情和信任在什么地方更为重要？谁，以及如何让员工拥有这种感觉？
- 企业为员工提供了多少机会，让他们作为个人学习和成长、让他们发挥主动性、让他们尝试新鲜事物？

寻找让员工取得更大的成就的潜在动力源泉与经常对顾客进行的市场研究如出一辙。需要分析和细分这两个分析顾客的基本理念在此尤其适用。在前面的章节中，我们对员工的自我实现需要进行了一个基本的分类，其中最基本的是一份能够满足员工基本生存需要的工作。在此之上，员工还需要一个合理的工作秩序（结构和控制）、一些他们行事的价值观和目的、一种归属于他们所崇拜的团体的感觉，以及在工作中成长进步的机会。第2章中的表2-1详细阐述了这些需要。

上述分类为我们提供了一个有用的起点，因为不同的员工群体，其特定的需要也注定不同。而且就像顾客需要一样，这些需要有的是有形的，有的是无形的。说实话，被我们访问的员工所表述的许多个人实现需要都是无形的。诸如报酬和补偿之类的有形需要常被典型的界定为“门槛问题”（Threshold Issues）：只要个人觉得经济回报处于或者接近公平水平，它们就不是强有力的激励因素。只有在员工感觉到（不论正确与否）自己或多或少的受到了不公平的待遇，金钱才成为被他们考虑的因素。

许多被用来研究消费者的工具和方法，同样可以用来分析员工的自我实现需要。这些工具包括面谈、调查、样本集体和相关分析（Conjoint Analysis，从不同问题的解答中进行横向比较，分析在统计上有效的比较结果）。我们还可以进一步拓展这些分析方法，用他们来评估竞争对手为员工提供的实现自我的机会。其中可以利用的工具有：与自愿离开公司的人进行“离职谈话”和与拒绝公司邀请的候选人讨论拒绝的原因。

自我实现需要的相对重要性常常随着员工类型，特别是他们在组织中的级别的不同而有所差异。例如，对于工作及一定程度的工作秩序的基本需要是组织底层或入门级的员工所更为看重的，而对于个人成长和机遇的渴求通常在组织高层才会出现。

内部文化要求

不论是有意设计还是无心插柳，每个组织现有的内部员工的动态特性反映着决定员工非正式态度和行为的组织文化。这种动态特性是员工管理方法的直接结果，并且很有可能包含着既能推动又能阻碍员工巅峰绩效的发挥的因素。下面的问题能够有效地评估组织现有内部文化的实际情况，找出主动提高员工业绩表现的“解决空间”。

- 相关的员工团体之间的整体劳动关系如何？

◆ 对于员工，高层领导者有什么信仰、偏好和总体管理理念？

◆ 工会、劳动行会和监管部门等中介组织各自扮演着什么样的角色？

◆ 什么样的深入人心的文化因素（人际网络、领导风格、相关正式/非正式形式、多样性等等）影响和决定着员工如何以及为什么能够变得积极主动起来？

◆ 组织当前在员工的潜力和特点、在多大程度上能够充分信任员工个人，以及员工应该如何处理相互关系等方面有什么样的认识？

组织每次决定执行一个新的战略或者在管理方法上进行重大变革的时候，不确定性和动摇员工责任心的可能性就肯定会出现。在这种情况下，组织中的每一个人都必须齐心协力。追求更好的员工表现就意味着企业要进行重大的战略转型，要给予员工大量的投入。不论企业选择哪条平衡路径，这种投入是必不可少的。它可以是金钱，但绝对少不了管理层所投入的时间和每个管理者的领导活动。

各级领导者要真诚地尊重一线员工的贡献，这一点非常重要。不同级别的领导者在管理会议中如何谈论一线员工，以及褒奖什么样的成功榜样，能够极大地左右员工的态度和工作热情。不过，我们不能过高估计领导者关注下属的作用，我们也不能过高估计领导者在书面和口头（内部和外部）的交流中强调一线员工的贡献这种做法的效用。

领导者个人树立一线员工所期望的行为模型，同样是巅峰绩效员工等式中一个重要的组成部分。巴利斯岛海军陆战队训练教官无疑是最好的例子。他们“言必行”，为受训新兵树立持久的榜样。然而，除非各级领导者相信并且尊重员工的贡献，否则一线主管决不会冒这个险。在这个方面，美国海军陆战队只挑选最优秀的军官和士官来担任基础训练营的教官和领导者。

本部分对于有助于多数企业评估巅峰员工表现的潜在价值，以及寻找在哪些方面这种表现最为重要的方法进行了概括。这种方法首先要求确立针对顾客、股东和员工三方面力量的志向和抱负。然后，要对企业在哪些方面以及如何与对手展开竞争进行战略分析，决定哪部分员工最为关键。当这种以事实为依据的分析为投资于表现更好的员工找出了真正令人信服的理由的时候，企业的领导力活动就必须进行关键的决策，让企业不论走哪条平衡路径，都能够在企业业绩和员工自我实现之间达到必要的平衡。

阶段二：进行关键的选择

让员工取得巅峰绩效的关键在于管理层所进行的明确而精明的选择。吉姆·柯林斯在他的演说中这样提醒我们，决定不做什么至少与持有一份范围宽广的要做什么清单同样重要。通过在下面四个问题所涉及的方面分别进行选择，那些成功地长期维持高绩效的员工的组织都早已成为分配管理层的时间方面的专家。

1. 关键部分的员工在付出自己的努力之后能够得到什么样的有形或者无形的利益？（通常随着员工性质的不同而不同）
2. 哪条平衡路径适合企业的现有情况和企业的价值取向？（少数企业同时遵循两条平衡路径）
3. 有哪些现成的资源能够让企业马上加以利用？（所需资源不只一个）
4. 哪些整合方法和途径能够在企业业绩和员工自我实现之间创造必要的平衡（或者同时改善两个方面）？（要在少数几个方面上有所长，不可涉猎广泛却无所长。）

塑造员工的价值取向

一个员工的价值取向说明为什么他有必要在理性和情感两个方面为企业贡献自己的力量。它清楚地表明了员工个人作为特定员工的一员能够付出什么样的努力，得到什么样的回报。这个价值观是创造一只绩效出众的员工的关键之所在：平衡企业业绩要求和个人实现需要两方面的关系。更确切地说，就是要在更高的水平上平衡企业业绩和个人成就之间的关系。

员工的价值取向与被大众广为理解和接受的顾客价值取向的概念十分相似。任何一项成功的业务都能够简洁明了地表述出其产品或服务如何为顾客创造价值。顾客通过权衡支付的价格和获得的收益能够觉得自己是划算的。相应地，要让员工发挥巅峰绩效的组织也应该能够明晰地向员工表述，企业能够让他们取得什么样的成就（收益）以及需要他们实现什么样的业绩（代价）。

或许 J・威拉德・万豪的名言最能说明这一点："如果你能够照顾好我的顾客，那么我同样也会照顾好你。"在肯德基这句话可以说成："谁能够把上校的价值观带给顾客，企业就会用令人满意有趣味横生的方法热情地认可和庆祝他的成就。"海军陆战队可以这样说："拥护陆战队基本价值观（荣誉、勇气和责任）的人会成为这个特殊家庭的一员，这个家庭的成员都为自己的身份和事业而感到自豪。"在每一个简单的例子中，这些简单的话语都向员工的每一个成员传递一种深刻的情感意义。

然而，即便在拥有巅峰绩效的员工当中，员工的价值取向也很少能够得到清楚地表述。企业不会大张旗鼓地将其公布于众。在为本书而进行的成百上千个的访问之中，罕有被访问者能够引用本企业的员工价值取向。我们转而让他们描述自己作为员工的一分子的付出与所得。这通常能够让我们得到满意的答复。当被访问者显然是优秀员工当中表现良好的一员的时候，他（她）往往能够迅速而清楚地说出企业希望他们做什么（即员工业绩）和他们能够得到的回报（即，成就）。

当员工绩效平平的时候，被访问者常常难于找到一个明确的答案。他们总是用"我想"、"可能"、"我猜"等支支吾吾的话语来回答我们的问题。在另外的一些情形中，所表述的价值取向在顾主和员工之间能够得到理解，但是其中却没有任何促进绩效提高的因素。例如，一为女员工把自己工作中付出描述为："我按照老板的命令做足 40 个小时。"而对于自己的"所得"，她的回答是："老板不再向我吼叫。"总的来说，她把这当作一个更好的价值取向，因为在前一份工作中，老板的确整天冲她吼叫。

一个组织的员工价值取向是组织潜在的平衡路径的有力补充。这种价值观的重点在于个人，所表述的也是在为企业效力的过程中个人所期望的付出和所得。它说明组织能够给予员工什么机会，以及员工为什么要为这家而不是另一家公司工作。不幸的是，当今大多数企业看到了签署员工合同的必要性（这认识到了不可预测的员工离职的必然性），但却忽视了在此之前创造员工责任心的种种因素。彼得·卡裴利（Peter Cappelli）在《工作中的新交易：管理市场驱动的员工》一书中作出了这样的解释：

> 拆散原有的管理员工的内部安排之后，公司采用的新的管理方法损害了将员工和雇主联系在一起的机制。由于鼓励员工面向市场，这种新的管理方法让员工离职变得更加简单……由于员工变得更易于流动，雇主就不得不向受过培训的员工支付与他们的个人价值相一致的工资，否则就只能眼睁睁地看着他们离去。

平衡路径所关注的是组织整体，它解决的是“工作场所的性质”和“在此工作有何感觉”等问题。它说明组织如何向员工传达价值取向。正如本书所讲述的那样，平衡路径代表着一套将整合方法、机制和力量源泉结合在一起的综合的管理方法。通过界定员工的价值取向和选择组织的平衡路径，管理者就有效地制定出了更好地发挥员工绩效的战略。

寻求一条平衡路径

平衡路径的选择并非我们所调研过的公司所考虑到的事情——是我们在研究的过程中创立了这个概念。但是，员工发挥着巅峰绩效的那些公司所进行的选择却是无比清晰的。有时公司的发展历史自然地决定了公司选择哪条平衡路径：正如美国西南航空公司“选择”做低成本的航空公司，以及汉鼎投资公司“选择”为硅谷的企业家服务。在其他的情形中，某个诱因事件或者某段痛苦的挣扎经历导致公司进行或强化了某种选择：像肯德基公司在数次兼并的余痛中重拾原有的上校的价值观，以及美国海军陆战队在越战后重新强调勇士精神。而有的时候，公司对平衡路径的选择是眼界深远的领导者的杰作，例如家得宝公司的伯尼·马库斯和亚瑟·布兰克，或者美国第一银行的理查德·韦格和约翰 C 托尔森。

路径的选择，更多的需要领导者的个人判断而非分析比较。进行选择需要首先判断什么东西适合公司当前的状况，然后用尽量多的事实去证实这种判断是恰当的。前面所述的分析工作当然是有帮助的，它甚至能够改变领导者早期的决策。然而，过分的循规蹈矩却非明智之举。公司的领导者在决定哪条路径适合公司现有的状况的时候，应该想办法利用员工原有的对适合于公司的平衡路径的看法。选择一条让多数人在情感上能够接受的路径，比选择一条因为符合逻辑而只被少数人接受的路径更能促进公司的发展。

选择平衡路径的一个重要方面是要考虑适合各自公司特点的路径组合。例如，认可和赞赏路径是一条非常好的辅助路径，它尤其适合与度量和控制路径一起使用。任务、价值观和自豪感路径能够与个人成就路径良好的结合在一起。企业家精神路径往往单独发挥作用。虽然没有完美无缺的路径组合，但是如果公司业绩和个人成就的条件允许，许多路径组合都能发挥作用。不过，同时尝试两条以上的路径通常是不明智的。

力量源泉

多数公司并不刻意塑造员工力量的源泉，所以他们经常忽视，或者不能利用已有的源泉。海军陆战队、3M、万豪集团挖掘利用各自历史的做法可能还适合许多其他的公司。即便是像家得宝公司和西南航空公司这样相对年轻的企业，也能够从其看似短浅的历史中挖掘出惊人的力量。

当然，谁都无法创造本不存在的传统，谁也不能凭空捏造像伯尼·马库斯和赫伯特·凯勒赫这样多姿多彩的领导者，并依靠他们调动员工的情感力量。然而，你可以从员工的角度更加认真地看待公司的顾客和竞争对手。你还可以随着员工个人成就的不断增加而不断树立他们的自豪感。

更为重要的是，一个企业不应该仅仅依靠一个力量源泉。增长有自己不可避免的周期、魅力四射的领导者迟早要退休、竞争对手和顾客时刻都在变化，就算是丰厚的传统也有损耗消失的可能。因此，企业只有一个额外力量的源泉是不够的。一定要有意识的、连贯一致的、坚决地付出各种努力，让员工在组织中发挥他们额外的情感力量。要让员工觉得这样做是有意义的，同时还要找出既能强化这种力量又能把它与企业的目标联系在一起的方法。

下面这些问题在界定和找出员工的额外力量源泉方面通常是非常有用的：

- 员工最记忆犹新的是公司的哪段历史？在非正式的集会中流传着什么样的故事？谁是英雄，他们做了些什么？
- 当谈及自己的工作和职位的时候，员工引以自豪的事情是什么？他们取得的成就是否经常超越他们的想象？
- 组织中最受尊敬的领导者身居何职？他与普通的领导者有什么区别？谁又在什么职位上扮演着模范角色？
- 公司之中摆放着那些有象征意义的物品？
- 什么样的员工得到了什么样的奖励和认可？获奖者和非获奖者对此有什么看法？
- 公司在多大程度上鼓励员工与顾客进行直接接触？
- 如何培养员工的内部和外部竞争观念？

辅助整合方法

要在少数几个整合方法上做得与众不同，就需要首先进行选择。众所周知，我们不可能为员工提供一切事物，但是许多公司囿于此道，为组织的管理系统带来了沉重的负担。良好的人力资源管理手段是多种多样、无穷无尽的。善意的员工看重从授权到多样性计划等一切人事制度。招募、培训、报酬和快速的晋升对于员工来说都是重要的，但是唯一能够把高绩效的员工从芸芸众生中区分开来的，是组织要有目的地选择希望自己与众不同的方面，并且长期严格保持这种独特性。

选择强化哪些整合方法，首先要评估以下组织当前在可行的几种方法上做得如何。在哪个方面做得不错，在员工的眼里哪些方面能够变得与众不同？很少有组织拥有能够与海军陆战队的核心价值观、肯德基的上校十二条、西南航空调度航班的纪律相提并论的做法。维持这种独特性的机制是多种多样的，没有两家公司用同样的方法实现了各自的独特性。但是，所有我们所研究的企业都选择了几个整合方法，并且相应的开发了几个辅助手段来确保员工行为和奖励的长期一致性。

选择的整合方法当然应该互为补充并且与公司能够获得的力量源泉保持一致。这并不是说每条平衡路径都有一套既定的整合方法，尽管有些方法有自己更为适合的路径（见第 2 章表 2 - 2 的总结）。运用平衡路径这个概念为的是为挑选和运用互为补充的整合方法提供一个基本原则。当组织运用的平衡路径多于一条的时候，一定要选择那些对两条平衡路径都有作用的整合方法。同时，在辅助方法中寻找拥有“双重功效”的手段也十分重要。

下面的问题有助于选择有效的整合方法：

- 员工最易于接受的定期的或特别的交流方式是什么？这些交流中最鼓舞人心的地方在哪里？
- 哪些正规的管理过程对员工行为的影响最大，能够让员工投入的热情最高？
- 员工当中哪些非正式联系最为有效（例如，交流、建议以及信息）？
- 哪些员工项目、活动和庆典最为大家津津乐道，为什么？
- 在正式的职位或头衔之外，组织在多大程度上广泛地培养着发挥领导力的机会？
- 员工成员在多大程度上了解企业规章制度的整体目的？他们对组织的这些做法的认同程度如何？
- 员工了解公司和个人的业绩成就的程度如何？员工能够区分不同成就的相对重要性吗？

追寻变化的目标

如果一个企业能够选定一条平衡路径，找出一套与众不同的整合方法，并且适当地加以运用，那自然是再好不过了。事情当然不是这么简单。不仅多数企业为之打拼的竞技场总是瞬息万变的，而且各路径的整合方法和手段的相对有效性也随着时间的变化而变化。另外，评判成就的标准总是无情地水涨船高。激励员工团体的事物也因时而异。

不过，处理这种经常的混乱局面的方法总是一样的：密切关注公司运营的基本情况、进行苛刻严格的选择，以及不惜代价追求自己的独特性。与市场中的业绩现实和员工的自我实现情况保持紧密的联系不是一件容易的事，但这并不是不可能的。即便在经常变动的环境中也是一样。一旦找到并掌握了解决问题的方法，清楚、公开地运用这些方法就比开始的时候“开辟道路”要容易得多。

辨别什么会与众不同

不论选择什么样的路径，决定培养一支高绩效的员工队伍的企业将会发生翻天覆地的变化。组织对各级领导者提出了更高的要求，衡量一线经理和员工的标准也会比原来高得多。尽管并不是所有创造出的情绪都是积极的，但是得到的回报总是值得组织进行投入。

对领导力的更高要求

发挥巅峰绩效的员工显然需要组织运用不寻常的、水平更高的领导力进行引导。就算身居高位的领导者不是那么魅力四射，或者在组织中分配领导活动不是管理活动的主题，对领导力进行变革也是必要的。

当然，没有谁也不能比顶头上司更能左右员工的表现。他们对员工的生活影响最大，并且还决定着员工对公司的看法。如果主管整天恶言恶语，不为下属提供任何帮助、得不到下属的信任，或者根本不跟下属打交道，除非员工有着非凡的自我激励、自给自足的能力，否则他们就根本不可能“做得更多”。不论组织在追寻平衡路径、开发有效的整合方法、利用独特的力量源泉等方面做得多么好，如果主管的水平不高，这些对于下属的作用都是微乎其微的。

相反，一个高水平的主管能够加强组织为培养巅峰绩效的员工做各种工作。因此，不论组织遵循哪条路径，拥有一批出众的一线主管都是十分必要的。他们是组织在发挥员工的巅峰绩效所做的种种努力的看门人、瓶颈和放大器（积极或消极的）。注重认可好的主管并且及时的处理表现欠佳的主管在组织中传递着积极的信号。

当然，组织需要一套截然不同的理念来领导巅峰绩效的员工。领导者关注的焦点一定要跳出一切靠自己的圈子。要与员工一起工作，不断栽培他们而不是自己闭门决策；要创造积极的态度、营造活跃的环境而不是努力指引更好的方向、进行更广泛的控制。虽然理性的领导活动是培养员工发挥巅峰绩效的一部分，但是其中更多需要动之以情的领导力。这种领导力是人性化的、关爱员工的并且还具有高度的重要性。领导者必须要调动员工的情感力量。

在所有的案例中，这种领导力都是显而易见的。我们访问过的万豪集团的员工所做的评论是一个很好的说明。他们总爱引用“伟大的老板”这个有些矛盾的词汇来说明是什么让他们做得更多。这里的老板指的不仅是当前的老板，它还包括近年来几个伟大的老板。万豪的管理体系是非常传统的，它定期提升和变换公司的主管和领导者。但是公司似乎创造了一个“情感敏锐的领导者”的关键群体，这些人在为之工作的那些人中留下了持久而积极的印象。在下面这段评论盐湖城万豪酒店的总经理的话语中，这位万豪的员工抓住了伟大老板的本质：

> 罗伯特脚踏实地，为人低调。他使用对待人而不是员工的语气跟你讲话。他是一个真正的绅士——对待每一个人都很好，而不是只是善待那些高级经理。他使你觉得愿意取悦他，愿意为了他而把酒店弄得更好。他那种对人的关心是不能“假冒”的。

万豪的员工还提到了一些其他类型的情感方面的领导力，其中管理者都是用不可言传的方法来真正关爱自己的员工。公司的经理们讲了很多为顾客服务的经历。他们以身作则，亲自演示正确的服务顾客的方式和员工的举止；他们在需要演示和帮助的时候，愿意亲自动手把事情做好。

对经理和员工的更高标准

绩效出众的员工当然离不开表现不俗的管理体系。这样的员工除了为领导力提出了更高的要求之外，还要求组织拥有截然不同的管理经营业务的方法。管理有着出众表现的员工的经理们面临着许多挑战。虽然在别的公司类似的挑战依然存在，但它们所受管理层关注的程度远不及那些员工发挥着巅峰绩效的企业。

北欧航空公司的詹·卡森在其同名的著作中向大众推出了“关键时刻”（Moments of Truth）的概念。他所讲述的是定义为顾客服务的关键时刻，这个概念同样可以运用在员工身上。下属表现出众的领导者寻求这样的时刻：此时为员工做些事（即便这与常规业务背道而驰）能够赢得他们在数年之中都忠诚地为组织付出自己的全部努力。我们在第7章中看到，桑迪·奥森在多年之前做了一个这样的决定，她把酒店的洗衣房关闭了一整天以便全部下属都能够参加以为某位同事母亲的葬礼。当事人永远也不会忘记主管的这种作法，这让他一生都忠于万豪集团。这样的事件不仅能够让身在其中的员工长久地为企业奉献自己的努力，它还能在其他员工中树立组织对员工负责的口碑。

有时候，企业为提高员工的业绩表现而做的每一件事都有着严重的负面效果。即便是在员工表现优异的公司中，尝试任何新鲜的事物都会让领导者做出痛苦的抉择。例如，肯德基的首席运营官查克·罗力在为期两天的强调“餐厅经理最重要”的活动中，就不得不宣布公司计划出售几家店铺，解雇几名经理的举动。同样，万豪酒店像多数其他酒店一样根据概率多预留房间的做法有时会使得前台店员将许多尊贵的顾客拒之门外。

这样的抉择并不罕见。在员工绩效平平的公司中，这些举动不会对员工造成什么影响——他们不希望有什么变化，也不希望做得更好。然而，对于表现出众的员工所在的公司，这些举动能够造成很坏的影响。每次员工发现公司在平衡路径上说话不算数，公司为此付出的代价都要比普通的公司要高得多。在必须做出困难抉择的时候，管理层必须倍加努力向员工说明决策的合理性。

即便是在状态良好的高绩效员工当中，仍然存在着某些必然的紧张关系。这是利益竞争不可避免的结果。有时在企业业绩要求和员工自我实现需要之间也存在着不协调的关系。这些紧张和不协调是在组织中被员工和管理者广泛认可的“摩擦”。这些问题通常没有简便易行的解决办法。

例如，在西尔斯宠物营养公司的工厂中，员工非常忠于这里的以团队为基础的工作体系。这种体系创造了积极的工作环境，提供了新的机会，为生产工作带来了变化。不过，很多员工觉得这里缺乏对个人的认可。那些不总是尽心尽力的团队成员也对其他成员造成了不好影响。

这类紧张和不协调在管理理论中是非常常见的。然而，在绩效出众的员工中，领导者的确要更广泛地饱受这些问题的折磨。他们不断寻求改善的机会，并且努力公平地把握员工的竞争利益。通过这样做，他们就为保持一只真正出众的员工队伍而担负起了自己那一份关键的管理责任。

追寻通往员工的更高绩效的路径可能异常艰辛和可怕。但是，如果一般的员工表现也不会影响企业出众的业绩，那么并不是所有的企业都要接受这种挑战，就算企业要在竞争中脱颖而出也是一样。而且，员工真正的巅峰绩效是一个不断变化的目标：达到了任何一个水平都意味着开启了实现更高水平的可能。同时，竞争市场的动态特性不断促使市场上未来的赢家“比以前的最好做得更好”。

对员工进行细分也不会让问题变得更为简单。尽管集中关注员工的某个部分减小了管理者付出努力的范围，但是瞬息万变的市场必然要求企业同时为不同类型的顾客服务，这意味着企业要让各个部分的员工都发挥更高的绩效。这也是为什么我们发现几个案例在企业历史的不同阶段追寻不同的平衡路径的一个原因。

然而，在伴随着平衡路径的变革、困难和不可避免的挫折之外，那些坚持自己的道路、登上了各自业绩之颠的企业，都深深地体会到了一支有责任心的、发挥巅峰绩效的员工队伍所带来的好处。对于那些准备接受挑战的企业，我们在此用美国西南航空公司的瑞塔·贝利的话语来鼓励他们：

努力去争取吧——不过记得要用适合自己的方式！

附　　录

附录 A

调研企业或机构案例

组织名称	组织性质	使用的平衡途径
雅芳	• 全球主要美容产品公司;我们对其位于芝加哥和波多黎各的工厂的生产运作进行了案例调研	• 过程与度量 • 任务、价值观与自豪感
BMC 软件	• 大型电脑及开放系统的软件供应商	• 企业家精神
CompuCom, Inc	• 产品增值销售和在线电脑服务的主要提供者	• 企业家精神
First USA, Inc	• 快速成长的“单线”信用卡发卡行	• 个人成就
汉鼎投资公司 Hambrecht & Quist	• 创新型的投行;硅谷创业者的关键理财顾问	• 企业家精神
西尔斯宠物营养公司	• 成长迅速的科学配方低热量猫狗粮产品的供应商	• 过程与度量 • 任务、价值观与自豪感
家得宝公司	• 全球最大的家居产品零售商	• 个人成就 • 企业家精神 • 任务、价值观与自豪感
i2 Technologies	• 物流供应链管理软件的卓越供应商	• 企业家精神
Johnson Controls 汽车系统集团	• 最大的汽车座椅及配件的生产商	• 过程与度量
肯德基	• 世界上最大的鸡肉快餐店	• 过程与度量 • 认可与赞赏
LCI	• 迅猛发展的电信公司	• 企业家精神
MACtel Cellular Systems	• 最先在阿拉斯加州安克雷奇地区提供移动电话基站服务	• 企业家精神

续 表

组织名称	组织性质	使用的平衡途径
万豪国际	• 在连锁酒店服务领域表现尤为突出的酒店集团	• 任务、价值观与自豪感 • 过程与度量 • 认可与赞赏
麦肯锡管理咨询公司	• 为大型国际企业提供服务的举世闻名的国际咨询公司	• 个人成就 • 任务、价值观与自豪感
美国国家宇航局约翰逊航天中心	• 主持美国所有的载人航天行动	• 任务,价值观与自豪感
裴洛系统公司 Perot Systems	• 成长迅速的系统和信息技术咨询企业	• 任务、价值观与自豪感 • 个人成就
海陆服务公司 Sea – Land Service	• 集装箱运输中"piggybacking"理念的创造者	• 过程与度量 • 任务、价值观与自豪感
美国西南航空公司	• 世界上绩效最为突出的航空公司	• 任务、价值观与自豪感 • 认可与赞赏 • 个人成就
德州仪器 DSP 集团	• 数字信号处理芯片(DSP)的主要制造商	• 企业家精神
3M 公司 (特种化工部门)	• 持久创新的办公产品和化工品的制造商	• 任务、价值观与自豪感
美国海军陆战队	• 训练有素、纪律严明的武装部队;在美军部队中独树一帜	• 任务、价值观与自豪感
Vail Resorts 滑雪学校	• 美国北部最大的滑雪渡假服务公司	• 企业家精神

附录 B

借用案例

组织名称	组织性质	平衡路径
冠军国际[a] (Champion, International)	• 国际纸业巨头;率先运用团队自我管理理念	• 任务、价值观与自豪感
通用电气[a]	• 工业、科技和金融领域的巨头	• 过程与度量 • 任务、价值观与自豪感
惠普[a]	• 电脑配件制造业巨头	• 任务、价值观与自豪感 • 个人成就
丰田[b]	• 在质量和可靠性上有口皆碑的全球车界巨头	• 过程与度量 • 任务、价值观与自豪感
美国海军海豹突击队[b]	• 美国海军特种部队,擅长水下作战	• 任务、价值观与自豪感

a 参见《团队的智慧:创造高绩效的组织》和《真正的变革型领导:如何促进公司成长并创造良好业绩》两书的作者所做的调研。《团队的智慧:创造高绩效的组织》(*The Wisdom of Teams: Creating the High Performance Organization*)的作者是乔·卡岑巴赫和道格拉斯·史密斯(Douglas K. Smith),波士顿,哈佛商学院出版社,1993 年出版。《真正的变革型领导:如何促进公司成长并创造良好业绩》(*Real Change Leaders:How You Can Create Growth and High Performance at Your Company*)的作者是乔·卡岑巴赫和该书撰写小组,纽约,时代经济,1995 年出版。

b 参见本书作者所参与的麦肯锡尚未对外公布的研究资料。

附录 C

绩效指标的比较

组织名称	组织概述[a]	员工绩效突出的证据[b]
雅芳	• 全球具有领导地位的美容及相关产品的直销企业 • 拥有 260 万直销代表,服务于 130 多个国家的妇女产品市场 • 公司财务业绩 （见下表）	• 位于莫顿格鲁甫(Morton Grove)的工厂是新技术产品的领衔制造企业;也是雅芳对国外访客进行培训的中心 • 因年度生产 15,000 班次产品而无任何微生物导致的次品而荣获 1995 到 1997 年度的全球微生物奖(Global Micro Merit) • 在过去的四年里将职业安全与保健管理总署(OSHA)所规定的事故率降低了 59% • 在过去的四年里将其工作日损失率降低了 56% • 在环保方面所取得的成就: 1996 年因在环保方面取得的成就而获得总统奖(Presidential Award) (1994 ~ 1995 年获得金奖) 通过废物利用和缩减成本节约 40 万美元 企业生产废物的 53% 被回收利用
BMC 软件公司	• 大型电脑及开放系统应用软件供应商 • 公司财务业绩 （见下表）	• 1993 到 1995 年 3 年间本行业员工生产力(员工平均毛利)最高 BMC:27. 5 万美元 微软:26. 5 万美元 行业平均:11 万美元 • 在其行业中市场占有率最高

雅芳公司财务业绩:

	CAGR 销售	CAGR 税前收益	ROE 五年平均
1988 ~ 1993	0. 06	0. 13	59. 46
1993 ~ 1998	0. 05	0. 02	119. 29

BMC 软件公司财务业绩:

	CAGR 销售	CAGR 税前收益	ROE 五年平均
1989 ~ 1994	0. 37	0. 39	31. 56
1994 ~ 1999	0. 35	0. 39	25. 96

（续表）

组织名称	组织概述[a]	员工绩效突出的证据[b]
CompuCom	• 产品增值销售和在线电脑服务的首要供应商 • 公司财务业绩 CAGR 销售 / CAGR 税前收益 / ROE 五年平均 1988～1993　0.45　0.48　13.60 1993～1998　0.17　−0.49　15.28	• 同行中持续盈利能力最佳 • 平均每位销售代表的毛利最高 CompuCom：100 万美元 同行：20 万美元
First USA	• 快速成长的单一信用卡发卡行并且持续创新 • 是美国第一银行（Bankone）的一个子公司 • 公司财务业绩 CAGR 销售 / CAGR 税前收益 / ROE 五年平均 1991～1996　0.36　1.36　16.02	• 15 年就成长为全美第四大信用卡发卡行 • 创记录地进行产品创新，创造了 1000 多种发卡关系 • 通过员工的创造能力和迅速有力地检验新产品理念的能力持续进行创新 • 因为受到强有力的管理团队的青睐而在业界赫赫有名
汉鼎投资公司 Hambrecht & Quist	• 为"新经济"服务的独立投行 • 公司财务业绩 CAGR 销售 / CAGR 税前收益 / ROE 五年平均 1995～1998　0.19　−0.01　28.10	• 1995 到 1997 年度科技股首发上市数量排名第一 • 1996 二级市场首发业绩排名第一，1997 年排名第二 • 专业人员生产率是大型投行职员的两倍。（公司一半职员做与大型公司同样规模的交易。） • 1996 年专业职员的流失率为 12%，1997 年为 15%，而华尔街的平均水平接近 20%

（续表）

组织名称	组织概述[a]	员工绩效突出的证据[b]
西尔斯宠物营养公司 位于里奇蒙德的工厂	• 成长迅速的科学配方低热量猫狗粮产品的供应商 • 高露洁公司的一个子公司 没有相关财务数据进行比较	• 在该工厂中创建了具有高度责任心的员工工作体系并将其运用到公司的其他三个工厂。在五年的时间里，实现了产品种类翻一番和产量提高 70%，同时各项生产业绩指标都大大提高，比如： 生产力提高了 52% 生产量提高 32% 事故率降低了 65% 设备调整时间缩短了 72% • 该工厂在运营成本上具同行业平均水平，但它在运营中更具灵活性（产品种类更多，生产时间更短，设备调整时间更快）
美国家得宝	• 美国最大的家居产品零售商，雇员超过 12 万人 • 公司财务业绩 　　CAGR 销售 / CAGR 税前收益 / ROE 五年平均 1989～1994　0.36　0.36　18.76 1994～1999　0.27　0.29　16.51	• 公司的成长和所取得的成就在很大程度上归功于普通店员的良好的工作动机，认真投入的工作精神以及团队合作的工作方式 • 1996 年公报显示此前 11 年连续刷新公司年收入记录 • 十年平均（1986～1996）的投资者年平均收益率为 40.2%，而行业平均值为 8%

（续表）

组织名称	组织概述[a]	员工绩效突出的证据[b]
i2 科技公司	• 物流供应链管理软件的卓越供应商；最近又开始涉足电子商务系统维护领域 • 公司财务业绩 CAGR 销售 / CAGR 税前收益 / ROE 五年平均 1995 ~ 1998: 1.41 / 0.87 / 18.09	• 在本以成熟的市场上（企业资源计划管理软件）通过持续创新实现了公司稳定的增长 • “到 2000 年为公司顾客节省 500 亿美元”公司上下都在为这个清晰有力的目标而努力 • 关键软件开发团队员工流失率低（1995 ~ 1996 年为 2%）
Johnson Controls 汽车系统集团	• 世界上最大的汽车座椅生产商 • 全球市场占有率最高（1996 年为 34%） • 公司财务业绩 CAGR 销售 / CAGR 税前收益 / ROE 五年平均 1988 ~ 1993: 0.15 / 0.06 / 10.02 1993 ~ 1998: 0.15 / 0.20 / 14.07	• 该组织以人为本，重视过程控制。组织将业务从生产型工厂扩展到新产品开发团队，为汽车制造商提供整体座椅和内饰系统 • 员工高度参与企业运作（例如，解决问题，最优操作规范的设立，过程优化）使得公司业绩在业界赫赫有名 新乡奖（Shingo Prize，由国家制造业协会发起），1996 年因在产品质量，生产力，物流库管理，客户满意度和安全生产等方面业绩突出而荣获此奖 进步奖（Pace Award，由汽车新闻报和安永会计公司发起）1995 年因领导行业创新而荣获此奖 • 即时生产工艺（Just-in-time manufacturing process）使得公司对关键客户的库存从 30 ~ 35 天缩短为不超过 2 天

（续表）

组织名称	组织概述[a]	员工绩效突出的证据[b]
肯德基	• 质量上乘，待客和善的老快餐业先锋 • 百胜集团的一个子公司 • 在相应时期是纳贝斯克和百事可乐公司的分支部门 没有相关财务数据进行比较	• 以员工为本是企业业绩起死回生的关键（1994 年左右，销售收入停滞不前或开始下滑，店面利润下滑） 在行业规模不变的情况下，1995 年销售收入提高 8%，1996 年销售收入提高 7% 运营利润 1996 年提高 52% 餐厅经理流失从 27% 降低 17% • 由于重新强调客服，而在 1996 年被授予金连锁奖（由国家餐饮消息报颁发）
MACtel Cellular Systems	• 阿拉斯加州安克雷奇地区移动电话基站服务商 • IAU 的私有部门	• 强烈的社区导向意识，高度关注客服工作。 • 在提供服务的地区市场占有率最高（55%） • 客户流失比例低（2%），行业平均为 6%
万豪国际（客房部）	• 雇佣 13.5 万名小时工，提供 22.9 万间客房服务的酒店运营者，使用多个品牌（从 Fairfield Inns 到 Ritz-Carlton） • 公司财务业绩 CAGR 销售 / CAGR 税前收益 / ROE 五年平均 1993～1998　0.01　0.18　22.45	• 创造了个人自立项目，使原来的社保人员成为社会认可的劳动力（80% 该项目的结业者在自己的培训岗位上继续工作一年以上） • 客房占用奖金比同业竞争者高 10%，原因在于酒店品牌的影响力和一贯让顾客拥有愉快的经历 • 被《商业周刊》（1996）评为十家最有益于家庭的雇主（family-friendly）

（续表）

组织名称	组织概述[a]	员工绩效突出的证据[b]
NASA 约翰逊航天中心	• 主持美国所有的载人航天行动	• 翻天覆地的、自成系统的工作性质 • 成功记录明显优于欧洲及日本的航天机构 • 近来由于强调“更多，更好，更快”，使得中心在生产力和创新两个方面都有提高 采购时间缩短（从 12 个月降为 3 个月） 每次发射任务的成本降低（例如，航天飞机发射成本缩减 25%） 全新的宇宙探索理念（例如，在火星探路者探测器及旅行者探测器中所使用的越小越好的理念）[c]
裴洛系统公司 Perot Systems	• 成长迅速的企业系统和信息技术领域的咨询企业 • 公司财务业绩 CAGR 销售 / CAGR 税前收益 / ROE 五年平均 1996～1998　C. 29　0. 38　22. 91	• 十分重视价值观；能够驾御员工个人的企业家似的工作动力 • 在竞争激烈的市场上实现快速成长；1999 年 2 月上市
海陆服务公司 Sea-Land	• 世界上最大的集装箱运输企业（按吞吐量计），在全球 120 个港口提供服务	• 通过让员工参与解决问题和进行操作流程创新使得香港港口站点业务扭亏为盈。自 1994 到 1997： 全部港口装载量提高 200% 雇用人员数量下降 12% 每装载一个集装箱的成本降低 32% 每小时装载的集装箱数上升 212%

（续表）

组织名称	组织概述[a]	员工绩效突出的证据[b]
美国西南航空公司	• 低成本运营航空公司的代表 • 1973 年至今每年都保持盈利；截止 1997 年，连续 6 年实现创记录的盈利水平 • 公司财务业绩 CAGR 销售 / CAGR 税前收益 / ROE 五年平均 1988～1993　0.22　0.25　9.96 1993～1998　0.13　0.22　14.73	• 年员工流失率仅为 7% • 1997 年 10.5 万人申请公司的 3000 个职位 • 在行业当中安全运营水平最高 • 公司每座位英里平均成本低至全行业倒数第二名 • 平均每位员工为 2,400 名顾客服务，与其水平最接近的竞争者也只有 1,200 人 • 公司客机每天飞行 11.5 个时，行业平均水平只有 8.6 个小时
德州仪器 DSP 集团	• 数字信号处理芯片（DSP）的主要制造商 • 公司财务业绩 CAGR 销售 / CAGR 税前收益 / ROE 五年平均 1988～1993　0.06　0.06　5.38 1993～1998　0.00　-0.02　13.20	• 德州仪器的工程师创造了数字信号处理市场并在该领域保持领先地位。该项业务为德州仪器公司发展动力的主要源泉（该业务在最近开展的集团业务剥离工作中被保留下来） • 在将新产品引入市场和为市场带来最新技术方面有着优异的业绩 • 在快速成长的数字信号处理市场上保持明显的领导地位 1994 年：TI 45%；与其水平最为接近的竞争者 26% 1995：TI 42%；与其水平最为接近的竞争者 27% • 员工人均为公司创造的收入比同行高 44% • 在 2 年的时间里员工生产力提高了 50%，而同行只提高了 15%

（续表）

组织名称	组织概述[a]	员工绩效突出的证据[b]
3M	● 办公产品和化工制造领域的巨头 ● 公司财务业绩 CAGR 销售 / CAGR 税前收益 / ROE 五年平均 1988～1993　C.06　0.01　20.32 1993～1998　C.01　－0.01　23.06	● 在产品创新和产品发展方面有着悠久的成功经验 ● 在《基业长青》一书中被作者视为前景可观的公司 ● 1995年因“90年的连续创新”被授予国家科技奖 ● 1996年，新产品销售额提高15%，上市时间不超过4年的新产品在全部销售额中占29%，员工平均销售额提高10%
美国海军陆战队	● 训练有素、纪律严明的武装部队	● 高度的自豪感和传统观念为组织创造了凝聚力、动力和严明的纪律
滑雪学校 Vail Resorts	● 美国北部最大的滑雪渡假服务公司 ● 财务数据不对外分开	● 世界上最大的滑雪学校，拥有约1400名教练 ● 顾客参与程度（参加课程的比例）约为12%，同行业最高 ● 在北美所有渡假胜地当中，顾客满意度、学员复课数量、约请教练的顾客数排名最高 ● 入围最佳教练前100名的教练数量最多（滑雪杂志） ● 即便工作具有季节性，员工流失率每年只有8%～10%

a 财务数据源自标准普尔公司的Compustat服务。销售收入（Sales income）和税前收入（Pretax income）以百万美元计．资产收益率（ROE，Return On Equity）为百分比CAGR（Compound Anual Growth Rate）综合年增长率

b 所有数字和图表，除非特别注明，都源自调研期间（1996～1998）。所有财务数据均来自当年的年报。

c 火星探路者探测器是空气动力实验的项目，而非约翰逊中心的项目

财经易文 学习的伙伴
www.ewinbook.com

书系代码	书　　名	作　者	定 价
经营管理			
BM001	《并购成长》(Digital Deals)	Geis	29.80
BM002	《绩效！绩效！》(企业培训版)(Coaching for Improved Performance)	Fournie	39.80
BM003	《质量无泪》(Quality Without Tears)	Crosby	39.80
BM004	《海阔天空——我在 DELL 的岁月》	方国健	20.00
BM005	《心时代——一个情感化的世界及其经济图景》	曹世潮	20.00
BM006	《情境领导者》(The Situational Leader)	保罗·赫塞	18.00
BM007	《EMBA 销售管理》(Sales Management)	Calvin	45.00
BM008	《EMBA 财务管理》(Finance and Accounting for Non-financing Managers)	Weston	49.80
BM009	《EMBA 兼并与收购》(Mergers and Acquisitions)	Weston	38.00
BM010	《EMBA 公司战略》(Corporate Strategy)	Colley	39.80
BM011	《EMBA 创业管理》(Entrepreneurial Management)	Calvin	49.80
BM012	《EMBA 领导艺术》(Managerial Leadership)	Topping	35.00
BM013	《EMBA 战略营销管理》(Strategic Marketing Management)	Parry	42.00
BM014	《EMBA 公司治理》(Corporate Governance)	Colley 等	49.80
BM015	《六西格玛是什么》(What is Six Sigma)	Pande	15.00
BM016	《六西格玛基础教材》(The Six Sigma Basic Training Kit)	Juran	80.00
BM017	《六西格玛团队实战手册》(The Six Sigma Way Team Fieldbook)	Pande, Neuman, Cavanagh	49.80
BM018	《六西格玛团队怎么做》(Six Sigma Team Pocket Guide)	Foderico	16.00
BM019	《杰克·韦尔奇领导艺术词典》(Jack Welch Lexicon of Leadership)	Krames	32.00
BM020	《杰克·韦尔奇的 29 个领导秘诀》(29 Leadership Secrets from Jack Welch)	Slater	29.80
BM021	《通用电气"群策群力"》(GE Work－Out)	Ulrich, Kerr, Ashkenas	39.80
BM022	《顶峰——如何成为最赚钱的咨询顾问》(Million Dollar Consulting)	Weiss	48.00
BM023	《战略计划实务》(Applied Strategic Planning)	Goodstein 等	48.00
BM024	《平衡计分卡实用指南》(Balanced Scorecard)	Paul Niven	49.80

书系代码	书　　名	作　者	定 价
BM025	《战略物流管理》(Strategic Logistic Management)	Stock	80.00
BM026	《整合——企业并购成功之道》(M&A Integration)	Schweiger	39.80
BM027	《战略领导》(The Art and Discipline of Strategic Leadership)	Freedman	32.00
BM028	《经理薪酬完全手册》(The Complete Guide to Executive Compensation)	Bruce R. Ellig	65.00
BM029	《突破困境的领导艺术》(Leadership When the Heat's On)	Cox, Hoover	39.80
BM030	《朱兰自传》(Architect of Quality)	Juran	50.00
BM031	《卓越领导》(The Extraordinary Leader)	Zenger 等	39.80
BM032	《精益六西格玛案例》(Learning into Six Sigma)	Wheat 等	18.00
BM033	《领袖魅力》(Executive Charisma)	Benton	39.80
BM034	《西南航空案例》(The Southwest Airlines Way)	Gittell	49.80
BM035	《危机领导》(Leader Shock)	Hicks	29.80
BM036	《应变》(Agile Business for Fragile Times)	麦卡锡　等	35.00
BM037	《绩效导向的领导力》(Results-Based Leadership)	Ulrich　等	49.80
BM038	《企业沟通的威力》(The Power of Corporate Communication)	Argenti　等	39.80
BM039	《贯彻执行　现在就做》(Why Can't We Get Anything Done Around Here?)	李夫顿　等	20.00
BM040	《高效能团队领导智慧》(Leadership Lessons of The Navy Seals)	坎农　等	39.80
BM041	《竞争性销售》(Hope is not a Strategy)	佩吉	39.80
BM042	《丰田汽车案例》(The Toyota Way)	莱克	49.80
BM043	《风险管理》(Risk Management)	科罗赫　等	80.00
BM044	《团队工作》(The Work of Teams)	卡岑巴赫	39.80
BM045	《通用电气案例》(GE Work-out)	Ulrich　等	49.80
BM046	《质量无泪》(修订版)	Crosby	39.80
BM047	《绩效改进19讲》(201 Ways to Turn any Employee Into a Star Performer)	霍利	29.80
BM048	《人性管理》(The Uncertain Art of Management)	奥斯曼	39.80
BM049	《透明管理》(The Transparency Edge)	佩格诺	29.80
BM050	《成本改进181法》(A Manager's Guide to Creative Cost Cutting)	大卫·杨	29.80
BM051	《直觉》(The Art of What Works)	杜根	39.80
BM052	《劣势者的优势》(The Underdog Advantage)	莫里	39.80
BM053	《精益六西格玛服务》(Lean Six Sigma for Service)	乔治	55.00

书系代码	书　　名	作　者	定 价
BM054	《活学活用博弈论》(Game Theory At Work)	米勒	39.80
BM055	《巅峰绩效》(Peak Performance)	卡岑巴赫	39.80
经济学			
E-001	《中国经济》(Chinese Economy)	蔡昉,林毅夫	39.80
E-002	《宏观经济学》(Macroeconomics)	Dornbusch	60.00
E-003	《经济学》(Economics)	McConnell, Brue	79.00
E-004	《微观经济学》(Microeconomics and Behavior)	Frank	65.00
E-005	《环境经济学》(Introduction to Environmental Economics)	Field 等	50.00
管理学			
MT001	《战略物流管理》(Strategic Logistic Management)	Stock	80.00
MT002	《物流战略咨询》(Supply Chain Strategy)	Frazelle	49.80
MT003	《组织人员配置》(Staffing Organization)	Heneman, Judge	
MT004	《战略管理》(Strategic Management)	Dess 等	40.00
MT005	《数据模型与决策:运用电子表格建模与案例研究》(第1版)(Introduction to Management Science)	Hillier 等	75.00
MT006	《数据模型与决策:运用电子表格建模与案例研究》(第2版)(Introduction to Management Science)	Hillier 等	75.00
MT007	《电子商务导论》(Introduction to E-Commerce)	雷波特　等	58.00
MT008	《供应链设计与管理》(Designing and Managing The Supply Chain)	辛奇—利维　等	40.00
MT09	《管理学基础》(Management)	克尼基　等	48.00
MT010	《定价》(Pricing)	门罗	65.00
MT011	《精通战略》(Mastering Strategy)	雷格斯比　等	39.80
MT012	《战略采购管理》(Harnessing Value in the Supply Chain)	班菲尔德	39.80
MT013	《逆向管理》(Don't Oil the Squeaky Wheel)	Rinke	39.80
MT014	《跨国管理》(Transnational Management)	Bartlett 等	79.80
营销管理			
MM001	《定位》(Positioning)	Ries & Trout	39.80
MM002	《营销战》(修订版)(Marketing Warfare)	Ries & Trout	39.80
MM003	《营销革命》(Bottom-up Marketing)	Ries & Trout	39.80
MM004	《新定位》(The New Positioning)	Trout	39.80
MM005	《颠覆广告》(Disruption)	让—马贺·杜瑞	40.00
MM006	《创意的竞赛》(Which Ad Pulled Best?)	Purvis	39.80
MM007	《广告文案名人堂》(The Art of Writing Advertising)	Higgins	29.80
MM008	《产品经理的第一本书》(The Product Manager's Handbook)	Gorchels	39.80

书系代码	书　　名	作　者	定 价
MM009	《全球整合营销传播》(Communicating Globally)	舒尔茨	39.80
MM010	《整合营销传播:利用广告和促销建树品牌》(IMC: Using Advertising and Promotion to Build Brands)	Duncan	298.00
MM011	《市场战略》(The Market Makers)	Spulber	48.00
MM012	《全球营销》(Global Marketing)	乔尼·约翰逊	60.00
MM013	《网络营销》(Internet Marketing)	默罕默德　等	65.00
MM014	《产品经理的第二本书》(The Product Manager's Field Guide)	Linda Gorchels	39.80
MM015	《营销学基础》(Essentials of Marketing)	佩罗特,麦卡锡	60.00
MM016	《文案发烧》("Hey, Whipple, Squeeze This.":A Guide to Creating Great Ads)	苏立文	39.80
MM017	《小鱼吃大鱼》(Eating the Big Fish)	摩根	45.00
MM018	《什么是战略》(Trout On Strategy)	特劳特	29.80
MM019	《整合营销传播:创造企业价值的五大关键步骤》(IMC: the Next Generation)	唐·舒尔茨　等	39.80
MM020	《促销管理的第一本书》	Schultz	39.80
MM021	《广告箴言》(And Now a Few Words From Me)	加菲尔德	29.80
MM022	《营销计划手册》(The Successful Marketing Plan)	赫宾 等	68.00
MM023	《渠道管理的第一本书》(The Manager's Guide to Distribution Channels)	哥乔斯 等	35.00
MM024	《项目管理的第一本书》(The McGraw-Hill 36 – Hour Project Management)	库克,塔特	
MM025	《细读杰克·韦尔奇》	Krame,Slater	39.80
销售管理			
SM001	《成功销售管理的 7 大秘诀》(7 Secrets to Successful Sales Management)	Wilner	39.80
SM002	《电话行销,轻松成交》	姚能笔	39.80
SM003	《摸透顾客心》(Ten Demandments)	Mooney Bergheim	39.80
SM004	《练就铁齿铜牙》(Secrets of Power Persuasion for Salespeople)	Dawson	39.80
SM005	《轻松收款》(Collections Made Easy)	卡罗尔	39.80
SM006	《打倒墨菲定律　挽救我的销售》(Beating the Deal Killers)	Giglio	39.80
SM007	《增加销售的 12 种核心技术》(Beyond E)	Diorio	39.80
SM008	《销售管理》(Sales Force Management)	Johnston 等	49.00
SM009	《汽车销售的第一本书》	孙路弘	39.80

书系代码	书　　名	作　者	定 价
SM010	《终极销售力》(Ultimate Selling Power)	莫伊,洛伊德	39.80
SM011	《顶尖销售的25堂课》(Secrets of Top Performing Salespeople)	乔诺　等	29.80
SM012	《引爆销售的10大黄金法则》	Desena	39.80
SM013	《再造销售奇迹》	Eades	39.80
SM014	《攻心式销售》	Bosworth	24.80
SM015	《百万销售师》	Gardner	24.50
SM016	《成交》	Victor	29.80
职场发展			
CD001	《外企面试宝典》(More Best Answers to the 201 Most Frequently Asked Interview Questions)	DeLuca	25.00
CD002	《人才心理测评》(Psychological Testing at Work)	Hoffman	25.00
CD003	《演讲的艺术》(Strictly Speaking)	Buckley	29.80
CD004	《五大会计师行》	周年洋　等	24.80
CD005	《职业经理自修手册》(The Manager's Self-development Guide)	Pedler	35.00
CD006	《关键对话》(Crucial Conversations)	Patterson 等	29.80
CD007	《静思录》(Finding Your Strength in Difficult Times)	David Viscott	19.80
CD008	《商务英语书信写作精益求精篇》	康宁汉　等	29.80
CD009	《商务人士日常书信写作》(Great Personal Letters for Busy People)	布赫	48.00
CD010	《销售信函》(Sales Letters Ready to Go)	贝塞尔　等	32.00
CD011	《商务信函》(Business Letters Ready to Go)	Bayse	39.80
CD012	《我爱笨老板》(How to Work for an Idiot)	胡佛	29.80
CD013	《实用英语动词短语》(Basic Phrasal Verbs)	斯皮尔斯	35.00
CD014	《赛马》(Horse Sense)	里斯,特劳特	29.80
投资理财			
IF001	《投资艺术》(Winning the Loser's Game)	Ellis	19.80
IF002	《向格雷厄姆学思考,向巴菲特学投资》(How to Think Like Benjamin Graham and Invest Like Warren Buffett)	Cunningham	39.80
IF003	《巴菲特怎样选择成长股》(How to Pick Stocks Like Warren Buffett)	Vick	29.80
IF004	《最后的合伙人》(The Last Partnership)	Geisst	29.80
IF005	《财务报表分析与证券定价》(Financial Statement Analysis and Security Valuation)	Penman	98.00

书系代码	书　　名	作　者	定 价
IF006	《技术分析》(Technical Analysis Explained)	Pring	80. 00
IF007	《技术分析 A－Z》(Technical Analysis from A to Z)	Achelis	55. 00
IF008	《股票价值评估》(Valuing a Stock)	Gray　等	39. 80
IF009	《蜡烛图精解》(Candlestick Charting Explained)	Morris	39. 80
IF010	《技术分析习题集》(Study Guide for Technical Analysis Explained)	Pring	25. 00
IF011	《股票市场的时机选择》(Timing the Stock Market)	亚历山大	48. 00
IF012	《最佳卖出点》(It's when You Sell that Counts)	卡西迪	39. 80
IF013	《股市名言》(Buy the Rumor, Sell the Fact)	麦洛	29. 80
IF014	《向格雷厄姆学思考,向巴菲特学投资》(修订版)	Cunningham	39. 80
IF015	《华尔街投资银行史》	Geisst	49. 80
IF016	《信用风险:度量与管理》	瑟维吉尼	65. 00
IF017	《财务报表分析与证券定价》(第二版) (Financial Statement Analysis and Security Valuation)	Penman	98. 00
IF018	《信用评分模型技术与应用》	陈建	60. 00
IF019	《现代信用卡管理》	陈建	80. 00

(具体数据以出书为准)

图 书 订 购 单

（可复印使用）

第一步：请您填写以下资料：

公司名称：　　　　收书人：

发货（邮寄）地址：　　　　邮编：

联系电话：　　　　E-mail：

第二步：请您填写您所选购的图书及册数资料：

图书名称（请注明版次）	数　量	单价（RMB）	合计（RMB）
合　　计			

第三步：请您到邮局将款项汇至以下地址：

收 款 人：中国财政经济出版社邮购部

地　　址：北京市海淀区阜成路甲 28 号新知大厦

邮　　编：100036

电　　话：010－88190406　88190488

传　　真：010－88190414

邮购费用：书价加 15％的邮费

第四步：请确认您是否需要增值税票，如果需要请在传真中注明您的增值税信息：

☐ 开具增值税发票　　　　☐ 开具普通发票

第五步：如果您想了解其他详细情况，请垂询销售热线：

TEL：010－8819 1017

第六步：请您在以下空白处签字确认：

客户：

日期：

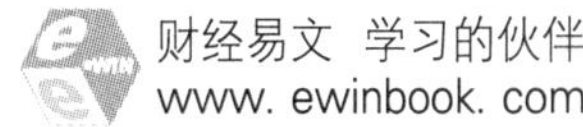

财经易文　学习的伙伴

www. ewinbook. com